高等院校物流管理与工程系列教材

LOGISTICS MANAGEMENT INFORMATION SYSTEM

Second Edition

物流管理信息系统

第2版

王道平 李明芳 ◎主编

机械工业出版社
CHINA MACHINE PRESS

本书全面系统地介绍了物流管理信息系统的基本理论及其在物流领域中的应用。本书共分 8 章，主要涉及数据和信息科学基础知识、物流管理信息系统概述、支撑物流管理的前沿信息技术、物流信息的识别和处理、物流管理信息系统规划、物流管理信息系统分析、物流管理信息系统设计、物流管理信息系统实施和维护等。

本书提供了大量与物流管理信息系统及其应用有关的案例和补充阅读材料，内容丰富，侧重于实用性和操作性。每章都有学习要点和引例，结尾有本章小结和习题，便于读者理解和巩固各章内容，是较为成熟的物流管理信息系统教材。

图书在版编目（CIP）数据

物流管理信息系统 / 王道平，李明芳主编 . —2 版 . —北京：机械工业出版社，2024.3（2025.1 重印）
高等院校物流管理与工程系列教材
ISBN 978-7-111-75100-7

Ⅰ.①物… Ⅱ.①王…②李… Ⅲ.①物流—管理信息系统—高等学校—教材 Ⅳ.① F252-39

中国国家版本馆 CIP 数据核字（2024）第 040852 号

机械工业出版社（北京市百万庄大街 22 号　邮政编码 100037）
策划编辑：吴亚军　　　　　　责任编辑：吴亚军　赵晓峰
责任校对：张勤思　陈　越　　责任印制：刘　媛
涿州市般润文化传播有限公司印刷
2025 年 1 月第 2 版第 2 次印刷
185mm × 260mm・15.75 印张・393 千字
标准书号：ISBN 978-7-111-75100-7
定价：59.00 元

电话服务　　　　　　　　　网络服务
客服电话：010-88361066　　机　工　官　网：www.cmpbook.com
　　　　　010-88379833　　机　工　官　博：weibo.com/cmp1952
　　　　　010-68326294　　金　书　网：www.golden-book.com
封底无防伪标均为盗版　机工教育服务网：www.cmpedu.com

前言

"十四五"规划提出,加快数字化发展,建设数字中国,党的二十大报告中强调"加快构建以国内大循环为主体、国内国际双循环相互促进的新发展格局"。同时报告还提出要"加快发展物联网,建设高效顺畅的流通体系,降低物流成本"。新发展格局以现代经济为支撑,更需要高效畅通的现代交通和现代物流,而现代经济要高效发展,就需要现代供应链和物流的集成管控与优化。

随着我国互联网技术不断成熟以及人工智能、大数据、区块链等发展战略的有效实施,这些先进的信息技术正在与传统产业紧密融合,并引领新一轮的科技革命和产业升级。高等教育作为人才、科技、创新的重要结合点,与社会经济、行业发展对接十分紧密,时代发展对我国高等教育中的物流工程、物流管理等专业教育也提出了更高的要求。

与上一版相比,新版的变化主要有:删减了原教材中一些定性的、没有太多实际意义的内容;增加了物流管理中先进信息技术的内容,如大数据、云计算、物联网、人工智能、区块链等;按照国家和国际最新标准,补充和完善了有关概念;更新了原教材中的案例,案例内容更加贴近当前实际。

本书共分8章。第1章介绍数据和信息科学基础知识,包括数据和信息的概念与关系、信息系统的概念和组成、管理信息系统的概念和发展等;第2章介绍物流管理信息系统的基本理论知识,包括物流和物流管理相关概念、物流管理信息系统的结构和功能、物流管理信息系统的发展趋势等;第3章介绍支撑物流管理的前沿信息技术,包括大数据技术、物联网技术、云计算技术、区块链技术、人工智能技术等;第4章介绍物流信息的识别和处理,包括物流信息的自动识别与采集技术、物流信息的跟踪技术、物流管理信息系统的存储和传输技术、物流信息的交换技术等;第5章介绍物流管理信息系统规划的基本理论和方法,包括诺兰阶段模型,物流管理信息系统规划的主要内容、步骤和特点等,以及物流管理信息系统规划应用到的相关方法,包括关键成功因素法、企业系统规划法、战略目标集转化法等;第6章介绍物流管理信息系统分析的有关内容,在简单介绍系统分析的目标、步骤和任务的基础上,详细解释了组织结构图、业务功能图、业务流程图、数据字典等重要的分析工具;第7章介绍物流管理信息系统设计的主要内容,在简单介绍系统设计的基本任务和方法的基础上,重点阐述了代码的分类、代码设计的主要步骤以及模块设计策略等；第8章介绍物流管理信息系统实施和维护，包括物流管理信息系统实施概述、系统设计开发、系统测试和切换、系统维护、系统评价、系统安全保障机制等。

本书的建议课堂教学总学时为40学时，具体分配如下：第1章，4学时；第2章，4学时；第3章，4学时；第4章，6学时；第5章，6学时；第6章，6学时；第7章，6学时；第8章，4学时。

为贯彻落实党的二十大精神，本书的编写具有以下特点：

（1）实践性和应用性较强　本书提供了30多个案例供读者分析、研读，用于加深和开阔学习者的视野。这些案例很多选自我国著名的企业、具有自主知识产权的产品、物流系统建设的成功案例等。通过讲解和讨论这些案例，激发学生刻苦学习的热情，培养学生科技报国的精神。

（2）理论与实际结合紧密　紧密结合本课程教学的基本要求，注重将物流管理信息系统的基本理论和物流实际业务相结合，强调知识的应用性和讲述的清晰性，注重培养学生的科学素养和创新意识，为培养具有物流专业素养的复合型人才奠定知识和能力的基础。

（3）随学随练　各章后均有各种类型的习题，便于学生复习和巩固所学的知识，尤其是其中根据章节内容设计相应思考题，使学生在学习基本理论和方法的同时，能从国家、社会、企业需求等更高层面思考问题，对培养学生的职业精神和社会责任起到了积极的作用。

本书由北京科技大学王道平和李明芳担任主编，王道平、李明芳和田雨等负责设计全书结构、草拟写作提纲、组织编写工作和最后统稿，参加编写、资料收集和案例整理的还有王婷婷、郝玫、邓皓月、刘奕麟、林宇欣、刘清泉、党龙腾等。

在修订过程中，本书参考了有关书籍和资料，在此向其作者表示衷心的感谢！在出版过程中，本书得到了机械工业出版社的大力支持，在此一并表示感谢！

由于作者水平所限，加之时间仓促，书中难免存在疏漏之处，敬请广大读者批评指正。

编者
2024年3月
于北京科技大学

目录

前言

第1章 数据和信息科学基础知识 ……… 1
引例　中国航运大数据平台项目 …………… 2
1.1　数据和信息的概念与关系 ……………… 6
　　1.1.1　数据的定义、分类和特征 ……… 6
　　1.1.2　信息的定义、分类和特征 ……… 9
　　1.1.3　知识的概念、分类和特征 ……… 11
　　1.1.4　数据与信息的区别和联系 ……… 13
1.2　信息系统的概念和组成 ………………… 14
　　1.2.1　信息系统的概念和结构 ………… 15
　　1.2.2　信息系统的组成和功能 ………… 16
　　1.2.3　信息系统的发展历程 …………… 18
1.3　管理信息系统的概念和发展 …………… 20
　　1.3.1　管理信息系统的概念 …………… 20
　　1.3.2　管理信息系统的发展历程 ……… 22
　　1.3.3　管理信息系统发展的新变化 …… 23
本章小结 ……………………………………… 25
关键术语 ……………………………………… 25
习题 …………………………………………… 25
案例分析　招商物流的供应链管理信息
　　　　　　系统建设 ……………………… 26

第2章 物流管理信息系统概述 ………… 32
引例　物流管理信息系统中的仓储管理
　　　系统 ………………………………… 33
2.1　物流的概念和物流信息 ………………… 34
　　2.1.1　物流概念和基本职能 …………… 34
　　2.1.2　物流信息及其特征 ……………… 39
2.2　物流管理的概念和内容 ………………… 42
　　2.2.1　物流管理的含义及目的 ………… 42
　　2.2.2　物流管理的特点 ………………… 43
　　2.2.3　物流管理的内容 ………………… 43
2.3　物流管理信息系统的结构和功能 ……… 44
　　2.3.1　物流管理信息系统的概念 ……… 44
　　2.3.2　物流管理信息系统的结构 ……… 45
　　2.3.3　物流管理信息系统的功能 ……… 47
2.4　物流管理信息系统的发展趋势 ………… 49
　　2.4.1　物流管理信息系统的发展阶段 … 49
　　2.4.2　物流管理信息系统的发展趋势 … 50
本章小结 ……………………………………… 51
关键术语 ……………………………………… 51
习题 …………………………………………… 52
案例分析　快递背后的仓储智能化关键
　　　　　　技术：自动分拣系统 ………… 53

第3章 支撑物流管理的前沿信息技术 …… 54

引例 上汽通用五菱的数智化物流 ………… 55

3.1 大数据技术 ……………………………… 56
- 3.1.1 大数据的来源 ………………… 56
- 3.1.2 大数据的定义和特征 ………… 57
- 3.1.3 大数据处理流程 ……………… 58
- 3.1.4 大数据分析方法 ……………… 60
- 3.1.5 大数据技术在物流中的应用 … 62

3.2 物联网技术 ……………………………… 63
- 3.2.1 物联网的基本概念 …………… 63
- 3.2.2 物联网的三层架构模式 ……… 65
- 3.2.3 物联网技术在物流中的应用 … 66

3.3 云计算技术 ……………………………… 67
- 3.3.1 云计算的起源与发展 ………… 67
- 3.3.2 云计算的定义和特征 ………… 68
- 3.3.3 云计算的部署模型 …………… 69
- 3.3.4 云计算的体系结构与技术支持 ……………………………… 71
- 3.3.5 云计算技术在物流中的应用 … 73

3.4 区块链技术 ……………………………… 73
- 3.4.1 区块链的产生与发展 ………… 74
- 3.4.2 区块链的定义与特征 ………… 75
- 3.4.3 区块链的核心技术 …………… 76
- 3.4.4 区块链技术在物流中的应用 … 77

3.5 人工智能技术 …………………………… 79
- 3.5.1 人工智能的基本概念 ………… 79
- 3.5.2 人工智能的发展历程 ………… 82
- 3.5.3 人工智能技术的应用领域 …… 83
- 3.5.4 人工智能技术在物流中的应用 ……………………………… 85

本章小结 ………………………………………… 87

关键术语 ………………………………………… 87

习题 ……………………………………………… 87

案例分析 唯捷城配的成功升级 ……………… 88

第4章 物流信息的识别和处理 …………… 90

引例 血液追踪 ………………………………… 91

4.1 物流信息的自动识别与采集技术 ……… 92
- 4.1.1 条码及扫描技术 ……………… 92
- 4.1.2 射频识别技术 ………………… 98

4.2 物流信息的跟踪技术 ………………… 102
- 4.2.1 地理信息系统技术 ………… 103
- 4.2.2 全球定位系统技术 ………… 105

4.3 物流管理信息系统的存储和传输技术 … 109
- 4.3.1 数据库管理技术 …………… 109
- 4.3.2 局域网络技术 ……………… 111
- 4.3.3 数据仓库 …………………… 113

4.4 物流信息的交换技术 ………………… 116
- 4.4.1 EDI 的含义和特点 ………… 116
- 4.4.2 EDI 的系统构成及工作原理 … 117
- 4.4.3 EDI 在物流中的应用 ……… 120

本章小结 ……………………………………… 122

关键术语 ……………………………………… 122

习题 …………………………………………… 122

案例分析 亚马逊如何借助大数据给物流"降本增效" ……………… 123

第5章 物流管理信息系统规划 ………… 127

引例 京东物流的"5G 三连跳" …………… 128

5.1 物流管理信息系统规划概述 ………… 129
- 5.1.1 诺兰阶段模型 ……………… 129
- 5.1.2 规划的主要内容 …………… 130
- 5.1.3 规划的步骤 ………………… 131
- 5.1.4 规划的特点 ………………… 131
- 5.1.5 规划的目标 ………………… 132
- 5.1.6 规划的原则 ………………… 132

5.2 物流管理信息系统规划方法 ………… 133
- 5.2.1 关键成功因素法 …………… 133
- 5.2.2 企业系统规划法 …………… 135

  5.2.3 战略目标集转化法 ………… 135
5.3 基于 BSP 方法的物流管理信息系统
  规划 ……………………………… 136
  5.3.1 规划的前期工作 ……………… 136
  5.3.2 定义企业目标 ………………… 138
  5.3.3 定义企业过程 ………………… 138
  5.3.4 定义数据类 …………………… 141
  5.3.5 设计信息系统总体结构 ……… 142
  5.3.6 BSP 方法的特点分析 ………… 145
5.4 组织安排与项目进度的制定 …… 146
  5.4.1 系统实施的组织安排 ………… 146
  5.4.2 项目进度的制定 ……………… 147
本章小结 ……………………………………… 148
关键术语 ……………………………………… 148
习题 …………………………………………… 149
案例分析 国家电网与顺丰供应链深入物
    流信息化合作 ……………… 150

第 6 章　物流管理信息系统分析 ……… 152

引例 智能数据可视化分析助力传统零售
  转型智慧零售 ………………………… 153
6.1 物流管理信息系统分析概述 …… 154
  6.1.1 系统分析的目标和步骤 ……… 154
  6.1.2 系统分析的任务 ……………… 155
6.2 物流管理信息系统的需求分析 … 156
  6.2.1 系统调查的原则 ……………… 156
  6.2.2 初步调查 ……………………… 156
  6.2.3 可行性分析 …………………… 158
  6.2.4 详细调查 ……………………… 159
6.3 物流管理信息系统组织结构与业务
  流程分析 ………………………… 161
  6.3.1 物流组织的构成 ……………… 161
  6.3.2 业务流程分析 ………………… 163
  6.3.3 业务流程重组 ………………… 166

6.4 物流管理信息系统数据流程分析 …… 168
  6.4.1 数据流程分析的内容 ………… 168
  6.4.2 数据流程图 …………………… 169
  6.4.3 数据字典 ……………………… 172
本章小结 ……………………………………… 174
关键术语 ……………………………………… 174
习题 …………………………………………… 175
案例分析 中外运物流管理信息系统 …… 176

第 7 章　物流管理信息系统设计 ………… 179

引例 北京邮政 EMS 物流管理信息系统 … 180
7.1 物流管理信息系统设计概述 …… 182
  7.1.1 系统设计的基本任务 ………… 182
  7.1.2 系统设计的方法 ……………… 183
7.2 总体结构设计 …………………… 183
  7.2.1 系统划分 ……………………… 183
  7.2.2 模块化设计 …………………… 184
7.3 代码设计 ………………………… 190
  7.3.1 代码的分类 …………………… 190
  7.3.2 代码设计的主要步骤 ………… 192
  7.3.3 代码的校验 …………………… 192
7.4 数据库设计 ……………………… 193
  7.4.1 概念结构设计 ………………… 193
  7.4.2 逻辑结构设计 ………………… 195
  7.4.3 物理结构设计 ………………… 196
7.5 输入输出设计 …………………… 197
  7.5.1 输入设计 ……………………… 197
  7.5.2 输出设计 ……………………… 198
  7.5.3 I/O 用户界面设计 …………… 200
本章小结 ……………………………………… 204
关键术语 ……………………………………… 205
习题 …………………………………………… 205
案例分析 某厂库存管理信息系统的分析
    与设计 ……………………… 206

第 8 章 物流管理信息系统实施和维护 … 210

引例 2019 年上半年物流行业的十大
黑科技 … 211
8.1 物流管理信息系统实施概述 … 213
    8.1.1 物流管理信息系统实施的任务 … 213
    8.1.2 物流管理信息系统实施的影响因素 … 213
8.2 系统设计开发 … 215
    8.2.1 购置硬件 … 215
    8.2.2 购置软件 … 217
    8.2.3 程序设计 … 218
8.3 系统测试和切换 … 222
    8.3.1 系统测试的目的和原则 … 222
    8.3.2 系统测试的方法 … 222
    8.3.3 系统测试的步骤 … 225
    8.3.4 系统切换 … 228
8.4 系统维护 … 230
    8.4.1 系统维护的目的 … 230
    8.4.2 系统维护的内容 … 231
    8.4.3 系统维护考虑的因素 … 232
8.5 系统评价 … 232
8.6 系统安全保障机制 … 233
    8.6.1 物流管理信息系统的安全性 … 233
    8.6.2 物流管理信息系统安全管理的措施 … 237
本章小结 … 238
关键术语 … 238
习题 … 239
案例分析 宝武打造工业品数智物流系统 … 240

参考文献 … 242

第 1 章

数据和信息科学基础知识

学习要点（表1-1）

表 1-1　第 1 章学习要点

知识要点	掌握程度	相关知识
数据和信息的概念与关系	熟悉	数据的定义、分类和特征，三种不同结构类型的数据：结构化数据、半结构化数据和非结构化数据；信息的定义、分类及特征；信息在传递过程中有三个基本要素：信源、信宿和信道
	了解	知识的概念、分类和特征，从知识经济应用角度对知识可分为四类；知识的三个特征：可多次利用性、无实体性和不确定性
	重点掌握	数据和信息的区别与联系，数据、信息、知识与智慧的层次关系
信息系统的概念和组成	熟悉	信息系统的概念；信息系统的三个基本活动：输入、处理和输出；信息系统的结构；信息系统的金字塔形结构
	了解	信息系统的组成：计算机硬件、计算机软件等；信息系统的五个功能：输入、存储、处理、输出和控制
	了解	信息系统发展经历的三个阶段
管理信息系统的概念和发展	重点掌握	管理信息系统的概念，管理信息系统的四个组成部分：信息源、信息处理器、信息用户和信息管理者
	熟悉	管理信息系统发展的四个阶段
	了解	管理信息系统在技术、管理以及组织层面发展的新变化

引例

中国航运大数据平台项目

中国远洋海运集团有限公司（以下简称"中远集团"），正式成立于2016年2月18日，由中国远洋运输（集团）总公司与中国海运（集团）总公司重组而成，总部设在上海，注册资本110亿元。2019年，中远集团位列《财富》世界500强榜单第279位。2020年4月，入选国务院国资委"科改示范企业"名单。截至2022年2月1日，中远集团经营船队综合运力11 217万载重吨/1 384艘，排名世界第一。其中，集装箱船队规模304万TEU[①]/507艘，居世界前列；干散货船队运力4 339万载重吨/426艘，油、气船队运力2 937万载重吨/224艘，杂货特种船队514万载重吨/160艘，均居世界第一。

中远网络物流信息科技有限公司隶属于中远集团，主要从事智能交通系统、交通和航运信息化等领域的软件和硬件产品科研、开发、销售、系统集成，承揽相关工程项目的设计、施工和工程承包等。它是国内航运信息化领域的领军企业，以中远集团为强有力的依托，致力于航运业相关应用软件和解决方案的研发工作，为用户提供高质量、多方位、深层次的航运和物流行业解决方案与集成服务。目前，公司在船公司、代理、仓储、码头、船员管理等多个航运信息化领域拥有完整的系统解决方案和成功案例。

近年来，中远网络物流信息科技有限公司积极响应国家提出的"互联网+"行动计划，大力实施"互联网+交通""互联网+航运"等业务模式创新，开发了"易管养"公路管理养护平台和"一海通""四海通"等航运供应链电商平台，进一步推动了公司创新转型发展。

项目建设方案

与发达国家相比，我国航运业的发展仍处于起步阶段，面对竞争愈演愈烈的国际航运市场，中国航运企业所面临的来自内部环境和外部环境的压力不容忽视，主要包括全球航运市场运力严重过剩和需求不振、航运大联盟趋势造成巨大压力、国内航运市场开发带来的竞争加剧、国外贸易保护主义政策带来的压力等。

当今，在"互联网+"的新兴革命浪潮中，特别是自2015年以来，我国正式步入"互联网+"时代，同时也开启了大数据时代。大数据技术是众多新兴技术中的领军技术，未来的时代是数据的时代，数据成为各行业竞争中必争的制高点。随着大数据时代的到来，对大数据商业价值的挖掘和利用逐渐成为中国航运产业争相追捧的利润焦点。航运产业利用大数据分析，总结经验、发现规律、预测趋势，为科学决策提供服务。

中国航运大数据平台的建立，顺应海运海洋经济强国的国家战略，为航运产业的整体升级推波助澜。中国航运大数据平台的构建，是大数据应用在航运领域的全新拓展，同时也是大数据全面助力航运产业链升级的重要起点。

航运大数据平台的建设目标，具体包括：

1）为中国船队和世界船队在船舶调度、运力调度、航线调度、集装箱调度方面提供决策依据。

2）通过数据采集和抓取技术，实现全国所有港口异构航运数据的集中管理。

3）通过对航运数据清洗、筛选、整理，实现港口数据、船舶数据、航线数据、集装箱数据、货物数据、代理数据的及时、准确、全面展现。

[①] TEU，Twenty-Foot Equivalent Unit 的简称，表示标准箱，是衡量港口集装箱吞吐量的单位。

4）我国航运大数据平台成为我国权威的集装箱进出口统计分析数据来源。

5）通过航运现场操作及平台分析，为港口提高装卸效率提供依据。

6）实现对未来航运市场的精准预测，并将数据服务扩展至智慧港口的建设、新造船价格指数的制定、全球航线规划布局优化等多领域，全力打造可持续发展的航运供应链生态圈。

中国航运大数据平台的建设，主要运用"互联网＋大数据"的思想，以实现航运业务同互联网的有机结合为目的，解决在大数据时代航运业的大数据管理平台的短缺问题，通过对应的管理平台对客户及公司关注的数据以直观的、简洁的、具体的表现形式呈现出来，使管理层能更方便、更准确地进行决策。该平台建设内容如下：

1）研究在现代互联网条件下，搭建覆盖全国各船公司的中国航运大数据平台。采用的技术包括平台服务器的虚拟化技术、平台的存储技术、数据推送技术 App、微信推送等。

2）建立数据交换平台。采用的技术包括异构数据采集技术、异构数据抓取技术、前置机技术、异构数据分析整理技术等。

3）研究海关报文异常回执预警及分析处置技术。

4）分析集装箱业务特点，研究集装箱进出口指数、集装箱航线指数、集装箱装载货物分布指数。

5）船公司航线分析研究。通过我国各口岸航线分布指数，为船公司船舶航线调整提供依据。

中国航运大数据平台

1．平台整体设计

从全国各口岸公司抓取业务数据，通过 EDI 数据交换平台，把获取的报文数据存储在数据缓存区中，再通过数据处理工具 ETL 对数据进行清洗，最后把有价值的数据储存在数据存储区中，利用 BI 平台实现数据统计分析、数据共享及业务监控功能。中国航运大数据平台整体架构如图 1-1 所示。

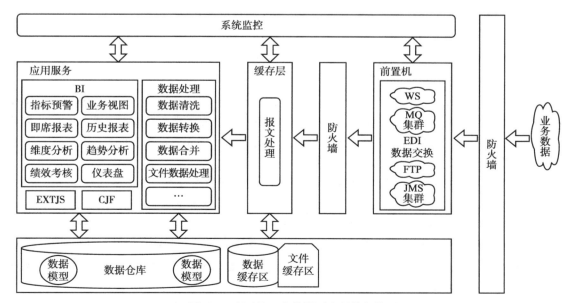

图 1-1　中国航运大数据平台整体架构

另外,中国航运大数据平台项目更是融合了大数据 Hadoop 集群技术,进行数据的分布式处理与计算,采用 R 语言、Maout 等通用机器学习与数据挖掘工具进行操作,并使用 Web 等技术对结果进行显示,大大提高了用户的满意度。

2．平台技术方案
- 数据采集:通过调用 WebService 接口、FTP、MQ 集群等方式实现数据抽取工作。
- 数据处理:包括数据抽取、数据清洗、数据转换等。
- 数据存储:把转换完成的数据存储到数据仓库中,以便进行查询等操作。
- 数据分析:通过 BI 平台,按照需求对数据进行统计分析。

中国航运大数据平台数据分析功能如图 1-2 所示。

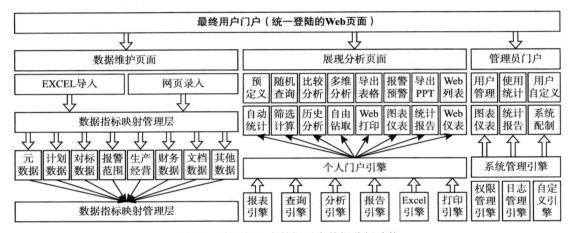

图 1-2　中国航运大数据平台数据分析功能

中国航运大数据平台将集装箱进出口从 6 个纬度提出大数据的服务理念:船舶大数据、航线大数据、港口大数据、集装箱大数据、货物大数据和代理大数据。

(1)船舶大数据　对全国口岸所有进入中国的船公司的集装箱进行市场份额占比分析,船公司在所有港口的市场份额和占比排名,对中国所有码头的市场份额和占比以及同比环比数据进行分析,为船公司布局提供决策依据。

(2)航线大数据　通过某航线在全国港口集装箱量的排名,分析该航线在某港口各船公司集装箱排名,追溯到该航线在某港口、某船公司在各码头集装箱排名、占比、市场份额以及该航线所有船公司集装箱出口满载率、满舱率、某航线所有船公司集装箱空箱率、某航线货物船公司排名等,为船公司调整航线提供可靠依据。

(3)港口大数据　通过全国口岸各港口集装箱进出口量排名分析,查看各港口船公司箱量、各港口航线箱量、每条航线船公司箱量,为船公司在各港口航线布局以及船舶布局提供决策依据。

(4)集装箱大数据　统计集装箱全国港口分布排名,分析集装箱箱型分布、航线分布、吨位分布、市场占比,以及空重、中转、同比、环比的数据,为船公司集装箱调运提供决策依据。

(5)货物大数据　统计分析全国口岸货物种类、进出口数据,分析各港口、各航线货物分布,为船公司调整航线、布局船型提供决策依据。

(6)代理大数据　代理大数据的采集分析为船舶代理提供所代理船舶装船的实时数据、海关报文审核情况,通过推送服务、及时预警,避免发生损失。

3. 平台功能架构

中国航运大数据平台包括航运市场情报子系统、智慧港口子系统、电子海图子系统、航运气象子系统、新造船价格指数子系统、航运客户管理子系统、航运人才管理子系统、营销分析子系统、客户价值分析子系统等。它的功能架构如图1-3所示。

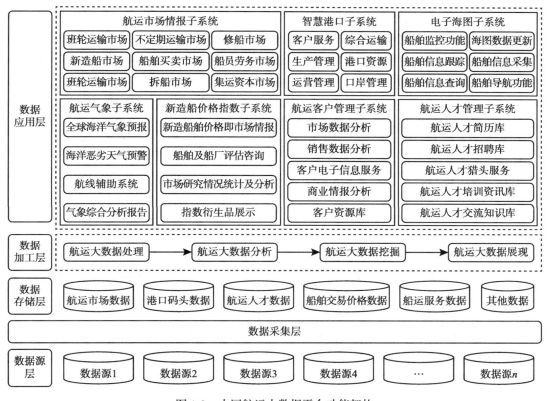

图1-3 中国航运大数据平台功能架构

效益分析

1. 经济效益

（1）客户营销效率提高　中远集团通过应用中国航运大数据平台，实现了公司整体层面物流信息的有效整合，并采用了先进的客户管理及营销管理手段，实现了平均库存的明显下降，客户营销效率明显提高，大幅度地降低了资金占用率，带来了明显的经济效益。

（2）货品订舱量提升　中国航运大数据平台通过与营销系统有效对接，实现了真实的市场信息采集、分析和处理，为准确、及时、有效的客户和运营服务提供了保障。中远集团能根据市场的需求，快速和及时地做出响应，并实时监控每一步物流操作和运行，提高了客户服务满意度和产品忠诚度，增强了企业产品的市场竞争力，提升了整体订舱数量。

（3）风险成本降低　通过项目的成功实施，建立了企业级黑名单制度，并与外部市场监管局、法院和检察院系统连接，及时推送相关信息，对航次和货代船代进行全方位的风险控制，进一步降低了风险发生的概率。

2．管理效益

公司通过对航运数据的整合，并对整合后的数据项进行分析，能得到十分详细的信息，包括船名，航次，装卸货港，开工、完工时间，箱号，集装箱的尺寸类型，货位号，危险品相关信息，件杂货的货类，外表状况，提单号，残损情况，重大件尺码、吨数，完整的积载图，实装货物清单，退关信息等一系列理货人员现场采集的第一手资料，全面的数据分析工作提高了服务质量，降低了经营风险。

船公司、船代、港口等可根据中国航运大数据平台整合航运集装箱数据、船舶数据、航线（航次）数据、码头数据、泊位数据等，从而实现对理货系统的优化升级，更好地管理理货系统的各个细节，实现更优的管理效益。

3．社会效益

中远集团响应国家的号召，建立了贯穿整个航运产业并且一站式的航运大数据服务平台。其中，基于客户画像的客户群分析、BI数据的展示等都是航运大数据的重点，航运大数据的建立和实施可在理货物流行业起到带头作用。

资料来源：中国航运大数据［EB/OL］．［2023-06-21］．http://www.chinawuliu.com.cn/xsyj/201802/11/328688.shtml.

讨论题：

1．阅读本案例，总结中远网络物流信息科技有限公司是如何利用数据信息的。
2．思考未来企业信息化建设应该如何实现行业转型升级？如何适应现代物流技术发展的飞跃？

随着信息时代的发展，企业经营过程越发离不开数据和信息，而企业的业务数据也呈现爆炸式增长，并为各行各业的发展带来了新的动力。面对大量的数据和信息，企业迫切需要建立管理信息系统，以便能更加准确和及时地掌握企业经营状况，并对市场变化做出快速反应。在大数据时代，有效的信息系统是一个企业进步和发展的基础。现如今，管理信息系统已成为企业界最令人关注的话题，这是因为新技术不断涌现，以及它对企业运营产生的由内而外全方位、深层次的影响，对企业的成功产生不可忽视的重要作用。本章将介绍数据和信息的定义、特点、分类以及两者之间的区别与联系，并对信息系统的概念、组成，以及管理信息系统的发展进行讲解。

1.1 数据和信息的概念与关系

客观世界总是不断发展变化的，充满了物质的运动和能量的转换，信息也无处不在。随着交互网络的普及，数据量每天以惊人的速度增加，人们从大量数据中获取信息的技术和渠道也越来越丰富。信息、物质和能源共同构成了人类社会赖以生存和发展的三大资源。

1.1.1 数据的定义、分类和特征

1．数据的定义

数据是指描述客观事物性质、状态以及相互关系等原始资料的符号，它不仅是狭义上的数

字，还可以是具有一定意义的文字、字母、图形、图像等物理符号以及这些物理符号的组合。数据是大脑感知客观事物形成的最初印象，是最原始的记录，它没有回答特定的问题，未进行加工和解释，只是单纯地反映了客观事物的某种运动状态，是无任何意义的实体。数据的具体表现形式如表1-2所示。

表 1-2　数据的表现形式

类型	表现形式	类型	表现形式
数值数据	数字、字母和其他符号	视觉数据	动画和视频
图形数据	图形、图像和图片	模糊数据	高、矮、胖、瘦等特性数据
声音数据	声音、音频和音调		

在不同的领域中，数据往往有特定的含义。例如，在计算机科学中，数据是指所有能输入计算机并被计算机加工处理的对象，包括数值数据如整数、实数，以及非数值数据，如声音、数字符号等。由于计算机存储和处理的对象十分广泛，因此表示这些对象的数据也随之变得越来越复杂。在物流管理领域里，数据是指物流各种活动内容的知识、资料、图像、数据、文件的总称。物流数据不被任一物流作业系统直接需要，但又与之密不可分，经过一系列数据处理后得到的物流信息可广泛用于物流企业的运输、仓储、配送等业务。在会计事项处理中，数据是以"单""证""账""表"等形式表现的各种未曾加工的数字、字母与特殊符号的集合，其中又可根据加工流程分为三类：原始会计数据，中间会计数据和会计信息、发布的会计信息。

2. 数据的分类

数据的分类有助于人们对数据有更深刻、全面的理解。数据的分类方式有很多，比较常见的分类方式有：按照数据结构分类、按照加工类型分类、按照表现方式分类、按照记录方式分类等。这里主要介绍按照数据结构的分类。

按照数据结构可以将数据分为三类，即结构化数据、半结构化数据以及非结构化数据。

（1）结构化数据　结构化数据指的是具有数据结构描述信息的数据，这包括预定义的类型、格式和结构的数据。常见的结构化数据主要是从传统关系型数据库中获取、存储、计算和管理的数据，以及联机分析处理的数据。当获取的数据与数据的结构不一致时，就需要对数据结构进行转换，以匹配关系型数据库的需求。

（2）半结构化数据　半结构化数据具有一定的结构性，但与具有严格理论模型的关系型数据库相比更加灵活。经过一定的转换处理，半结构化数据可以被数据库存储和管理。常见的半结构数据有：HTML、XML 数据文件等。半结构化数据的结构变化很大，因为要了解数据的细节，所以不能将数据简单地组织成一个文件按照非结构化数据处理，由于结构变化很大也不能简单地建立一个表和它对应。

比如存储员工的简历就不像存储员工基本信息那样方便，因为每个员工的简历都有一定的差异，有的员工的简历很简单，比如只包括教育情况；有的员工的简历却很复杂，比如包括工作情况、婚姻情况、出入境情况、户口迁移情况、党籍情况、技术技能等。还有可能有一些无法预料的信息。所以通常要完整地保存这些信息并不容易，因为公司不会希望系统中表的结构在系统运行期间进行变更。

（3）非结构化数据　非结构化数据指的是没有固定结构的数据，它没有预定义的数据模型，且不方便用数据库的二维逻辑来表示。图像、音频、视频、PDF 文档等都属于这种数据结构。非结构化数据的格式多样，标准也不尽相同，因此非结构化数据比结构化数据更难标准化。

这三种不同结构类型的数据之间的关系如表 1-3 所示。

表 1-3　数据的结构类型关系

类型	含义	本质	例子
结构化数据	可以直接用传统关系型数据库存储和管理的数据	先有结构、后有数据	关系型数据库中的数据
半结构化数据	经过一定转换处理后可以用传统型关系数据库存储和管理的数据	先有数据、后有结构（或较容易发现其结构）	HTML、XML 文件等
非结构化数据	无法用传统关系型数据库存储和管理的数据	没有（或难以发现）统一的结构	语音、图像文件等

虽然表 1-3 显示的是三种相互分离的数据类型，但是有时这些数据类型是混合在一起的。例如，一个传统的关系型数据库保存着一个呼叫中心的通话日志，其中包括典型的结构化数据，如日期/时间戳、机器类型、问题类型、操作系统等，这些都是在线支持工作人员通过图形用户界面上的下拉菜单输入的。同时，通话日志中也包括非结构化数据或半结构化数据，如自由形式的通话日志信息，这些可能来自包含问题的电子邮件、技术问题和解决方案的实际通话描述、与结构化数据有关的实际通话的语音日志或音频文字实录等。

3. 数据的基本特征

数据作为客观事物最原始的记载资料，具有四个基本特征：变异性、规律性、复杂性和无限性。

（1）变异性　数据的变异性包括以下两方面的含义：一方面是指一组数据的取值往往具有多种多样的特征，量化到数据上的形式也是各不相同的；另一方面是指不同的数据记录者在面对客观事物时产生的数据可能是不同的，且在不同的时间或地点观测事物可能会呈现出不同的数据特征，尤其体现在对人的精神属性的测量，例如，同一人在不同的时间对同一事物的描述往往具有差异。

（2）规律性　虽然数据具有变异性，一组初始数据初看是杂乱无章的，但统计学相关研究表明，数据其实是具有一定规律的，寻找这种规律就是研究数据的目的之一。数据的变异性使得数据有了研究的必要，而数据的规律性使得对数据的研究成为可能。

（3）复杂性　数据往往是异构和多态的，由不同的元素或部分组成，且数据间分布并不均匀，在面向不同的对象语言时，接口呈现多个不同的表现形式，如计算机语言采用二进制的形式表示；数据还具有多种不同的数据类型，例如数值数据、图形数据、模糊数据等；另外，数据的来源渠道众多，导致数据量巨大。

（4）无限性　数据具有可复制、可共享、无限增长和供给的特点，数据资产不需要折旧、摊销，反而会越用越多。数据资产本身是无限增长的，且每年都在增值，而不是被消耗。

1.1.2 信息的定义、分类和特征

1. 信息的定义

"信息"一词作为科学术语最早出现在哈特莱（R. V. Hartley）于1928年撰写的《信息传输》一文中，他把信息理解为选择通信符号的方式，且用选择的自由度来度量信息的大小。1948年，信息论的创始人香农（C. E. Shannon）在《通信的数学理论》一文给出了信息的经典定义：信息是用来减少随机不确定性的东西。此后许多研究者从各自的研究领域出发，对信息给出了不同的定义。控制论创始人维纳（Norbert Wiener）认为，信息是人们在适应外部世界，并使这种适应反作用于外部世界的过程中，同外部世界进行互相交换的内容和名称。我国著名的信息论专家钟义信教授认为，信息是事物存在的方式或运动状态以及这种方式或状态的直接或间接的表述。美国信息管理专家霍顿（F. W. Horton）给出的定义是，信息是为了满足用户决策的需要而经过加工处理的数据。

目前，理论界对信息一词的定义尚未统一。根据对信息的相关研究，一般意义上的信息的含义为：信息是对客观世界中各种事物的运动状态和变化的反映，是客观事物之间相互联系和相互作用的表征，表现的是客观事物运动状态和变化的实质内容。

|人物简介|

克劳德·艾尔伍德·香农

香农是美国数学家、信息论的创始人，1936年获得密歇根大学学士学位，1940年在麻省理工学院获得硕士和博士学位，1941年进入贝尔实验室工作。1948年10月其发表于《贝尔系统技术学报》上的论文《通信的数学原理》被人们作为现代信息论研究的开端，在此文中，他提出了信息熵的概念，为信息论和数字通信奠定了基础。

IEEE信息论学会为纪念克劳德·艾尔伍德·香农而设置的香农奖是通信理论领域最高奖，也被称为信息领域的诺贝尔奖。

信息在传递过程中由三个基本要素构成：信源、信宿和信道。

（1）信源　它是指信息发生的来源，也就是信息发源地。信息来源可以是自然界中的任何事物。对企业来说，信息源有内部和外部两种渠道，外部有上级主管单位、社会团体、市场、同业竞争者、科技部门、消费者、各种营销渠道等；来自内部的有企业内各职能部门、一线作业部门及企业的信息资料中心等。

（2）信宿　它是指信源发出信息后的接受者。信宿可以是个人、群体、组织或者任何有形的物质载体。信源和信宿是信息传递过程中最为重要的两个方面，它们的概念是相对而言的。比如商业企业在电台做广告，那么此刻它就成为信源，消费者收到了这则商业广告，即成为信宿；而消费者购买商品后，提出意见和建议并反馈给商业企业，这时消费者成为信源，而企业则成为信宿。

（3）信道　它是指传递信息所经过的通道。比如某企业从广播电视获知有关新产品的信息，这时电波传递所形成的声音和图像就是信道。信道通常以各种通信手段为物质载体。随着科学技术的不断进步，通信手段日趋多样，信道也越来越多，电话、电视、网络、传真等技术越来越先进，保证了信息传递的有效性。

2. 信息的分类

信息可遵循一定的原则和方法，按照不同的角度或管理的要求进行分类。常见的信息分类如表 1-4 所示。

表 1-4 信息的分类

分类角度	信息分类	说明
信息的载体	数字信息	反映形式为数字的信息
	文字信息	用文字记录的信息
	声像信息	反映形式为声音和图像的信息
信息的地位	客观信息	反映事物的特征
	主观信息	客观信息在人脑中的反映
信息的性质	语法信息	对客观事物的直观描述，表现为符号或语言
	语义信息	揭示客观事物的真实含义
	语用信息	既反映客观事物状态，又揭示其价值和效用
加工的顺序	一次信息	对人们社会实践经验的最初的直接记载
	二次信息	对原始信息进行加工、改编、重组、概括等生成的信息
	三次信息	按给定课题对信息分析、综合而编写的专题报告或专著
管理的层次	战略信息	描述国家、地方、企业发展目标和规划的资料数据
	战术信息	反映局部的、期限较短的、比较具体的决策信息
	作业信息	记录企业业务运作的日常信息
应用的领域	管理信息	对企业管理和决策产生影响的数据
	社会信息	反映人类社会运动状态和方式的信息
	科技信息	科技领域的专业知识
	军事信息	用于军事战略及系统的信息

3. 信息的特征

信息有别于物质实体，具有特殊的特征。分析信息的特征有助于加深对信息概念的理解，信息具有以下几方面的特征：

（1）客观性　在客观世界中，事物是不断发展和变化的，且其状态、特征的变化是不以人的意志而转移的，而信息是事物变化及其状态的表现，因此信息具有客观性。

（2）依附性　客观事物是具体的物、实在的资源，而信息是一种抽象的、无形的资源。信息的呈现必须依附文字、图像、声波和光波等物质载体，而且只有具备一定能量的载体才能传递。人们只能通过感知物质才能识别和利用信息，信息不能脱离物质和能量而独立存在。

（3）价值性　信息本身不是物质生产领域的物化产品，但它一经生成并物化在载体上就成为一种资源，并且具备了使用价值，能够满足人们某些方面的需求，为社会服务。但信息的价值大小是相对的，它取决于接收信息者的需求及对信息的理解、认识和利用的能力。

（4）时效性和时滞性　信息的时效性是指信息从发生、接收到利用的时间间隔；信息的时滞性是指信息的传递具有一定的滞后。信息的使用价值与其所提供的时间成反比，时间的延误会使信息的使用价值衰竭，甚至完全消失。

（5）扩散性和可共享性　非实物的信息不同于物质资源，物质资源在使用或交流时会面临消耗或其中一方的失去，而信息在交流的过程中不会造成信息的丢失，也不会改变信息的内容，双方或多方可共享信息。信息的共享性使得信息资源易于扩散，通过各种渠道和传输手段将信息迅速散布出去，使得信息比物质资源获得更广泛的开发利用，但也容易被滥用，且信息一旦扩散，便不可回收。

（6）可传递性　可传递是信息必须具备的性质，没有传递，也就没有所谓的信息。信息通过不同的载体进行传递，如语言、手势、文字、图像、声音等。

（7）可加工性和可变换性　信息的可加工性是指信息可以被人们根据自己的需要采用筛选、分析、归纳整理以及综合概括等加工方式进行精炼浓缩，从而使得信息更好地被开发和利用。信息的可变换性是指信息可以通过不同的方法、不同的载体来载荷，如物质信息可以转换为文字、语言、图像等。

（8）可再现性　信息的可再现性包含以下两个方面的含义：一是信息作为客观事物的反映被人们接受和认识时，也是客观事物再现的过程；二是信息在传递的过程中可以通过不同的形态再次展现出来。

（9）积累性和可存储性　信息的客观性决定了信息的可存储性，信息在加工处理后可以立即使用，也可通过载体储存起来留作日后的参考。信息的可存储性决定了信息具有积累性，人类知识库不断丰富和扩充的过程，就是信息经过系统化、抽象化和规律化而形成的长期积累的过程。

（10）延续性和继承性　信息的存储和积累保证了其不会像物质资源一样随时间流逝，使得信息可以延续和继承。直接探索、认知和获取一个未知事物的信息是极其困难的，而接受、理解并继承一个信息则要简单容易得多。

（11）不完全性　信息的不完全性主要来源于以下两方面：一是由于认知能力的限制，人们并不能获取所有客观事物的所有状态；二是客观事物的复杂性以及事物之间的相互关联的特点，使得事物的本质信息和非本质信息交织在一起。信息的不完全性导致信息是需要被不断开发和更新的。

（12）可增值性　信息的可增值性是指信息数量的增加和信息质量的提高。信息是事物变化及其状态的表现，随着新事物的产生和旧事物的变化，信息的数量不断扩增。随着时代的进步和科技的发展，信息被不断地精练和浓缩，能够更好地被人们利用，信息的质量明显提升。

1.1.3　知识的概念、分类和特征

1. 知识的概念

知识来自对有价值信息的挖掘，也就是说，知识是以某种方式把一个或多个信息关联在一起的信息结构，是对客观世界规律的总结。知识产生并运用于知识工作者的大脑，人们将结构化的经验、价值观念、关联信息以及专家见识等进行动态组合，加之一定环境的信息以及自身对于知识的理解，知识就为评估和吸纳新的经验和信息提供一种架构。知识也可以理解为人所

拥有的真理和信念、视角和概念、判断和预期、方法论和技能等，且当人们将知识与其他知识、信息和数据在应用中建立起有意义的联系时，就创造出新的更高层次的知识。知识的本质可以从以下几个方面来理解：

1）知识是人类在实践过程中获得的有关自然、社会、思维现象与本质的认识的总结。

2）知识是具有客观性的意识现象，是人类最重要的意识成果。一般来说，信息是知识的载体，其中的一部分需要借助于物质载体才能保存与沟通。

3）从静态角度来说，知识表现为有一定结构的知识产品；从动态角度来说，知识是在不断流动中产生、传递和使用的。

2. 知识的分类

1996年经济合作与发展组织（Organization for Economic Co-operation and Development，OECD）在《以知识为基础的经济》一书中，从知识经济应用角度把知识分为四类：Know-what、Know-why、Know-how 和 Know-who，具体含义如下：

（1）Know-what　知道是什么的知识，是指关于事实与现象的知识。这类知识包括我们传统上所说的自然科学知识和社会科学知识，比如历史学知识、人口学知识等。

（2）Know-why　知道为什么的知识，主要是指关于科学理论与规律方面的知识。此类知识在多数产业中支撑技术的发展以及产品和工艺的进步，Know-why 知识的生产和再生产由专门机构（如实验室和大学）来完成。为了获得此类知识，商家必须补充经过科学训练的劳动力，或直接地与他们交往和联合工作来与这些机构建立联系。

（3）Know-how　知道怎么做的知识，是关于技能和诀窍方面的知识。决策者判定一个新产品的市场前景或一个人事经理选择和培训员工都必须使用此类知识。对于操作复杂机器的熟练工人也是如此。Know-how 多指从事某行业或者做某项工作所需要的技术诀窍和专业知识。产业网络形成的最主要原因之一就是企业间有分享和组合 Know-how 要素的要求。

（4）Know-who　知道是谁的知识，也就是关于人力资源、人际关系及管理方面的知识。这类知识包含特定社会关系的形成，即有可能接触有关专家并有效利用他们的知识。对现代管理者和企业而言，重要的是要利用此类知识对变化率的加速变化做出响应。Know-who 类知识对其他类型的知识来说，属于企业内部知识的程度要高。

知识根据能否进行清晰的表述和有效的转移，还可分为显性知识和隐性知识，具体含义如下：

显性知识，是指能被人类以一定符码系统加以完整表述的知识。最典型的符码系统是语言，还包括数学公式、各类图表、盲文、手势语、旗语等诸种符号形式，典型的显性知识主要是指以专利、科学发明和特殊技术等形式存在的知识，存在于书本、计算机数据库等中，也就是说，显性知识是可以表述的、有载体的。在 OECD 定义的四个知识分类中，Know-what 和 Know-why 即为显性知识。

隐性知识，也称为隐含经验类（Tacit Knowledge），是指用文字、语言、图像等形式不易表达清楚的主观知识，它以个人、团队、组织的经验、印象、技术诀窍、组织文化、风俗等形式存在。隐性知识的特点是不易被认识到、不易衡量价值、不易被其他人所理解和掌握。OECD 定义的四个知识分类中，Know-how 和 Know-who 即为隐性知识。

3. 知识的特征

知识是非物质的，这一本质决定了知识具有以下三个特征：

（1）可多次利用性　取之不尽是知识资源的最本质特征，知识一旦被生产出来并予以公开，客观上就为人们提供了共占、共享该知识的可能，当其他人获取或利用该知识时，并不导致知识的生产者失去该知识，他可以与众多人不受数量限制地、互不干扰地同样占有和利用该知识。这一特征导致需要对一定地域范围内全体社会成员建立具有拘束力的共同约定，即按法律规定的办法来控制对知识的占有和使用。

（2）无实体性　知识所彰显的是反映一定思想和情感的信息，信息如果不借助于一定的载体便无法存在，知识具有同样的特征，不同的是，知识是人类心智结晶的外在的客观表现，需要人类大脑和物质的双重载体才得以存在。

（3）不确定性　知识的表示受到生产者的了解程度、角度、观念、环境等的影响，因而具有不唯一性和模糊性，又受到人们认知程度差异的影响产生不完全性，这些性质导致知识的不确定性。

1.1.4　数据与信息的区别和联系

从表面上看，信息和数据似乎很相似，都在某种程度上表达了对物理存在的度量；但是，数据与信息之间又有本质的区别。下面介绍数据与信息的区别和联系。

1. 数据与信息的区别

数据经过加工处理，并赋予语义解释就成为信息，信息又通过数据反映出来，而且数据和信息常常表现为同一过程的关联产品，因而容易被混淆。例如，"100"是一个数据，除了数字上的意义外，没有任何信息，但如果说"考试成绩100分"，意义就发生改变。因此，"考试成绩100分"不仅仅是数据，更重要的是给数据加以解释，就此生成了信息。可以看出，数据与信息是密不可分的，人们形象地将它们之间的关系比喻为原料和成品之间的关系，将数据看作原材料，将信息看作成品。从数据到信息的转化如图1-4所示。

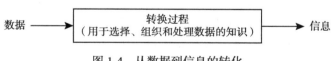

图1-4　从数据到信息的转化

数据与信息的区别主要体现在以下几个方面：

（1）概念不同　数据是原始资料的直接记载，是未经组织的、不相关的符号。信息是数据进一步加工处理后的资料，是对客观世界中各种事物的运动状态和变化的反映，是可感知的。

（2）特点不同　数据以客观事实为依据，不以人的意志为转移，但信息常常带有主观性，同一个数据会被赋予不同的含义。另外，数据不会解释任何东西，是无意义的实体；而信息则会为数据提供语义解释。

（3）结构不同　数据结构简易，是个别且分散的，通常数量很多，且数据与数据之间无相关性；而信息是系统的，且要求意义上有一致性，连续的信息会成为管理决策中有用的信息流。

2. 数据与信息的联系

在知识管理体系中，从数据到信息再到知识是一个从低级到高级的认识过程，除了数据、信息和知识外，还发展出了智慧这一概念。智慧是人类所表现出来的一种独有的能力，主要表现为收集、加工、应用、传递信息和知识的能力，以及对事物发展的前瞻性看法。数据、信息、知识、智慧的层次逐渐升高，深度、含义和价值也不断增加，低层次是高层次的基础和前提，数据是信息的源泉，信息是知识的基石，知识是信息的子集，知识是智慧的基础和条件。信息是数据和知识的桥梁，知识反映了信息的本质，智慧是知识的应用和生产性的使用。数据、信息、知识与智慧的层次关系如图1-5所示。

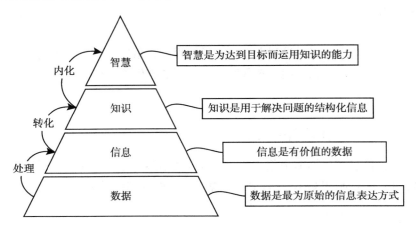

图 1-5　数据、信息、知识与智慧的层次关系

在以上知识管理体系中，数据和信息之间有以下三个方面的联系：

（1）信息是加工后的数据　信息是数据经过筛选、分析以及综合后的结果，它使用户能够清楚了解数据代表的含义和解释。数据是原材料，信息是加工后的产品。数据与信息的转换如图1-6所示。

（2）数据和信息是相对的　同样的记载资料，对某些用户来说是信息，而对另一些用户而言只是数据。如在物流储运过程中，运输单对采购人员来

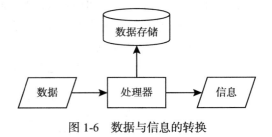

图 1-6　数据与信息的转换

说是信息，因为他可以从运输单上得到货物入库数量、种类等信息；而对公司管理者来说，运输单只是数据，因为他从运输单中无法获取所需的企业经营状况。

（3）信息是带有主观性的数据　信息在对数据加工的过程中，采用不同的模型、经过不同的时间间隔或人对客观事物变化规律的认识差异会产生不同的结果。也就是说信息的表达受到用户的影响，在揭示数据内在含义的同时带有一定的主观性。

1.2　信息系统的概念和组成

现实生活中，在各个领域都存在各式各样的系统，一般来说，系统（System）是为了实现某种目标而相互联系、相互作用的若干元素的有机整体，其内部可能有物质、能量和信息流动，

其中信息流动控制着整个系统中物质和能量的运转，使得系统更加有序，任何组织中都包含信息系统这一子系统。本节将介绍信息系统的相关概念及其组成。

1.2.1 信息系统的概念和结构

1. 信息系统的概念

信息系统（Information System）是进行信息处理的系统，它是一系列相互关联的可以收集（输入）、操作和存储（处理）、传播（输出）数据和信息，并提供反馈机制以实现其目标的元素或组成部分的集合。信息系统的三个基本活动如图1-7所示。

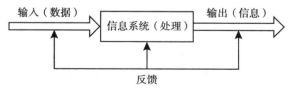

图 1-7　信息系统的三个基本活动

早些时候信息系统的概念不涉及计算机等现代信息技术，甚至可以是纯人工的，如早期财会人员使用纸、笔、算盘等工具，对会计数据进行记录、计算、分类、汇总等。随着现代通信与计算机技术的发展，目前普遍认同的信息系统是基于计算机、通信网络等现代化工具和手段，服务于管理领域的人、机共存的系统。管理模型、信息处理模型和系统实现条件三者有机结合产生的信息系统如图1-8所示。

信息系统输入的是从环境中获取的原始数据，输入的形式包括键盘、鼠标、扫描仪等。处理包括计算、比较、交换、检索等，是对输入数据的加工并使其能被利用。输出是将处理之后的信息传送给需要的用户

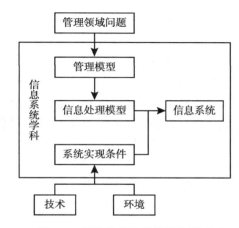

图 1-8　现代信息系统的抽象模型

或用于生产活动中，且输出的信息服务于信息系统目标，通常是以文档或报告的形式出现。在某些情况下，一个系统的输出是另一个系统的输入。此外，信息系统还需要反馈机制，反馈是对输入数据或处理的调整，以提高信息系统的有效性；反馈也是管理者进行有效控制的重要手段，决策者根据反馈的信息评价和修正输入、处理和输出，采取相应的变更措施，完成组织的目标。

2. 信息系统的金字塔形结构

现代的企业信息系统通常是一个金字塔形的结构，包括四个层次：最底层为初级信息系统，它进行一般的事务数据处理与查询，以改善人工数据处理；第二层是在计算机网络和数据库的支持下，用于作业计划、决策制定和控制的辅助管理信息系统；第三层为用于辅助战术计划和决策活动的信息系统；最顶层为支持最高决策者进行战略决策的信息系统，这一层不仅要运用数据库、方法库和模型库，而且还要用人工智能、专家系统的技术，所以最高层又称为智能化信息系统。信息系统的金字塔形结构如图1-9所示。

1.2.2 信息系统的组成和功能

1. 信息系统的组成

信息系统是一个由人、软件、计算机、网络设备、数据资源等部件组成的系统，是以实现信息流处理为目的的一体化系统。信息系统的各组成要素如下：

（1）计算机硬件　计算机硬件可以输入并存储程序和数据，并执行程序把数据加工成可以利用的形式、生成信息，是信息系统的重要组成部分。各式各样的计算机构成了信息系统的计算平台和传输平台。计算机按照数据处理能力分为超级计算机、大

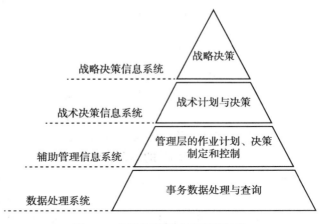

图1-9　信息系统的金字塔形结构

型计算机、小型计算机（服务器）和个人计算机，其中超级计算机功能最强、运算速度最快，主要承担大规模科学计算任务；大型计算机具有较高的处理速度和存储容量，主要用于工业和商业领域；小型计算机主要作为提供网络服务的服务器；个人计算机包括台式机、笔记本、平板电脑、智能手机和个人电子穿戴设备等。

（2）计算机软件　计算机软件是指计算机系统中的程序及其文档，包括基础软件和应用软件。基础软件又分为操作系统、数据库以及中间件，其中操作系统是用户和计算机的接口，同时也是计算机硬件和其他软件的接口；数据库在信息系统中常被用来解决大量的信息存储和处理问题；中间件是指网络环境下处于操作系统、数据库系统软件和应用软件之间的一种起连接作用的分布式软件，如Web服务器，可以为应用软件提供公共的服务接口。对整个信息系统来说，直接面对用户的，就是信息系统的应用软件，也就是用于处理特定应用的程序，如ERP软件、OA软件等。

（3）网络和通信设备　网络和通信设备将多台计算机连接在一起，它保证了计算机之间的连通性。计算机网络按照地理位置划分为局域网（LAN）、城域网（MAN）、广域网（WAN）和个人网（WAPN）四种，其中局域网连接范围窄、用户数少、配置容易、连接速率高，生活中常见的WLAN就是无线局域网；城域网普遍应用于邮政、银行、医院等不在同一地理范围内的计算机互联；广域网跨越国界、洲界，典型代表是Internet网；个人网就是个人把使用的电子设备用无线技术连接起来的网络。通信设备包括公共资源、服务商提供、个人拥有的网络通信设备，常用的有交换机、网桥、中继器、路由器、网关等。

（4）信息资源　信息资源通常是指人类社会信息活动中积累起来的以信息为核心的各类信息活动要素（信息技术、设备、设施、信息生产者等）的集合。这一要素是信息系统的核心内容，广泛存在于经济、社会的各个部门和领域，是各种事物形态、内在规律、和其他事物的联系等各种条件、关系的反映。信息资源涉及企业生产和经营活动过程中所产生、获取、处理、存储、传输和使用的所有信息，是一切文件、资料、图表和数据等信息的总称，贯穿于企业管

理的全过程。

（5）信息用户　信息用户是信息系统的主要服务对象，是信息市场发展的重要力量，是信息商品的使用者、购买者和消费者，也是信息系统的使用者、维护者、管理者和设计者，是在社会实践活动中利用信息和信息服务的一切个人和社会团体（其中也包括各种组织和企业）。从信息用户的实践活动、信息需求、个人或团体的自然属性进行研究，可以将信息用户划分为不同的类型，如根据人们实践活动的内容所涉及的学科范围划分，可以分为自然科学信息用户类型、社会科学信息用户类型。

（6）规章制度　规章制度是信息用户在使用信息资源时所要遵循的办事规程和行为准则。规章制度的建设和完善是信息系统运行的基础。只有符合国家法律法规，遵照国际、国内的行业或部门标准，建立科学规范的规章制度，才能提高信息资源的运作成效，保证信息用户的人身、资产安全。通常情况下企业或组织为明确岗位职责，规范操作流程，保障内部信息系统安全、有效运行，会根据有关法律、法规和政府有关规定，结合自身情况，对信息系统进行统一规划、统一标准、统一建设、统一管理。

:知识链接:

信息系统的生命周期

信息系统生命周期主要分为四个阶段：立项、开发、运维、消亡。从开发角度来看，则分为：需求、概要设计、详细设计、编码、测试、验收。

（1）立项　此阶段为概念阶段或需求阶段。根据用户业务发展和经营管理的需要，提出建设信息系统的初步构想。对企业信息系统的需求进行深入调研和分析，形成《需求规格说明书》并确定立项。

（2）开发　此阶段为关键环节，以立项阶段所做的需求分析为基础，进行总体规划。通过系统分析（建模）、系统设计、系统实施、系统验收等工作实现并交付系统。

（3）运维　信息系统通过验收，正式移交用户。运维分为更正性、适应性、完善性、预防性维护等四个主要类型。

（4）消亡　信息系统不可避免地会遇到系统更新改造、功能扩展，甚至废弃重建等情况。在信息系统建设的初期就应该注意系统的消亡条件和时机，以及由此而花费的成本。

2. 信息系统的功能

信息系统是由系统工程理论结合计算机技术而形成并逐步完善起来的，具有输入、存储、处理、输出和控制五个基本功能。

（1）输入功能　信息系统的输入功能决定于系统所要达到的目的及系统的能力和信息环境的许可。输入过程中信息的识别有三种方法：一是决策者识别；二是系统分析员识别；三是先由系统分析员识别，再向决策人员调查，加以修正、补充。

（2）存储功能　存储功能是指系统存储各种信息资料和数据的能力。数据存储设备主要有三种：纸张、胶卷和计算机存储器，信息存储的概念比数据存储上的概念更广，主要问题是确定存储哪些信息、存储多长时间、以什么方式存储、经济上是否可行等，这些问题都要根据系统的目标和要求来确定。

（3）处理功能　处理功能主要包括对信息的加工和维护。信息加工的范围很大，从简单的查询、排序、归并到负责的模型调试及预测；信息的维护主要是指更新存储器中的数据，使其保持可用状态以及系统建成后的全部数据管理工作。信息处理的工具主要基于数据仓库技术的联机分析处理（OLAP）、数据挖掘（DM）技术等。

（4）输出功能　信息系统的各种功能都是为了保证最终实现最佳的输出功能。信息系统中数据的传输包括计算机系统内和系统外的传输，实质是数据通信。信息系统传输模型如图1-10所示。

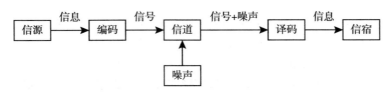

图1-10　信息系统传输模型

（5）控制功能　信息系统的控制功能是指对构成系统的各种信息处理设备进行控制和管理，对整个信息加工、处理、传输、输出等环节通过各种程序进行控制。

1.2.3　信息系统的发展历程

从系统发展和系统特点来看，信息系统的发展经历了三个阶段。

1. 电子数据处理系统阶段

电子数据处理系统的特点是数据处理的计算机化，目的是提高数据处理速度。根据数据的综合处理程度，电子数据处理系统又分为单项数据处理阶段和综合数据处理阶段。

（1）单项数据处理阶段　在单项数据处理阶段，计算机硬件和软件都比较落后。在硬件方面，以磁介质作为存储器的磁盘、磁带技术刚刚萌芽，外存容量小，数据和程序一起输入，且计算机不能长期保存数据。在处理方式上，受计算机外部设备、软件和通信技术的限制，主要采用批处理方式。单项数据处理阶段主要用计算机实现某个单项处理的手工操作，如工资计算、报表统一打印等，其特点是集中式处理、数据不能共享、数据处理是单机。因此计算机的应用定量化技术主要集中在改善特定的物流功能，例如订货处理、预测、存货控制、运输等，是单向的数据处理，此时的物资资源配置技术也只限于传统的以经济订货批量为代表的"订货点技术"。

（2）综合数据处理阶段　在综合数据处理阶段，出现了具有高速存取和容量较大的外存储器，大容量的外存储器可以促使操作系统的产生和文件管理功能的完善。这时数据被组织成数据文件储存在磁盘上，由操作系统完成程序和数据的管理，简化了人工数据的处理，实现了数据与程序的分离，大大促进了计算机的信息处理能力。计算机应用由当下的数据处理拓展到部分物流管理的范围或物流管理子系统，计算机的运算能力有了很大提高，通过带动多个终端，对多个业务过程进行综合处理。人们可以应用计算机制订生产计划，并研究生产过程中各个环节的物资供应计划问题，例如企业的物资管理、仓储管理、制订投产计划和采购计划等。该阶段应用的特点为实时处理、集中式数据处理、数据局部共享、系统采用主从式结构。在物流管理理念上，企业开始注重物流管理的系统化和整体化，如物料需求计划和制造资源计划的提出，企业的信息管理逐步向规范化、标准化迈进。

2. 管理信息系统阶段

电子数据处理系统的数据不能作为企业管理决策提供过去的、现在的和未来的信息，人们对计算机信息处理系统提出了新的需求。在这个阶段，统计学、运筹学、管理科学和计算机科学结合在一起，建立了以决策制定为基础的现代管理理念，并出现了大规模和超大规模集成电路及大容量的存储器、网络技术和数据库技术，计算机性能和价格遵循摩尔定律发展，使计算机的应用更加普及。20 世纪 80 年代，条码技术、电子扫描和传输技术的产生和使用为改善物流的表现提供了技术支持，提高了物流信息的及时可得性。20 世纪 90 年代初期，信息技术有了更快的发展，其性价比大幅度提高，计算机及多媒体技术的发展使物流信息系统处理各种类型的数据成为可能，以 Internet 为代表的多种通信方式提供了易用、低成本的数据传输方法，卫星通信提高了物流的实时跟踪能力。信息技术应用于整个企业的物流管理，在企业内部运行的企业计算机应用系统，能系统地组织、保存和处理企业的信息，辅助企业进行计划、生产、经营和销售，企业信息系统以局域网结构和客户/服务器体系结构为主，是生产系统、计划系统、财务系统、工程设计、工程管理和生产制造等功能系统的有机结合。

管理信息系统不仅用于企业内部的各个组织及部门，还可以通过计算机网络把分散在不同地区的计算机相连，如通过互联网络与企业的供应商、客户建立数据联系，将供应商和客户作为企业的一种资源进行管理。在这个阶段，各种先进的企业管理的理念不断出现，如准时制（Just In Time，JIT）、全面质量管理（Total Quality Management，TQM）、供应链管理（Supply Chain Management，SCM）、客户关系管理（Customer Relationship Management，CRM）、电子商务（Electronic Commerce，EC）等，这些理念极大地丰富了企业物流信息管理的内容，形成了企业资源规划（Enterprise Resource Planning，ERP）系统。ERP 系统在物料需求计划（Material Requirement Planning，MRP）系统的基础上发展而来，除了具有物料计划、库存控制、销售管理、财务管理等功能，还增加了企业管理的其他功能，包括工厂管理、质量管理、实验室管理、设备维修管理、仓库管理、运输管理、过程控制接口、数据采集接口、电子通信、法律法规标准、项目管理、金融投资管理和市场信息等。

3. 决策支持系统阶段

决策支持系统是以信息技术为手段，应用决策科学及有关学科的理论和方法，针对某一类型的半结构化和非结构化的决策问题，通过提供背景资料、借助明确问题、修改完善模型、列举可能方案、进行分析比较等方式，为管理者做出正确决策提供帮助的人机交互方式的信息系统。

决策支持系统阶段是从 20 世纪 90 年代初至今。20 世纪 80 年代末至 90 年代初，由于信息技术有了巨大的进步，例如超大容量的存储器出现，互联网技术由军事应用拓展为商业应用，通信技术由单一的电信拓展为数据通信；在数据管理方面，产生了数据仓库，应用数学、人工智能等研究成果应用于数据挖掘，提供了知识管理。这一切进步，使得计算机辅助管理由系统管理阶段进入决策支持阶段。决策支持系统是在管理信息系统的基础上发展起来的，以管理信息系统所产生的信息为基础，应用模型或其他方法和手段实现辅助决策和预测功能，在现代物流管理中，经常需要运用运输路线优化、配送中心选择、存货管理等模型，这些模型的开发和使用使得物流信息系统进入一个更高的层次。

1.3 管理信息系统的概念和发展

从信息系统的发展和特点来看，信息系统可分为数据处理系统（Data Processing System，DPS）、管理信息系统（Management Information System，MIS）、决策支持系统（Decision Support System，DSS）、专家系统（Expert System，ES）（人工智能的一个子集）和办公自动化（Office Automation，OA）系统。本节重点介绍管理信息系统的概念和发展。

1.3.1 管理信息系统的概念

管理信息系统一词最早起源于 20 世纪 60 年代末的美国，人们把服务于组织管理的各类基于 IT 的信息处理系统，统称为管理信息系统。然而，作为信息系统学科的主要研究对象，不同时期的研究者从不同的角度对管理信息系统做了不同的定义，在此仅介绍其中较有代表性的含义。

1）1985 年，管理信息系统学科的创始人之一、美国明尼苏达大学卡尔森管理学院的教授高登·戴维斯给出了管理信息系统的著名定义，他指出："管理信息系统是一个以人为主导，利用计算机硬件和软件，手工作业，分析、计划、控制和决策的模型，以及数据库的用户—机器系统"。它能提供信息，支持企业和组织的运行、管理和决策功能。该定义较完整地说明了 MIS 的目标、功能和组成。

2）20 世纪 80 年代初，我国学者在《中国企业管理百科全书》上根据中国国情提出如下定义："管理信息系统是一个由人、计算机等组成的能进行信息的收集、传输、存储、加工、维护和使用的系统。管理信息系统实测企业的各种运行情况，利用过去数据预测未来，从企业全局出发辅助企业进行决策，利用信息控制企业行为，帮助企业实现其规划目标。"与高登·戴维斯的定义相比，该定义进一步明确地说明了管理信息系统的构成、性质及其辅助企业管理的主要功能。

3）20 世纪 90 年代以后，随着 IT 技术特别是网络通信技术的快速发展，管理信息系统又拓展了许多新的应用形式，如 ERP、SCM、CRM、EC 等，它们使管理信息系统的内涵和外延都有了极大丰富和拓展。传统的管理信息系统定义，已不能完全体现和涵盖管理信息系统的技术与应用的最新发展成果，于是人们又提出许多新的定义，如"管理信息系统通过对整个供应链上的组织内部和多个组织之间的信息流进行管理，实现业务整体化，提高企业运行控制和外部交易过程的效率"等。

4）2002 年，美国著名学者劳顿夫妇（Kenneth C. Laudon，Jane P. Laudon）在著作《管理信息系统》中，从技术和管理两个方面定义了管理信息系统，他们指出："在技术上它可定义为一个 IT 互连部件的集合""在管理上它提供组织解决管理问题和挑战的 IT 技术解决方案"。也就是说，管理信息系统能够提供解决组织中的管理问题和挑战的基于 IT 技术系统的解决方案。

5）"管理信息系统是一个以人为主导，利用计算机硬件、软件、网络通信设备以及其他办公设备，进行信息的收集、传输、加工、存储、更新和维护，以企业战略竞优、提高效率为目的，支持企业高层决策、中层控制、基层运作的集成化人机系统。"这是时任清华大学教授的薛华成给出的定义。该定义说明管理信息系统充分地结合了人与机器，较全面地覆盖了管理信息系统所涉及的学科范围，清晰地说明了 MIS 的组成、信息的处理过程以及 MIS 的目标，即为企业提供高（决策层）、中（管理层）、低（运行层）三个层次的管理活动支持。管理信息系统概念如图 1-11 所示。

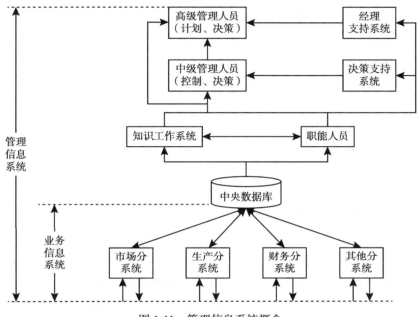

图 1-11　管理信息系统概念

从以上管理信息系统的定义来看，管理信息系统是信息系统在管理领域应用发展起来的为管理决策提供服务的信息系统，也是一个对组织乃至整个供应链进行全面管理的综合系统。计算机技术是管理信息系统的重要组成部分，但其主要因素是人，决策者将计算机技术与先进的现代管理方法、手段进行结合，从而更好地服务人，更高效地运作管理系统。

管理信息系统作为一门新的学科，产生较晚，其理论体系尚处于发展和完善之中，早期的研究者从计算机科学与技术、应用数学、管理理论、决策理论和运筹学等相关学科中寻找相应的理论，构成管理信息系统的理论基础，从而形成一门有着鲜明特色的边缘学科。管理信息系统的三大要素是系统的观点、数学的方法和计算机的支撑。管理信息系统由四个部分组成：信息源、信息处理器、信息用户和信息管理者，其基本结构如图 1-12 所示。

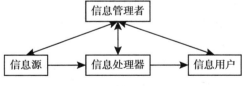

图 1-12　管理信息系统的基本结构

┊延伸阅读┊

沃尔玛如何使用电子信息

沃尔玛百货有限公司（简称沃尔玛）来自美国，以营业额计算是全球最大的公司，属于世界性的连锁企业。沃尔玛主要涉足零售业，业务类型主要有沃尔玛购物广场、山姆会员商店、沃尔玛商店、沃尔玛社区店四种形式。沃尔玛由美国零售业的传奇人物山姆·沃尔顿先生于

1962 年在阿肯色州成立。经过 50 余年的发展，沃尔玛已经成为美国最大的私人雇主和世界上最大的连锁零售商。目前沃尔玛在全球 10 个国家开设了超过 5 000 家商场。2004 年，沃尔玛全球的销售额达到 2 852 亿美元。2020 年—2023 年，连续 4 年登《财富》杂志世界 500 强排行榜第 1 位。

沃尔玛使用 EDI（电子数据交换）技术与供应商沟通，从供应商那里接收有关发运状况、送货时间表、数量至账单/发票等信息。沃尔玛还在零售商店的付款通道使用条码读码器来捕获实时销售信息，并随即下载给厂商。厂商则使用此信息决定要发运什么产品给沃尔玛，订单会自动生成。该系统将销售情况迅速反馈给厂商，厂商因此能够依据准确、及时的销售数据预测生产需求。他们也能更早地收到付款，这对其现金流很有帮助。沃尔玛得到的好处是它再也不用向众多的厂商直接下订单，并且可以将库存水平保持在最低水平。这两项策略都降低了沃尔玛的成本，也提高了客户服务水平。

资料来源：傅莉萍. 物流信息系统管理［M］. 北京：清华大学出版社，2017：21.

1.3.2　管理信息系统的发展历程

管理信息系统的发展历史可以追溯到电子计算机出现之前。自工业社会以来，人们就一直在尝试信息处理的自动化，IBM 公司曾经发明了一种穿孔卡片机，每分钟可以处理 200 张卡片，后来英国的巴贝基等人曾尝试过研制机械式计算机。20 世纪 30 年代，伯纳德强调了决策在组织管理中的作用。1946 年世界上第一台电子计算机问世，尽管当时数据处理还属于计算机科学的应用领域，但信息技术对企业管理的影响引起了管理学界的注意。20 世纪 50 年代，西蒙提出了管理依赖于信息和决策的概念，为管理信息系统的发展奠定了理论基础。管理信息系统的发展经历了以下四个阶段：

1. 起步阶段（20 世纪 50 年代中期至 20 世纪 60 年代中期）

1954 年美国通用电气公司安装的第一台商业用数据处理计算机，开创了信息系统应用于企业管理的先河。在这一时期，管理信息系统以商业企业中的单项事务子系统为主，主要利用电子计算机代替局部数据量大、操作方法简单的业务处理，如工资核算、物料管理等。其目的主要是单纯用计算机代替人的重复性劳动，减轻工作强度，提高工作效率，这也是管理信息系统的萌芽时期。

这个阶段管理信息系统的主要特点：集中批处理；计算机的普及率很低，设备功能简单且运行效率很低；在软件上没有操作系统，应用软件是个空白；数据无法共享，对数据采用文件式的管理；没有现在意义上的数据库系统。

2. 发展阶段（20 世纪 60 年代中期至 20 世纪 70 年代中期）

在这一时期，计算机在商业、企业以及各领域中得到了较广泛的应用。管理信息系统的特点是以计算机为中心，实现分散管理和集中服务相结合的形式，针对不同的业务建立以数据处理为基础的各种业务信息系统。

这个阶段管理信息系统的主要特点：实时处理；硬件方面有了很大的发展，出现了大容量的磁盘，数据以文件形式储存在磁盘上，实现了初步的数据共享；在软件方面出现了操作系统。

3. 定型阶段（20 世纪 70 年代中期至 20 世纪 70 年代末期）

在这一时期，管理信息系统从以处理事务为主开始转向以管理控制为主。这一时期 IBM 公司开发的 COPICS（Communication Oriented Pro-duction and Information Control System）是有代表性的管理信息系统的成功范例之一。

这个阶段管理信息系统的特点：计算机在性能上的提高和价格上的进一步降低为计算机的广泛使用铺平了道路；分布式系统技术的出现使操作系统更加完善；数据库、各类应用软件也逐渐兴起。

4. 成熟阶段（20 世纪 80 年代至今）

在这一时期，管理信息系统开发的基本理论、方法和手段已经趋于完善，人们开始广泛地运用计算机网络和数据库技术，并注重运用数学模型进行预测和辅助决策。其特征是个人计算机更加普及，数据库技术有了很大的发展，网络技术得到普遍的应用。

这个阶段管理信息系统的特点：具有更高水平的跨平台功能整合；具有重新分配关键计算任务的能力，例如数据存储、处理和提交报告；最大限度地利用商业战略机会。网络技术的发展使得信息系统边界不再受地理位置的局限，形成了整个组织范围的集成化信息系统；智能决策支持系统和群体决策支持系统的出现，为组织提供更具智能分析能力的信息支持。

随着 Web2.0、云计算、移动计算、物联网、大数据等新的信息技术进一步发展，利用新一代信息技术来改变政府、企业和人们相互交流的方式的理念也在指导人们做出更明智的决策。在如今的组织中，管理信息系统已被看作一种战略资源。

1.3.3 管理信息系统发展的新变化

虽然管理信息系统的发展和应用迅速，但也面临着一些挑战，如跨平台运行、支持多种应用系统数据交换、高可靠性以及安全性问题等。因此，在发展管理信息系统的同时，应该认识到管理信息系统不仅是一个技术系统，同时也是一个社会系统，要提高科学管理水平，为信息系统的使用创造有利条件，并且要建设新型企业文化，培养新一代的工作人员，使之适应新技术应用和企业转型的挑战。管理信息系统发展的新变化如表 1-5 所示。

表 1-5 管理信息系统发展的新变化

层面	变化	企业影响
技术	云计算平台成为一个主要的创新商业领域	互联网上灵活的计算机群开始代替传统公司的计算机执行任务。软件即服务（SaaS）作为一种互联网服务模式，使管理信息系统及应用转移到互联网上
	大数据	管理信息系统需要新的数据管理工具获取、存储和分析海量数据，并从中洞悉业务规律。这些海量数据来源于网络流量、电子邮件、社会化媒体内容以及机器（传感器）
	作为企业系统，移动数字平台开始与 PC 平台竞争	小型的平板电脑如 iPad、Google、Nexus 和 Kindle Fire 等，都可以是管理信息系统的组成部分，传统的计算机不再是个人和企业的唯一选择

（续）

层面	变化	企业影响
管理	管理者采用在线协助技术和社会化网络软件改进协调、协作和知识共享	Google Apps、Microsoft Windows SharePoint和企业微信、腾讯会议等被众多商务人士用于支持博客、项目管理、在线会议、个人资料、社会化书签和网络社区
管理	商务智能应用加速	更强大的数据分析和交互界面提供实时的绩效信息给管理者，用于提高管理决策水平
管理	虚拟会议猛增	管理者采用电话视频会议和网络会议技术，降低出差时间和成本，并改善合作与决策
组织	社会化商务	管理信息系统要与社会化网络平台（包括微博、企业微信和企业内部社交工具）相结合，加强与员工、客户和供应商的联系
组织	远程办公普及化	互联网、智能手机和平板电脑使更多的人远离传统的办公室工作
组织	共同创造企业价值	企业价值的来源从产品转向解决方案和经验，从内部资源转向供应商网络以及和客户的协作。供应链和产品开发呈现出更多的全球化和协作性特点，客户互动帮助公司定义新产品和服务

┊延伸阅读┊

管理信息系统在医疗中的应用：电子病历

电子病历（Electronic Medical Record，EMR）也叫计算机化的病案系统或称基于计算机的病人记录（Computer-Based Patient Record，CPR）。它是用电子设备（计算机、健康卡等）保存、管理、传输和重现的数字化的医疗记录，用以取代手写纸张病历。它的内容包括纸张病历的所有信息。美国国立医学研究所将其定义为：EMR是基于一个特定系统的电子化病人记录，该系统提供用户访问完整准确的数据、警示、提示和临床决策支持系统的能力。

几十年来，欧美国家一些大医院建立起了医院内部的医院信息系统（HIS），电子病历在美国、英国、荷兰、日本等国家有了很大程度上的研究和应用。例如，美国政府已在大力推广、普及EMR的应用工作，印第安纳大学医学分校利用EMR预测癌症早期病人的死亡率，波士顿EMR协会正在研究通过Internet传输急救病人的EMR问题。英国已将EMR的IC卡应用于孕妇孕期信息、产程启示及跟踪观察。同时，这些国家已经成立了专门的研究机构，把EMR作为一个重点课题研究，组织医疗单位实施和普及。

经过多年的发展，我国医院管理信息系统已初具规模，许多医院相继建立起医院范围的管理信息系统，为我国电子病历的研究和应用奠定了坚实的基础。国家卫生部监制的金卫卡将向全社会推出，可保存持卡人终身的医疗保健信息，持卡人可通过计算机网络直接和银行、医疗保险中心及保险机构联网，使医疗活动变得简单、方便、快捷。解放军总医院开展了EMR的研究和应用。这仅仅是EMR研究及应用的起步，相关的研究内容将会随着EMR的发展而深入。

资料来源：电子病历开方助力构建医疗信息化［EB/OL］．［2023-06-21］．https://www.sohu.com/a/458577823_120197013.

本章小结

本章从数据与信息的概念和关系入手，系统介绍了数据、信息和知识的定义、分类与特点，以及数据和信息两者之间的区别与联系，进而阐述了信息系统的概念和组成，最后介绍了管理信息系统的概念和发展历史，并对与管理信息系统相关技术的新变化做了总结。通过本章的学习，可以对数据、信息、信息系统和管理信息系统的概念有了初步的了解，为后续章节内容的学习打下基础。

关键术语

数据　信息　知识　信息系统　管理信息系统　物流信息　物流管理　物流管理信息系统

习题

1. 选择题

（1）以下哪个是描述客观事物性质、状态以及相互关系等原始资料的符号？（　　）
A. 数据　　　　　B. 信息
C. 知识　　　　　D. 智慧

（2）数据的一个基本特征是（　　）。
A. 数据是对客观现象、性质等的一种表示
B. 数据可以是数字、文字、图画、符号、声音、图像等
C. 数据类型可以分为数值型数据和非数值型数据
D. 数据与信息不同，数据是日常说的数值，而信息是日常说的现象

（3）下面属于信息的特征的是（　　）。
A. 时滞性　　　　B. 可传递性
C. 延续性　　　　D. 以上都是

（4）下面不属于信息系统组成的是（　　）。
A. 信息用户　　　B. 信息处理器
C. 规章制度　　　D. 网络和通信设备

（5）管理信息系统的重要组成部分是（　　）。
A. 知识系统　　　B. 决策者
C. 数据库　　　　D. 计算机技术

（6）管理信息系统的主要因素是（　　）。
A. 人　　　　　　B. 计算机技术
C. 数据库　　　　D. 信息源

2. 判断题

（1）数据资产本身是无限增长的，且每年都在增值，而不是被消耗。（　　）
（2）数据具有变异性是指同一个数据在面对不同的人时表达出的信息不同。（　　）
（3）信息根据管理的层次可分为战略信息和战术信息。（　　）
（4）信息的可增值性是指信息数量的增加和信息质量的增加。（　　）
（5）数据和信息两者都是资料的记载，区别在于数据是未经加工的，而信息是加工后的数据。（　　）
（6）信息系统是一个由人、软件、计算机、网络设备、数据资源等部件组成的系统，是以实现信息流处理为目的的一体化系统。（　　）
（7）管理信息系统的三大要素是系统的观点、数学的方法和计算机的支撑。（　　）
（8）MIS主要提高了中层管理人员的工作效率。（　　）

3．简答题

（1）举例说明按结构划分的三种数据类型。
（2）简述信息和知识的特征。
（3）简述数据和信息的区别和联系。
（4）信息系统是由哪些部分组成的？
（5）一般的信息系统具有哪些功能？
（6）管理信息系统经历了怎样的发展历程？

4．论述题

（1）信息系统对现代企业为什么这么重要？
（2）什么是管理信息系统？你知道哪些管理信息系统？
（3）就物流行业而言，管理信息系统能够起到什么作用？

◆ 案例分析

招商物流的供应链管理信息系统建设

招商局物流集团有限公司（以下简称"招商物流"）是国家 A 级央企，是招商局集团有限公司旗下现代物流业的核心企业，于 2000 年正式组建，总部位于深圳，注册资本 12.5 亿元。招商物流聚焦泛快速消费品合同物流细分市场，发展迅速，实现了年复合增长率 30% 以上的高速发展。招商物流目前已在华东、华北、东北、西南、西北、华中、华南 7 大经营区域拥有全国性物流网络实体，在全国 153 个城市设立了物流运作网点 815 个。物流配送可及时送达全国 700 多个城市，全国性物流网络布局初具规模。

早在 2001 年，招商物流就引进了世界领先的 SAP 系统，成功构建了以 SAP 为基础的物流信息执行系统，实现了"数据集中化、系统集成化、操作统一化、业务财务一体化的四化模式"。招商物流信息建设与全国网络化布局保持一致，对外与大型客户系统实现了无缝对接，对内打造了先进的可视化运营监控技术平台，能为客户提供全面的物流信息化服务。通过标准化运作流程、标准化效率成本、标准化服务质量实现了全网的标准化服务，提升了招商物流的核心竞争力，获得了宝洁、可口可乐、BP、青岛啤酒、埃克森美孚、苏酒集团、梅花生物等全国性企业的青睐。2016 年，招商物流还完成了运输、仓储等核心系统的业务流程再造，借助"互联网+"重点打造供应链管理信息系统，进行数字化转型，现已完成供应链管理信息系统蓝图的确认及系统配置的开发，并积极推广基于"互联网+"的供应链管理信息系统及运力组织新平台，通过整合社会资源，增强核心竞争优势，助力招商物流成为中国领先的全供应链物流服务商。

招商物流一方面聚焦泛快速消费品物流细分市场，强调客户维护与深度开发，追求客户服务领域延伸，为客户提供物流策划与供应链的管理咨询服务、物流与供应链解决方案的设计、物流与供应链实施与控制、物流与供应链的运作与管理、全球化的网络服务、物流信息化及信息网络服务、供应链上多个环节的资源整合服务、物流的特殊服务等；另一方面积极开拓新运力组织、跨境电商等新业务、新模式，并依托标准化、集约化的管理集成优势，积极寻求并购。开发公路快运网络平台的公共物流服务，逐步实现了合同物流与平台物流的融合，推进全供应链服务设计、操作能力。

项目建设方案

随着物流市场逐渐成熟、物流市场进一步细分、物流价格进一步透明，客户在关注物流服务质量提升的同时更加关注物流服务价格，物流市场竞争逐渐白热化。招商物流运输业务营收占主营收入70%，在此市场竞争环境下，占收入、利润绝对比重的外协公路运营业务如果想继续做大做强，就必须紧贴市场、及时变革。

在新的第三方物流市场竞争态势下，信息系统的应用程度正逐渐成为物流企业成败的关键。为了在新常态中进一步巩固市场地位，提升企业竞争力，招商物流计划打造一个全新的供应链管理信息系统。该系统以仓储和运输业务的新形态为主体，整合运力组织平台，辅以移动应用、物联网技术等，为招商物流的发展提供有力的保证。

1．项目建设的意义

建设全新的供应链管理信息系统的意义有以下几点：

（1）符合招商物流"1544战略"的需求 招商物流供应链管理信息系统项目的实施，满足公司"1544战略"需求，将全面提升招商物流的全国性、网络化物流管理水平，直接提升信息化技术应用与科学管理水平，既有内部管理性，又具备外部扩展性。

（2）全面提升招商物流管理水平和市场竞争力 供应链管理信息系统的推广应用，将极大提升招商物流信息化及数据分析与应用能力。增强管理过程的科学性、前瞻性与有效性，也将进一步提升公司物流运作效率，增强成本控制能力及资源高效使用能力，进而全面提升公司市场竞争力。

（3）有利于提升行业信息技术水平 招商物流作为全国网络化大型物流企业，在合约物流领域位于全国前列，供应链管理信息系统的应用，将推动物流行业信息化发展集成，带动物流产业向信息化、标准化方向快速发展。

（4）有利于打造招商物流品牌 基于招商物流现有的业务规模，通过信息化、大数据分析等信息技术手段，快速在物流业务、运营管理及成本效率等方面形成竞争优势，借此增强客户聚集能力，进一步扩大市场份额。

2．项目建设的目标

供应链管理信息系统项目将以招商物流为主导，利用SAP公司强大的软件产品开发能力，结合物流运作的实际情况，将实体运作与信息系统有机结合，最终实现物流运作效率的提升、成本的降低、技术的创新。

此项目在招商物流原有信息系统基础上设计并实现新的供应链管理系统，全面重新梳理原有系统的业务流程，建立了新的信息系统体系；并通过与周边系统的全面整合，进一步提升系统的应用水平。系统通过执行核心业务子系统中的流程达到业务财务一体化；通过基于"互联网+"的运力组织平台和资源管理系统实现社会运力的集合和管理；通过 CRM（Customer Relationship Management）系统和客户服务中心完成对客户的管理和服务；通过移动应用平台实现跨平台业务办理；通过和全球定位系统/地理信息系统的结合实现业务的过程跟踪；通过与政府部门的接洽初步建成信用体系；通过对接客户系统实现跨行业系统的组合优化。

供应链管理信息系统项目的主要目标：实现业务财务一体化，实现社会运力的集合和管理，实现对客户的管理和服务，实现跨平台业务办理，实现业务的过程跟踪，初步建成信用体系，实现跨行业系统的组合优化。此次实施的供应链系统项目是针对整个招商物流的物流运营环节，建立一个完善的信息化管理系统。这个系统已在招商物流北京公司进行试点，后续将覆盖全国的所有分公司。

供应链管理信息系统

1. 系统整体架构

供应链管理信息系统是一套包括资源管理、业务执行管理、仓储管理、运输管理、融资结算、风险管控和客户关系管理的大型综合性运营管理系统。系统用4种资源，通过7套核心系统，为3类客户进行服务，周边有4套应用平台协助完善系统的功能实现。招商物流的供应链管理信息系统的整体架构如图1-13所示。

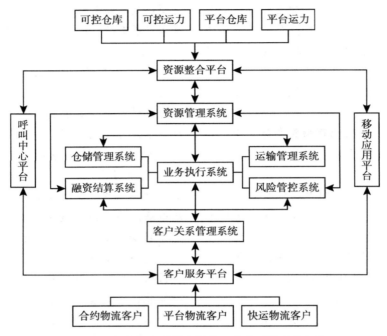

图1-13　招商物流的供应链管理信息系统整体架构

（1）业务执行系统　业务执行系统是一个在现有系统功能上实现的集业务下达、业务执行、状态跟踪等多种功能于一体的业务事件处理系统。

（2）仓储、运输系统　仓储、运输系统是主要的业务系统，其中仓储系统是在目前的SAP EWM系统上进行扩展，集成更多仓储管理功能，通过业务流程再造实现新的仓储系统功能规划，并着重实现大数据、物联网方面的应用；运输系统以SAP TM系统为基础建立，在招商物流原有系统的实施基础上进行功能改进和实施能力的完善，系统建设以运输资源优化、订单分析和整合、运输过程状态跟踪为重点，兼顾车辆配载、路径规划和优化等功能。

（3）融资结算系统　融资结算系统将以SAP财务系统为基础，结合业务系统的结算功能，实现财务管控、业务结算、信息共享等相关功能。

（4）风险管控系统　风险管控系统在现有的财务系统体系上建立，结合业务与财务数据进行风险的识别、评估和应对。同时结合大数据应用，进行风险预警。风险管控系统结合资源管理系统和客户关系管理系统可为物流资源和客户的质量评估提供有效依据。与资源管理系统、客户关系管理系统交互风险识别、评估和应对信息。

（5）客户关系管理系统　客户关系管理系统包括对市场营销、销售管理的支持，更能通过客户服务子系统进行订单的下达和跟踪。

结合来自业务执行系统和融资结算系统的数据，有望实现客户的信用管理和商融通业务。同时，通过移动应用平台和呼叫中心平台，可以拓展业务范围，吸收更多的社会资源。

（6）资源管理系统 资源管理系统用于管理自有和社会资源，包括仓库、运力等。系统对资源进行分类分级管理，并有资质审核和准入机制，同时要求按时间周期进行审核与评定。系统可以提供社会资源入口，进行订单管理和投标，并可结合业务执行系统、融资结算系统的数据提供商融通业务服务。对资源进行绩效管理，并与信用体系互动。同时对绩效指标优秀的资源给予不同形式的激励。

2．服务平台模式

资源整合平台、客户服务平台、移动应用平台和呼叫中心平台是供应链管理系统对客户和司机的落地渠道。四个平台根据服务对象的不同，采取差异化的部署方式。

资源整合平台、客户服务平台主要通过网站和电脑客户端来进行服务；移动应用平台主要通过手机客户端和社交媒体（微信群、企业号、公众号、服务号、微博等）来进行服务；呼叫中心平台主要通过电话和电子邮件进行服务。

四个平台的客户服务团队可以进行整合，未来可以考虑简易应用系统的部署推广。

3．核心系统蓝图设计

与之前规划的整体系统架构相比，核心系统架构的设计更加关注7套核心系统与周边系统的集成，同时引入了与互联网运力组织平台、移动应用的整合。供应链管理信息系统的核心系统架构如图1-14所示。

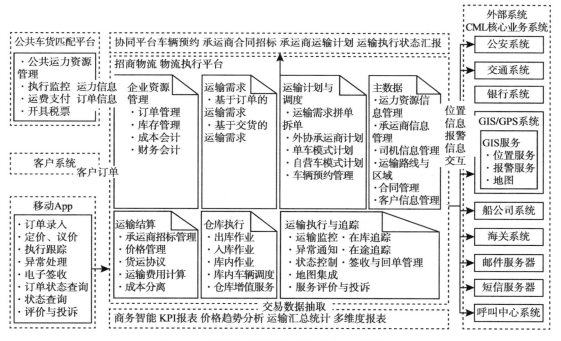

图1-14 供应链管理信息系统的核心系统架构

4．标准业务流程

梳理出标准业务流程有利于将来招商物流的分支机构在同一标准下进行运作，并通过个性化功能开发来满足客户需求，以保证70%~80%的业务集中于一套标准业务流程中，提高运作效率，降低人工成本。

1）将车辆资源储备、订单分配、运力采集、过程监控、回单管理、费用结算、运力评价、发票开具等运作全过程实现了信息平台的规范化、标准化管理。

2）减少了承运商、货运部等中间环节的利润盘剥，有效降低了物流运作成本，提高了公司的盈利能力和市场竞争能力。

3）通过该信息平台的应用，服务质量、车主响应均有大幅提升，增强了公司与客户、车主的合作黏度。

标准业务流程如图1-15所示。

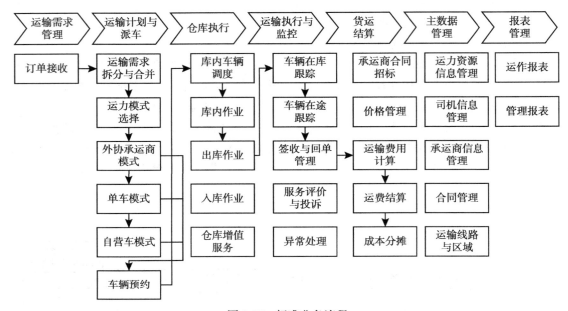

图1-15 标准业务流程

项目的效益分析与评估

1．企业效益分析

招商物流在原有信息系统应用的基础上，提升系统应用，整合周边系统，这将使公司在国内的物联网应用技术上处于领先地位，实现在物流精细化、标准化发展方面取得质的飞跃，公司品牌价值及行业影响力将进一步提升，不断提升公司整体运作质量，对公司未来的业务发展将产生深远的积极影响，比如：

（1）提升系统应用 全面升级了基础的业务和财务系统，通过信息系统流程再造梳理了仓储和运输两大子业务系统的流程，并融合了业务财务一体化等功能。

（2）融合周边系统 供应链管理系统借助互联网+，融合了移动应用、呼叫中心、运力组织平台、GPS/GIS系统、相关政府机构系统、船公司及海关等周边系统，形成了整合的系统平台，塑造了一个完整的物流行业信息化解决方案。

（3）完善系统流程 供应链管理系统形成了第三方物流端到端的解决方案，从订单下达、物流执行、仓储业务、运输业务、代理业务、过程跟踪到费用结算，整个流程都有完整的信息系统支持，最终达到系统功能全面覆盖，并进一步引领业务发展的目标。

（4）增强企业核心竞争力 以领先行业的信息化技术手段，提升公司信息化、标准化运作管理水平，打造强大的综合物流服务能力，以此构建优势明显的核心竞争力。

2．社会效益分析

招商物流建设供应链管理系统，在带来

经济效益的同时,也将产生深远的行业影响力及社会服务价值,比如:

1)通过建设全面的供应链管理系统,推动国内第三方物流公司真正实现完整的端到端信息系统解决方案的发展,为市场拓展、运作支持、财务结算、业务创新等方面赢得先机。

2)深度定制的各物流子系统应用,将推进物联网发展,提升深圳地区经济发展的物流配套服务水平,进一步改善物流产业发展环境,更好推进城市经济的智慧发展。

3)通过应用供应链管理系统等先进信息技术,有助于加快培育以深圳为总部的全国性、龙头品牌企业,进一步凸显深圳城市经济发展在全国范围的影响力及对全国物流产业升级发展的推动力。

总之,招商物流供应链管理系统的建设将推进物流行业信息化发展进程,这对整个产业升级及社会环境保护均将具有重要的积极作用。

资料来源：物流供应链管理系统［EB/OL］.［2023-06-21］. http://www.chinawuliu.com.cn/xsyj/201709/13/324724.shtml.

讨论题：

1. 总结招商物流的供应链管理信息系统的建设经验。
2. 如何推动第三方物流公司实现完整的端到端信息系统解决方案的发展?

第 2 章

物流管理信息系统概述

学习要点（表2-1）

表2-1　第2章学习要点

知识要点	掌握程度	相关知识
物流的概念和物流信息	重点掌握	物流、物流信息和物流管理的定义
	熟悉	物流的基本职能、分类；物流信息的特征、分类和作用；物流管理的特点
	了解	物流的发展趋势；物流信息的功能；物流管理的内容
物流管理的概念和内容	熟悉	物流管理的概念和七个职能：包装、运输、装卸搬运、仓储、流通加工、配送和信息管理
物流管理信息系统的结构和功能	重点掌握	物流管理信息系统是通过对物流相关信息的收集、存储、加工和处理以便实现物流的有效控制和管理，并提供决策支持的人机系统
	了解	物流管理信息系统的结构
	熟悉	物流管理信息系统的功能：订货管理、入库管理、配货管理、在库管理、出库管理和配送管理等
物流管理信息系统的发展趋势	熟悉	物流管理信息系统的发展阶段
	了解	物流管理信息系统的发展趋势

引例

物流管理信息系统中的仓储管理系统

在我国物流服务企业当中，其中有 70% 以上的企业都拥有属于自己的物流管理信息系统，然而绝大多数企业在进行实际服务的过程当中，其实针对现有的管理信息系统并不具备现代化互联网处理能力。

简单来说，物流管理信息系统必须要搭建在互联网的基础之上，其实大多数企业并不具备这方面的能力，主要就是因为缺乏信息化管理的意识，它们在这方面没有相关思维以及超前的技术动力。因此它们针对现有的管理体系，没有做全面考察。在整个物流行业发展的过程当中，需要通过物流管理信息系统来不断推动现有的物流发展。物流管理离不开信息系统发展，通过计算机技术对物流信息进行全程化管理，通过这种方式来提升企业物流运转效率，并在短时间内迅速提升企业效益，国家经济在发展的同时也会让物流行业有更长足的进步。

物流行业关系到国家运输的经济血脉，对经济建设具有重大意义。国内大多数物流公司在短时间内能够迅速崛起，业务能力逐渐增强，这与物流管理信息系统发展有直接性关联。与此同时，物流管理难度在加大，而且为了能够进一步发展，它们必须要不断完善现有服务，增强在同行业中的竞争能力，加强物流管理信息系统的建设。物流管理信息系统能在短时间内实现从物流决策到业务流程，一直到最终客户信息服务化的全程化服务。在进行物流科学管理的同时，也会不断加大物流信息系统以及物流管理的多方面互动，通过这种方式，让每一个企业选择最适合自己的系统。

WMS（Warehouse Management System）是指物流行业中的仓储管理系统，是仓储管理中的重要组成部分。它通过仓库管理软件对仓库货物进行出入库、移库调拨、盘点、拆装复核等操作，以保障物资存储的安全性、完整性及先进先出的原则。WMS 的应用范围很广，从简单的物料收发存到复杂的物料流程跟踪，都可以使用这个系统来管理。由于其功能强大和操作简单等特点，也被广泛应用于制造企业生产现场的物流管理。具体来说，WMS 具有以下优势：

（1）可以及时传送信息　仓储管理目前已经不是信息的荒岛，企业的业务部门很多时候要及时掌握仓库内商品的一些信息反馈。WMS 可以为生产制造、市场销售、经销商、承运商及时传递信息，还可紧密衔接企业相关部门，降低仓库工作运营成本，从而增加收益。

（2）提升仓库工作高效率　WMS 可以通过对进出库、退库、调拨等业务流程的环节系统设置，对仓库中的货品进行有效的管理，协助高效率、精确地进行日常的工作，降低错误率，提升仓库使用率，提升生产主力来提升仓库存储的效率。

（3）精细化管理库存　库存管理是供应链管理的重要环节，而 WMS 可在基础运营的前提下，建立库位管理，掌握供应量动态信息，从而控制进货量，防止库存积压或断货，提升库存利用率，控制成本费用；控制存货资金占用费，加快周转资金。总之，WMS 不仅让仓储数据透明化、可视化、精细化，还能间接降低人工成本，增加品牌价值。

（4）优化货运物流环节　WMS 可以提升总体的仓库管理效率，同步优化全部的货运物流环节，提高顾客的认可水平，协助企业提升总体的市场竞争力，从而推动物流行业的优化与发展。

（5）减少仓库运行成本费　通过数据分析与监控，WMS 可对所有仓库工作环节的费用进行统计分析，以数据为基础，管理人员可以实现控制成本、提高效益的目的。

总之，WMS 不仅让仓储数据透明化、可视化、精细化，还可以帮助管理者有效控制运营成本，增加营业利润。

资料来源：论 WMS 系统的具体优势都有哪些？［EB/OL］．［2023-06-21］．https://baijiahao.baidu.com/s?id=1725616141910696458&wfr=spider&for=pc．

讨论题：

1．物流管理信息系统是如何利用物流信息的？
2．WMS 可以给物流企业带来哪些优势？

物流业作为国民经济发展的动脉和基础产业，具有十分重要的地位。国际上已经把物流发展的水平作为衡量一个国家社会经济发展水平和综合国力的重要指标。随着我国市场经济的快速发展、科学技术的进步，以及消费者需求的多元化和个性化的趋势，物流领域作为"第三利润源泉"，日益受到企业的关注。

物流管理信息系统作为企业日常业务的重要管理系统，是各种先进的物流管理思想的计算机实现，是企业发展现代物流的重要基础，有助于提高企业资源利用率和企业活动的经济性，并为物流管理人员及其他企业管理人员提供战略及运作决策支持。在研究物流管理信息系统之前，准确地了解物流管理系统的相关内容和知识具有重要意义。本章将介绍物流、物流信息、物流管理信息系统的基本概念、特点、分类、作用，以及物流信息系统的现状和发展趋势等。

2.1　物流的概念和物流信息

2.1.1　物流概念和基本职能

1．物流的概念

自从 1978 年改革开放以后，我国从国外引入了越来越多的物流概念。所以我国大陆和我国台湾对物流的定义都源自国外。

从我国大陆来说。1997 年国内贸易部产业发展司决定对物流的定义展开研究，由中国物资流通协会物流技术经济委员会牵头，开展了《中华人民共和国标准物流术语》的编制工作，将物流定义为：物品从供应地向接收地的实体流动中，根据实际需要，将运输、储存、装卸搬运、包装、流通加工、配送、信息处理等功能有机结合来实现用户要求的过程。这个定义既参考了美国、日本的物流定义，又充分考虑了我国物流发展的现实。

从我国台湾来说。1995 年成立的台湾物流管理协会于 1996 年 1 月给出的定义最具代表性，也被广泛认可：物流是一种物的实体流通活动的行为，在流通过程中，通过管理程序有效结合运输、仓储、装卸、包装、流通加工、资讯等相关物流功能性活动，以创造价值，满足顾客及社会性需求。

自从我国 1978 年前后引入物流概念以来，与物流相关的概念越来越多，2021 年我国更新的国家标准《物流术语》（GB/T 18354-2021）对物流的定义是：根据实际需要，将运输、储存、装卸、搬运、包装、流通加工、配送、信息处理等基本功能实现有机结合，使物品从供应地向接收地进行实体流动的过程。

物流（Logistics）的直观理解是物质实体的定向运动，既包括物质实体在空间上的改变，也包括其在时间上的延续。这一概念源于 20 世纪 30 年代的美国军事系统，从 Physical Distribution（PD）一词演变而来，原意为实物分配。虽然 Logistics 和 PD 在概念上有些相近，但还是存在着较大的不同，一般认为前者意义更为广泛，在叙述上更加简洁，也为人们所通用。物流的目标是实现上述的过程最优化。因而物流也可定义为以满足客户的需求为目的，为提高原料、在制品、制成品及其相关信息从供应到消费的流通、存储、销售的效率及效益，而对其进行计划、执行和控制的过程。

对物流的概念可从以下几方面去理解：

（1）物流是一个服务行业　物流是以制造商为中心，以产品制造和市场营销为主线，借助于信息流，服务于供应商和客户行为的协作竞争体系。

（2）物流具有计划性　从企业资产经营的角度，物流就是对供应链中各种形态的存货进行有效的协调、管理和控制的过程。据统计，商品的物流成本约占商品总成本的50%，许多企业已经认识到这个问题，并着手建立高效的物流配送系统。物流正在成为企业利润的另一个重要源泉。

（3）物流的功能目标是满足客户的要求　以最优的成本和最佳的条件保证最多的客户在准确的时间和准确的地点取得最好的产品，是物流系统优化的最主要的目标。

（4）物流的两个最主要的环节是运输和仓储　对一般制造业来说，运输和仓储成本约占物流总成本的 40% 左右，因此降低物流成本的重点是降低运输和仓储成本。

（5）物流具有综合性　供应商、制造商、分销商和客户正是通过功能整合，实现用户区域优势互补，进而结合战略规划，控制物流的各个环节。

2. 物流的基本职能

物流的基本职能是指物流活动应该具有的基本能力以及通过对物流活动最佳的有效组合，形成物流的总体功能，以达到物流的最终经济目的。

通常，物流的基本职能应贯穿货物运输和仓储全过程中的包装、装卸搬运、运输、仓储、流通加工、配送等环节。下面重点介绍物流的几个关键职能：

（1）包装　包装（Packaging）是人类生产活动及生活消费对物资提出的客观要求，是为了完成物资的输送、保管等活动而采取的必要手段。《物流术语》中的定义为：包装是为在流通过程中保护产品、方便储运、促进销售，按一定技术方法而采用的容器、材料及辅助物等的总体名称，也指为了达到上述目的而采用容器、材料和辅助物的过程中施加一定技术方法等的操作活动。一般将包装分为工业包装和商业包装，前者属于物流研究的内容，后者则属于营销研究的内容。

（2）装卸搬运　装卸搬运是物品装卸和物品搬运两项作业的统称，装卸（Loading or Unloading）是指在运输工具间或运输工具与存放场地（仓库）间，以人力或机械方式对物品进行载上载入或卸下卸出的作业过程。搬运（Handling）是指在同一场所内，以人力或机械方式对物品进行空间移动的作业过程。在习惯使用中，物流领域常将装卸搬运这一整体活动称作货物装卸，生产领域将这一整体活动称为物料搬运。

对装卸搬运的管理，主要是通过对装卸搬运方式、装卸搬运机械设备的选择和合理配置与使用以及对装卸搬运物品灵活性和可运性的研究，实现装卸搬运合理化，尽可能减少装卸搬运次数，以便节约物流费用。常用的装卸搬运设备有叉车、起重机、输送机等。

（3）运输　运输（Transport）是指利用载运工具、设施设备及人力等运力资源，使货物在较大空间上产生位置移动的活动。它主要是实现物质实体由供应方向需求方的空间移动，克服产需之间的空间距离，创造商品的空间效用。运输的内容主要有运输方式及其运输工具的选择、运输路线的确定以及为实现运输安全、迅速、准时、价廉的目的所实行的各种技术措施和合理化问题的研究等。

运输的主要方式包括铁路运输、公路运输、水路运输、航空运输和管道运输。选择何种运输手段对物流效率具有十分重要的意义，在决定运输手段时，必须权衡运输系统要求的运输服务和运输成本，其影响因素包括运输距离、运输环节、运输工具、运输时间和运输费用这五个方面。常见的不合理运输有空驶、对流运输、迂回运输、重复运输、倒流运输、过远运输、超限运输、托运方式选择不当等。

（4）仓储　仓储（Warehousing）是利用仓库及相关设施设备进行物品的入库、储存、出库的活动。仓储在物流系统中起着缓冲、调节和平衡的作用，克服物品生产与消费在时间上的差异，创造商品的时间效用。有物品的储存，就必然产生如何保持储存物品的使用价值和价值不至于发生损害的问题，为此需要对储存物品进行以保养、维护为主的一系列技术活动和保管作业活动，以及为了进行有效的保管需要对保管设施的配置、构造、用途及合理使用、保管方法和保养技术的选择等做适当处理。

仓库形式多样，规模各异，从仓库保管的产品种类来看，可分为原材料仓库、半成品仓库和产成品仓库；从仓库所有权的角度，可划分为公共仓库、自有仓库和合同仓库。仓库管理的作业过程一般可分为入库管理、在库管理和出库管理三个阶段。

（5）流通加工　流通加工（Distribution Processing）是根据顾客的需要，在流通过程中对产品实施的简单加工作业活动的总称。流通加工职能是在物品从生产领域向消费领域流动的过程中，为了促进产品销售、维护产品质量和实现物流效率化，根据需要施加包装、分割、计量、分拣、刷标志、拴标签、组装等简单作业的总称。

在流通加工过程中对商品做进一步的辅助性加工，可弥补商品在生产过程中加工程度的不足，更有效地满足用户的需求，更好地衔接生产和需求环节，使流通过程更加合理化，这是物流活动中的一项重要的增值服务，也是现代物流的一个重要趋势。常见的流通加工形式有水泥、商品混凝土、钢板、木材、煤炭及其他燃料、生鲜食品、平板玻璃、机械产品及零配件的流通加工。

（6）配送　《物流术语》中将配送（Distribution）定义为：根据客户要求，对物品进行分类、拣选、集货、包装、组配等作业，并按时送达指定地点的物流活动。它是物流的一种特殊的、综合的活动形式，它几乎包括了物流的所有职能，是物流的一个缩影或在某一范围物流全部活动的体现。

配送问题的研究包括配送方式的合理选择、不同物品配送研究，以及围绕配送中心确定相关地址、设施的构造、内部布置和配送作业及管理等问题。配送是现代物流的一个最重要的特征，电子商务与配送的结合则是当前研究的一个热点问题。

（7）信息管理　现代物流需要依靠信息技术来保证物流体系正常运作。物流系统的信息服务功能，包括进行与上述各项功能有关的计划、预测、动态（运量、收、发、存数）的情报及有关的费用情报、生产情报、市场情报活动。物流情报活动的管理，要求建立情报系统和情报渠道，正确选定情报科目和情报的收集、汇总、统计、使用方式，以保证其可靠性和及时性。

物流信息管理是指运用计划、组织、指挥、协调、控制等基本职能对物流信息进行搜集、检索、研究、报道、交流，以及提供服务的过程，并有效地运用人力、物力和财力等基本要素以期达到物流管理的总体目标的活动。具体地说，物流信息管理就是对物流信息资源进行统一规划和组织，并对物流信息的收集、加工、存储、检索、传递和应用的全过程进行合理控制，从而使物流供应链中的各个环节协调一致，实现信息共享和互动，减少信息冗余和错误，辅助决策，改善客户关系，最终实现信息流、资金流、商流和物流的高度统一，达到提高物流供应链竞争力的目的。

3. 物流的分类

根据物流的需求、其在社会再生产过程中的地位与作用等不同角度，可以将物流活动划分为不同的类型。在物流研究与实践过程中，针对不同类型的物流活动，需要采取不同的运作方式、管理方法等；针对相同类型的物流活动，可以进行类比分析、规模整合等。

（1）按照物流活动覆盖的范围分类　此时物流可分为国际物流和区域物流。国际物流是现代物流系统发展很快、规模很大的一个物流领域，是伴随和支撑国际经济交往、贸易活动和其他国际交流所发生的物流活动。区域物流是指一个国家范围内的物流。例如，一个城市的物流、一个经济区域的物流都处于同一法律、规章和制度之下，都受相同文化及社会因素的影响，处于基本相同的科技水平和装备水平，都具备区域性的特点。

（2）按照物流在供应链中的作用分类　此时物流可分为供应物流、生产物流、销售物流、分销物流、回收物流和废弃物物流。

一是供应物流。这是为生产企业、流通企业或消费者购入原材料、零部件或商品的物流过程。供应物流的主要客户是工厂，主要处理对象是生产商品所需的原材料和零部件。由于原材料与零部件的数量之间有固定的比例关系，因此供应物流的功能就是强调原材料的储存、分拣、及时配送、加工和预处理等。对流通领域而言，供应物流是在为商品配置而进行的交易活动中，从买方角度出发的交易行为中所发生的物流。由于供应物流占用大量的企业流动资金，因此对其严格管理、使其合理化对于企业具有重要的现实意义。

二是生产物流。在生产过程中，从工厂的原材料购进入库起，直到工厂产品库的产品发送为止的整个过程的物流活动。生产物流是制造业企业所特有的，它需要与生产流程同步。原材料以及半成品等按照工艺流程在各个加工点之间不停地移动、流转，形成了生产物流。因此，生产物流合理化对工厂的生产秩序、产品质量和生产成本有很大的影响。

三是销售物流。这是企业为保护自身的经营利益，伴随销售活动将产品所有权转给用户的物流活动。在现代社会中，市场环境是一个完全的买方市场，销售物流活动带有很强的服务性，只有满足买方的要求，才能最终实现销售。因此，销售物流往往以送达用户产品并经过售后服务才算终止。

四是分销物流。这是专业批发业务的物流作业。它具有大进大出和快进快出的特点，强调批价采购、大量储存以及大量运输的能力，大型分销商需要大型仓储和运输设施。另外，分销商属于中间商，需要与上游和下游进行信息交换，需要其有良好的信息接口和高效的信息网络。

五是回收物流。回收物流涉及不合格物品的返修、退货以及周转使用的包装容器，从需方返回到供方所形成的物品实体流动。在一个企业中，若回收物品处理不当，会影响整个生产环境，甚至产品质量，同时还会占用很大的空间。

六是废弃物物流。废弃物物流是指将经济活动中失去原有使用价值的物品,根据实际需要进行收集、分类搬运、储存等,并分送到专门处理场所时所形成的物品实体流动。

(3)按照物流活动的执行者分类 此时物流可分为企业自营物流、专业子公司物流和第三方物流。目前,这三种物流形态在市场上共同存在。第三方物流是指企业为了更好地提高物流运作效率以及降低物流成本,而将物流业务外包给第三方物流公司的做法。这是跨国公司物流管理的常用做法。按照供应链理论,将非核心业务外包给在该领域具有专长或核心竞争力的专业公司,各企业互相协调和配合来完成,这样所形成的供应链具有最大的竞争力。

(4)按照物流活动发生主体分类 此时物流可分为工业企业物流、商业企业物流(包括批发企业物流、零售企业物流等)、非营利组织物流(包括医院、社会团体、学校、军队等单位物流)及废品回收企业物流等。

(5)物流活动所属产业分类 此时物流可分为第一产业物流(农业物流)、第二产业物流(工业物流和建筑业物流)、第三产业物流(商业物流、服务业务流及军事物流)等,也可以根据各产业中的具体业态对物流活动做进一步划分。隶属于不同产业的物流活动,在物品、载体、流量、相互之间差异很大,对物流服务的需求也各不相同。

4. 物流的发展趋势

伴随着全球经济的一体化进程,企业面临着尤为激烈的竞争环境,资源在全球范围内的流动和配置大大加强,世界各国更加重视物流发展对于本国经济发展、民生素质和军事实力增强的影响,更加重视物流的现代化,从而使现代物流呈现出一系列新的发展趋势。

(1)全球化供应链管理 从企业内供应链集成到企业间的供应链集成、地理供应链管理,从内部的供应链管理发展成为全球化的供应链管理(Global Supply Chain Management)。

(2)集成需求供应链管理 不仅重视满足需求的供应链管理,还通过分析需求信息,对集成计划、销售、顾客服务等创造需求的需求供应链进行管理。高水平的集成需求供应链管理(Demand Chain Management)已成为供应链管理的发展趋势。

(3)循环供应链管理 今后重视环境成为人类所面临的重大课题。还原物流和供应链的结合及进行循环应用的循环供应链管理(Cycle Supply Chain Management)将成为现代物流的发展方向。

(4)高水平的第三方物流 为提高供应链管理的功能,第三方物流发挥着重要的作用。第三方物流的发展,将以附加价值的变革、顾客供应链全体的最佳化、顾客和更多的现代物流服务提供方的合作为目标,向着高水平的第三方物流(Third Party Logistics,3PL)或第四方物流(Fourth Party Logistics,4PL)的方向发展。

(5)互联网供应链现代物流 随着互联网的普及,世界上发生了电子商务的革命。由于互联网所产生的新的流通渠道和方式,对商务活动、市场、物流产生了巨大影响,并带来了许多变化。特别是对现代物流,顾客直接联络的物流业务逐步占有很大的比例,同时出现了一些顾客和物流服务提供方之间的供应链网站,并能利用网络虚拟空间进行书籍、报纸、信息、邮件、音乐等的传输。

现代物流的发展趋势,可以认为是对产品的功能、质量、价格差别化的商务过程的革命,其将进入供应链过程的差别化时代,即货物、服务、信息等的供给方式的差别化时代。供应链过程将成为竞争的源泉,供应链过程的改革将成为经营改革的中心,供应链管理将成为经营战略的重要内容。21世纪将从企业间的竞争时代进入供应链之间的竞争时代，因此会形成互联网供应链物流（Internet Supply Chain Logistics）。

> **知识链接**
>
> **第三方物流**
>
> GB/T 18354-2001 中定义：由供方与需方以外的物流企业提供物流服务的业务模式。
>
> GB/T 18354-2006 中定义：独立于供需双方，为客户提供专项或全面的物流系统设计或运营的物流服务模式。
>
> GB/T 18354-2021 中定义：由独立于物流服务供需双方之外且以物流服务为主营业务的组织提供物流服务的模式。
>
> 请思考：不同版本的国家标准《物流术语》中，第三方物流的定义有何不同？

2.1.2 物流信息及其特征

1. 物流信息的概念

物流信息（Logistics Information）是一个涉及面相当广泛、内容相当丰富的概念。在我国2021年修订的《物流术语》中，将物流信息描述为：反映物流各种活动内容的知识、资料、图像、数据的总称。对于物流信息的定义，可以从狭义和广义两个方面阐述。

狭义上的物流信息是指直接产生于物流活动的信息，如在运输、保管、包装、装卸、流通加工等活动中产生的信息。在物流活动管理与决策中，如运输工具的选择、运输路线和批量的确定、在途货物的跟踪、仓库存储的有效利用、最佳库存数量的确定、订单管理、顾客服务水平的提高等，都需要详细和准确的物流信息。因为物流信息对运输管理、库存管理、订单管理、仓库作业管理等物流活动具有支持和保证的功能。

广义上的物流信息不单单是指货物流动过程产生的信息，还包括商品交易信息和市场信息在内的商品其他流通过程产生的信息。商品交易信息是指与买卖双方的交易过程有关的信息，如销售和购买信息、订货和接受订货信息、发出贷款和收到贷款信息等。市场信息是指与市场活动有关的信息，如品牌推广活动信息、市场营销类活动信息、消费者需求变动信息等。在现代经营管理活动中，物流信息与商品交易信息、市场信息相互交叉、融合，有着密切的联系。例如，零售商根据对消费者需求的预测以及库存状况制订订货计划，向批发商或直接向生产商发出订货信息。批发商在接到零售商的订货信息后，在确认现有库存水平能满足订单要求的基础上，向物流部门发出发货配送信息。如果发现现有库存不能满足订单要求，则马上组织生产，再按订货单上的数量和时间要求向物流部门发出发货配送信息。综上可知，物流信息与商品交易信息和市场信息紧密联系、相互依存，所以广义的物流信息还包括与商品流动过程相联系的交易和生产过程中产生的信息。

广义的物流信息不仅能连接、整合从生产厂家经批发商和零售商最后到消费者的整个供应链，而且在应用现代信息技术（如互联网、电子商务等）的基础上能实现整个供应链活动的效率化。具体来说，就是利用物流信息对供应链上的各个企业的计划、协调、顾客服务和控制活动等进行更有效的管理。总之，物流信息不仅对物流活动具有支持、保证的功能，而且具有连接、整合整个供应链和使整个供应链活动效率化的功能。

2. 物流信息的特征

物流信息除了信息具备的一般特点之外，如信息的准确性、完整性、实用性、共享性、增值性等，还有其特殊性，主要表现在以下四个方面：

（1）信息量大、分布广　信息的产生、加工和应用在时间、地点上不一致，在方式上也不同，这就需要有性能较高的信息处理机构与功能强大的信息收集、传输和存储能力。

（2）具有很强的时效性　绝大多数物流信息动态性强，信息的价值衰减速度快，这对信息管理的及时性要求就比较高。信息都是在一定的时间内才具有价值，即信息具有生命周期，当信息的生命周期结束，就意味着信息失去了价值，这样的信息就不能再加以利用了。

（3）物流信息种类多　不仅物流系统内部各个环节有不同种类的信息，而且由于物流系统与其他系统，如生产系统、销售系统、消费系统等密切相关，因此还必须收集这些相关系统的信息，这就使物流信息的分类、研究、筛选等难度增加。

（4）更新速度快　在现代物流活动中，信息价值的衰减速度正在逐渐加快，大量的信息转瞬即逝。例如，现代物流的一个特点是物流服务供应商千方百计地满足客户个性化服务需求，多品种小批量生产、多额度小数量配送。由此产生大量的新信息，不断地更新原有的数据库，而且更新的速度越来越快。现代物流管理信息系统必须具有能够及时更新数据、分析数据的强大录入更新系统，以适应现代物流信息的特点。

3. 物流信息的分类

在处理物流信息和建立信息系统时，对物流信息进行分类是一项基础工作，物流信息有以下不同的分类方式：

（1）伴随货物流动的相关运行信息　描述货物流动全过程的状况信息，主要是企业部门及物流枢纽等有关部门提供的从订单到运达用户的货物跟踪信息。

（2）对物流活动要素进行许可管理的确认信息　它主要涉及政府相关部门对物流要素的管理许可确认信息，如驾驶员证件、车辆营运许可证等安全信息以及货物报关、结关单证等。

（3）伴随货物运行过程的相关财务信息　物流活动过程伴随产生的与金融部门有关的资金流数据，如保险费缴纳、税收、关税等信息。

（4）行业管理部门提供的用于货物流动及政府相关部门协同工作服务的共用信息　它主要是政府部门协同工作及为各类企业提供服务的共用性质的数据，如交通信息、国土规划信息、关贸信息等。

4. 物流信息的作用

和物质、能源一样，信息也是人类可以利用的一种极其宝贵的资源。信息反映了物质和能源的运动。社会正是借助信息流来管理物质和能源的流动，对它们进行科学分配，实行有效控制，以发挥最大效力。

现代物流信息在物流活动中起着神经系统的作用，"牵一发而动全身"。物流信息的作用体现在许多不同方面，从系统的角度来看主要表现在如下几点：

（1）物流信息是物流活动的组织基础　物流活动是一个多环节的复杂系统，由许多子系统构成。各子系统之间通过物资实体的运动相互联系，相互沟通则要通过物流信息来实现，其基本资源的调度也是通过信息的传递来实现的。因此，组织物流活动必须以信息作为基础。只有保证物流信息的畅通，才能使物流活动正常而有规律地进行。

（2）物流信息是物流系统计划决策的依据　计划是任何一个企业最基本的职能。计划决策是为了确定经营管理活动的目标。编制计划是预先决策需要做什么，以及如何去实现目标。编制计划的一个重要依据就是各类可靠的信息。物流系统的计划决策信息一般包括市场信息、环境信息和内部信息。这些是编制物流系统计划的重要依据，对物流活动有着全局性的影响。

（3）物流信息是进行物流控制的手段　在物流系统的控制过程中必须掌握反映标准和执行情况的信息，以期对物流活动进行控制。控制的方法有两种：一种是利用指挥调度，使物流活动按照预定的计划以及各项标准顺利进行；另一种是利用信息的反馈作用，利用在物流活动中产生的信息反馈，了解物流活动状态，并与标准信息相比较，找出偏差，及时对物流活动进行调节或是修正计划，从而实现对物流过程的控制。

5．物流信息的功能

物流信息系统作为通道将某个一体化过程贯穿各物流活动，此一体化过程体现在四个层次上：基础作业层、管理控制层、决策分析层和战略支持层。物流信息的功能如图 2-1 所示。通常情况下，上层信息的数据处理量小，下层信息的数据处理量大，所以形成了金字塔结构。

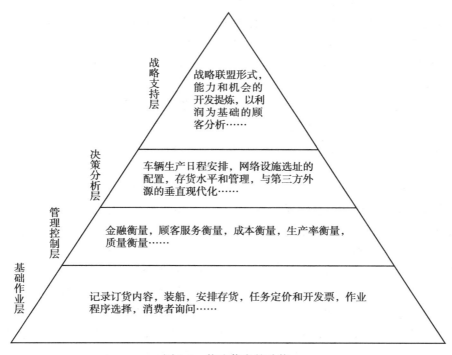

图 2-1　物流信息的功能

基础作业层用于启动和记录个别物流活动的最基本层次。基础作业包括记录订货内容、安排存货任务、选择作业程序、装船、定价、开发票以及消费者查询等。

管理控制层的主要任务是功能衡量。功能衡量对提供有关服务水平和资源利用等的管理反馈来说是必要的。因此，管理控制以可估价的、策略上的、中期的焦点问题为特征，它涉及评估过去的功能和鉴别各种可选方案。一般功能的衡量包括金融、顾客服务、生产率以及质量指标等。

决策分析层主要用于决策应用，协助管理人员鉴别、评估并比较物流战略和策略的可选方案，典型分析包括车辆日常工作和计划、存货管理、设施选址以及有关作业比较和安排的成本—效益分析。对于决策分析，物流信息系统必须包括数据库维护、建模和分析，以及范围较广的潜在可选方案的报告。与管理控制层次相同，决策分析也以策略上的和可估计的焦点问题为特征。不同的是决策分析的主要精力集中在评估未来策略的可选方案上，并且它需要相对松散的结构和灵活性，以便做出范围很广的选择，因此，用户需要有更多的专业知识和能力去利用它。

战略支持层集中于信息支持上，开发和提炼物流战略。这种决策往往是决策分析层的延伸，但通常更加抽象、松散，并且注重于长期效益。

2.2 物流管理的概念和内容

2.2.1 物流管理的含义及目的

物流管理（Logistics Management）是指为达到既定的目标，从物流全过程出发，对相关物流活动进行的计划、组织、协调与控制。详细来说，物流管理是指在社会再生产过程中，根据物质资料实体流动的规律，应用管理的基本原理和科学方法，对物流活动进行计划、组织、指挥、协调、控制和监督，使各项物流活动实现最佳的协调与配合，以降低物流成本，提高物流效率和经济效益。

实施物流管理的目的就是要在尽可能低的总成本条件下实现既定的客户服务水平，即寻求服务优势和成本优势的一种动态平衡，并由此创造企业在竞争中的战略优势。为实现这个目的，物流管理就要解决如何把合适的产品以合适的数量和合适的价格在合适的时间和合适的地点提供给客户。

物流管理强调运用系统方法解决问题。现代物流通常被认为是由运输、仓储、包装、装卸搬运、流通加工、配送和信息管理等环节构成。各环节原本都有各自的功能、利益和观念。系统方法就是利用现代管理方法和现代技术，使各个环节共享总体信息，把所有环节作为一个一体化的系统来进行组织和管理，以使系统能在尽可能低的总成本条件下，提供有竞争优势的客户服务。系统方法认为，系统的效益并不是它们各个局部环节效益的简单相加。系统方法意味着，对于出现的某一个方面的问题，要对全部的影响因素进行分析和评价。从这一思想出发，物流系统并不简单地追求在各个环节上各自的最低成本，因为物流各环节的效益之间存在相互影响、相互制约的倾向，存在着交替易损的关系。比如过分强调包装材料的节约，就可能因其易于破损造成运输和装卸费用的增加。因此，系统方法强调要进行总成本分析和成本权衡应用的分析，以避免次佳效应，达到总成本最低，同时满足既定的客户服务水平的目的。

2.2.2 物流管理的特点

从物流的定义可以看到，物流是供应链活动的一部分，是为了满足客户需要面对商品、服务以及相关信息从产地到消费地的高效、低成本流动和储存进行的规划、实施与控制的过程，是实现从原材料市场到消费市场价值增值的重要环节。物流管理的特征主要表现在以下几个方面：

（1）以实现客户满意为第一目标　物流起源于客户需求，离开了客户需求，物的流动就会变得盲目。因此，在客户需求的驱动下，物沿着供应链从上游的供应商向下游的客户流动。客户需求成为驱动物流的原动力。

（2）以企业整体最优为目的　从商品供应体系的角度来看，现代物流不是单个生产、销售部门或企业的事，而是包括供应商、批发商、零售商等有关联企业在内的整个统一体的共同活动。现代物流综合了企业各个部门的职能，通过强化流通过程中所有企业的关系，以实现整个企业和整个流通渠道资源最优化为目的。

（3）以信息为中心　在信息的驱动下，物流的效率和效益达到了最大化，信息已成为物流管理的核心，现代物流活动必须及时了解和反映市场的需求，并将其反馈到供应链的各个环节，才能保证生产经营决策的正确和再生产的顺利进行。

（4）重效率更重效果　现代物流管理不仅追求物流体系中的增值能力，更注重物流活动过程中的增值服务能力，把客户满意度作为衡量物流运营能力的标准。

2.2.3 物流管理的内容

物流管理的内容主要包括以下六个方面：

（1）物流作业管理　物流作业管理是指对物流活动或其功能要素的管理，主要包括运输与配送管理、仓储与物料管理、包装管理、装卸搬运管理、流通加工管理、物流信息管理等。

（2）物流战略管理　物流战略管理（Logistics Strategy Management）是对企业的物流活动实行的总体性管理，是企业制定、实施、控制和评价物流战略的一系列管理决策与行动，其核心问题是使企业的物流活动与环境相适应，以实现物流的长期可持续发展。

（3）物流成本管理　物流成本管理（Logistics Cost Management）是指有关物流成本方面的一切管理工作的总称，即对物流成本所进行的计划、组织、指挥、监督和调控。物流成本管理的主要内容包括物流成本核算、物流成本预测、物流成本计划、物流成本决策、物流成本分析、物流成本控制等。

（4）物流服务管理　所谓物流服务，是指物流企业或企业的物流部门从处理客户订货开始，直至商品送交客户过程中，为满足客户的要求，有效地完成商品供应、减轻客户的物流作业负荷，所进行的全部活动。

（5）物流组织与人力资源管理　物流组织是指专门从事物流经营和管理活动的组织机构，既包括企业内部的物流管理和运作部门、企业间的物流联盟组织，也包括从事物流及其中介服务的部门、企业以及政府物流管理机构。

（6）供应链管理　供应链管理（Supply Chain Management）是从供应链整体目标出发，对供应链中采购、生产、销售各环节的商流、物流、信息流及资金流进行统一计划、组织、协调、控制的活动和过程。它是用系统的观点通过对供应链中的物流、信息流和资金流进行设计、规划、控制与优化，以寻求建立供、产、销企业以及客户间的战略合作伙伴关系，最大限度地减少内耗与浪费，实现供应链整体效率的最优化，并保证供应链成员取得相应的绩效和利益，来满足顾客需求的整个管理过程。

2.3 物流管理信息系统的结构和功能

随着物流供应链管理的不断发展、各种物流信息的复杂化，各企业迫切要求物流信息化，而计算机网络技术的盛行又给物流信息化提供了技术上的支持。因此，物流管理信息系统就在企业中扎下了根，并且为企业带来了更高的效率。企业是在市场竞争加剧、供应链管理快速发展和社会高度信息化的背景下大力开发物流管理信息系统的。

2.3.1 物流管理信息系统的概念

物流管理信息系统，通常可以认为是企业管理信息系统的一种或一部分。因此在介绍物流管理信息系统的定义之前，先来回顾一下管理信息系统的概念。

管理信息系统（Management Information System，MIS）是一门正在发展的学科，20 世纪 80 年代逐渐形成，其概念至今尚无统一的定义。目前普遍认为，管理信息系统是用系统思想建立起来的，以电子计算机为基本信息处理手段，以现代通信设备为基本传输工具，并能为管理决策提供信息服务的人机系统。也就是说，管理信息系统是一个由人和计算机组成的，能收集、传输、存储、加工、维护和使用管理信息的系统。

物流管理信息系统（Logistics Management Information System，LMIS）是通过对物流相关信息的收集、存储、加工、处理以便实现物流的有效控制和管理，并提供决策支持的人机系统。它是企业管理信息系统中的一个重要的子系统，通过对系统内外物流信息的收集、存储、加工、处理，获得物流管理中有用的信息，并以表格、文件、报告、图形等形式输出，以便管理人员和领导者有效地利用这些信息组织物流活动，协调和控制各作业子系统的正常运行，实现对物流的有效控制和管理，并为物流管理人员及其他企业管理人员提供战略及运作决策支持。

物流管理信息系统可以在保证订货、进货、库存、出货、配送等信息通畅的基础上，使通信据点、通信线路、通信手段网络化，提高物流作业系统的效率。物流管理信息系统的概念可以从不同的角度去理解。

从构成上看，物流管理信息系统分为软件结构和硬件结构两部分。软件结构主要是指物流企业在完成物流活动的运输、仓储、搬运、流通加工等各个环节的各种信息系统软件，也涉及与之相关的不同层次的行业管理部门信息系统，比如海关清关系统、营运货运车辆管理系统等，以及支撑以上各应用系统的操作系统与通信协议等。硬件结构主要是指支撑相应软件的载体，如通信设施与计算机硬件。

从技术层面看，物流管理信息系统是利用计算机技术、通信技术等现代高新技术，对传统的货物流通管理过程进行全面的改造，用以提升物流活动的整体效益与用户服务水平而形成的信息系统，如利用条码技术、EDI 技术、GPS 技术等实现货物的追踪查询功能。

从政府行业管理部门的角度看，物流管理信息系统在于构筑一个政府部门协同工作的环境，通过信息技术实现行业管理及市场管理的规范化，并为宏观部门提供决策需求信息，提升物流系统参与各方的总体效益。

从企业管理角度看，水平方向上物流管理信息系统贯穿于物流活动中的运输、仓储、搬运、包装、流通加工及其他一系列基本功能的实现中；垂直方向上物流管理信息系统具有作业层、控制层与管理层这三个不同层面。

> **知识链接**
>
> **物流信息化**
>
> 物流信息化是指广泛使用现代信息技术，管理和集成物流信息，通过分析、控制物流信息和信息流来管理与控制物流、商流和资金流，提高物流运作的自动化程度和物流决策的水平，达到合理配置物流资源、降低物流成本、提高物流的服务水平的目的。

2.3.2 物流管理信息系统的结构

系统结构是指系统内部各要素之间的相互联系的方式、作用或秩序，即各要素之间在时间和空间上排列与组合的具体形式。系统结构具有稳定性、层次性、开放性和相对性的特点。系统结构是系统功能的基础。系统结构说明了系统内部状态和内部作用，是系统本身的固有能力，而这种能力对外则表现为系统功能。

物流管理信息系统主要由硬件系统、软件系统、数据资源、企业管理制度与规范以及相关人员等要素组成。

1. 硬件系统

硬件是指信息系统对信息进行收集、存储、加工、使用和传输等处理过程中所使用的物理设备或装置。它主要分为以下几类：

1）主机系统以及外围设备。主机，如大型机、小型机、工作站和微型机等；大容量的外存储器，如磁带机、磁盘或光盘等；输入设备，如键盘、鼠标、扫描仪、条码阅读机或触摸屏等；输出设备，如显示器、打印机和绘图仪等。

2）通信网络设备。

3）办公自动化设备。

物流管理信息系统物理结构如图2-2所示。

2. 软件系统

物流管理信息系统依靠软件资源帮助终端用户使用计算机硬件，将数据转换成各类信息产品，软件用于完成数据的输入、处理、输出、存储及控制信息系统的活动。物流信息系统的软件一般包括系统软件和应用软件。

系统软件是指当计算机在执行各类信息处理任务时，那些管理与支持计算机系统资源及操作的程序，它是物流信息系统必不可少的软件；应用软件是指那些综合用户信息处理要求的，直接处理特定应用的程序，其与物流企业业务运作相关，实现辅助企业管理的功能。

通常，系统软件由计算机厂商或专门的软件公司开发，它们构成物流信息系统开发和运行的软件平台。企业结合自己的需要，可在市场上配置系统软件。应用软件面向物流业务运作，企业可根据需要选择开发或者购买应用软件。物流管理信息系统软件的分类如图 2-3 所示。

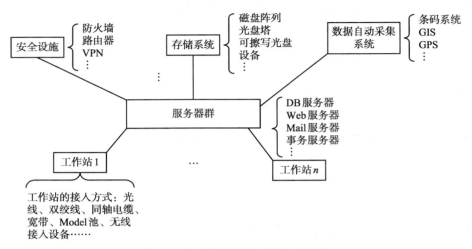

图 2-2　物流管理信息系统物理结构

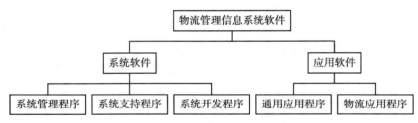

图 2-3　物流管理信息系统软件的分类

其中，系统管理程序的功能类型主要有操作系统、操作环境、数据库管理系统和通信管理器；系统支持程序的功能类型主要有系统应用程序、执行管理器和安全管理器；系统开发程序的功能类型主要有程序设计语言、翻译器、程序设计环境和计算机辅助软件工程包；通用应用程序的功能类型主要有字处理、电子表、数据库管理、通信、绘画等；物流应用程序有库存管理信息系统、运输管理信息系统、配送管理信息系统等。

上典汽车配件库存管理信息系统结构如图 2-4 所示。

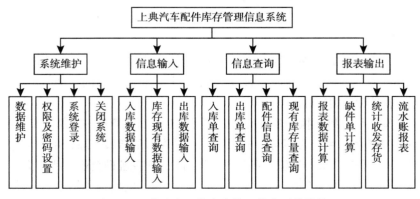

图 2-4　上典汽车配件库存管理信息系统结构

3. 数据资源

数据资源是物流信息系统的核心内容，是系统运行的物质基础。数据是信息的载体，在计算机的表示方法中，数据通信基本上是一致的，物流信息系统依据用户的需求，将需要处理的数据集中存放，从而形成物流信息系统的数据资源。这些数据在物流信息系统中可能会以多种形式保存，如文本、图标、声音等，但它们的本质都是数据。在物流信息系统中，如何有效地组织和使用这些数据是个十分关键的问题。

数据库与数据仓库是目前比较流行的数据资源管理技术，大量的物流数据都被存放在数据库中。随着国际互联网的深入应用，计算机安全技术、网络技术、通信技术等的发展，一级市场专业化分工与协作的深入，物流企业封闭式的经营模式将不断被打破，企业及其客户之间将密切地共享信息，因此企业数据库的设计将面临集中、部分集中和分布式管理的决策。

4. 相关人员

信息系统是人机结合的系统，在信息系统运行过程中，人始终处于中心地位，计算机只是辅助工具。信息系统开发是为管理服务的，是为人服务的。没有合适的人员，系统不可能发挥效能。所以在信息系统开发、实施、使用、维护和评价各阶段，人的参与是必不可少的。

与信息系统相关的有系统分析员、系统设计员、程序员、数据库管理员、计算机操作员和系统管理员。其中，系统分析员、系统设计员和程序员可划归为系统开发人员；而数据库管理员和系统管理员可划归为系统维护人员；计算机操作员则是系统的使用人员。不同的人员在物流信息系统开发与使用过程中起着不同的作用。对一个物流企业来说，应该配备什么样的专业队伍，取决于企业对物流信息系统的认识，取决于企业对物流信息系统开发的管理模式，如系统的开发方式等。

5. 企业管理制度与规范、管理思想与理念

物流企业管理制度与规范通常包括组织机构、部门职责、业务规范和流程、岗位制度等，它是物流信息系统成功开发和运行的管理基础与保障，是物流信息系统的主要参考依据，制约着系统硬件平台的结构、系统计算模式、应用软件的功能等。

随着企业的发展和环境的变化，物流行业会不断地产生新的思想与理念，例如供应商管理库存、第三方物流等。这些思想与理念会不断地对物流信息系统提出新的要求，以便更好地实现这些理念。

2.3.3 物流管理信息系统的功能

物流管理信息系统实现对物流服务全过程的管理，系统以运输和仓储为主线管理取货、集货、包装、仓储、装卸、分货、配货、加工、信息服务、送货等物流服务的各个环节，控制物流服务的全过程。

物流管理信息系统的核心部分功能主要有订货管理、入库管理、配货管理、在库管理、出库管理和配送管理等信息处理和作业指示等。

（1）订货管理 订货管理包括客户订单接收与处理和客户订货确认两个模块。

其中物流中心应要求客户逐步采取网上订货和进行在线实时信息传递，这样物流中心不仅

可以有效克服以前通过电话、传真等订货方式造成的订货成本较高的弊端，而且还可以使客户的订单信息自动地转入物流中心的信息系统，从而减少员工订单输入的工作量并防止订单输入错误的发生。

在设计客户订单接收与处理功能模块时，物流中心要把握好两点：①充分全面地反映客户的订货信息，应当包含客户名称、客户代码、客户资信等级、订货时间、订货商品名称、数量、客户期望的到货时间、地点、商品属性、包装形态等信息。②要坚持二八原则，即确保对重要客户进行特殊化服务，如优先配送、提供增值服务等。对重要客户的确认，可通过对客户资信等级进行检查和分析客户的历史记录得出。

物流中心通过采用 GPS、GIS 等信息监控技术，更好地掌握客户订货商品的物流运动状态，尽量使客户的订货商品在入库时就处于随时待发的准备状态。

（2）入库管理　它的主要功能应当包括接受货物入库、货物储存计划以及储存确认、数据库系统的数据更新、入库确认、生成相应的财务数据信息等。这一环节的工作更多属于业务操作领域。物流中心应通过采用条码技术、RF 技术、智能卡等提高员工入库操作的准确度和工作效率。在货物入库时，还应当考虑货物出库和保管的效率与便利性。

（3）配货管理　配货作业是物流中心在员工对客户订单的相关信息进行预配货有关的处理时做出相关的作业指示。例如，每一个货位上设置一个配货提示器，在提示器亮灯并显示数量时，员工进行商品寻找工作，这样可以提高配货的效率并减少差错。

根据订单和拣取商品的对应关系以及操作流程，可将配货作业分为摘取式配货和播种式配货。摘取式配货一般用于配送对象多但商品货位固定的情形。这种作业方式具有作业方法单纯、订单处理前置时间短、作业人员责任明确等优点，但其突出缺点是作业人员的工作量大。在物流中心大多采用自动化分拣系统的情形下，配货方式也逐渐由摘取式改为播种式，从而大大减轻了作业人员的配货工作量，缩短了配货时间，压缩了配货费用和成本。

（4）在库管理　它的核心工作在于确定货物的保管位置、数量和入库日期，使在库数据与实际货物保持一致。从不同货物接受订货处理到做出货物出库指示，应保证货物快进快出和先出。

（5）接收货物　该环节主要确认客户的订货是否到货或入库。系统管理人员可首先对当天未到订货清单或当天计划到货的订货清单进行详细查核，然后将订货或清单打印并交给验货人员进行核对。验货人员可采用手持条码输入终端进行验货确认。

（6）入库保管　对货物的入库保管作业来说，信息系统的应用不仅在于提高作业效率和精度，而且在于最大限度地利用有限的商品储存空间，尽量避免缺货或货物出库后货位空闲所造成的巨大损失和资源浪费。例如，库存管理系统可随时对货物的保管存放货位进行恰当安排，库存操作人员只要按照系统所指示的位置进行商品存放就可以了。操作人员可从存取货物较方便的近距离或空闲位置开始存放，因为存货效率较高。

（7）货物盘点　货物盘点是指作业人员对在库货物实数与信息系统的在库数据进行核实并做相应更正。货物盘点工作主要是为了防止由于作业人员在出库操作时出现差错以及货物损坏等原因，而造成实际在库货物数据与信息系统数据不吻合。

（8）出库管理　货物出库管理包括出库计划、出库指示和未能出库等内容。其中，出库计划包括出库日的指示，每个客户的订货数据汇总、分批发货和完成发货等内容；出库指示包括出库部门输出各种出库用的票据；未能出库是指将要出库时，对于预订出库单还未出库情况的管理。

（9）配送管理　配送管理既是最后一个主要环节，也是全部配送工作中的核心业务。要想合理、经济地进行货物配送，必须尽可能地实现"六个最"：最少环节、最短距离、最低费用、最高效率、最大效益和最佳服务。配送管理中的配送路线选择和配送车辆安排都要紧紧围绕上述目标来展开工作。

（10）配送路线选择　物流中心应在利用计算机系统进行货物配送路线的大量模拟基础上，选择适宜的配送路线。配送路线的选择要避免迂回运输、相向运输、空车往返等不经济的现象。

（11）配送车辆安排　可利用一些车辆配送安排的软件模型作为决策的参考依据。要立足于对车辆实行单车经济核算，提高配送车辆的装载使用效率。

（12）财务会计系统　财务会计部对外主要以采购部门所传来的货品入库信息查核供货商所送来的清单资料，并据此资料付款给厂商；或由销售部门取得出货单，制作应收账款清单并收取账款。财务会计系统还要制作各种财务报表，提供与营运、绩效管理系统运作有关的参考。

（13）运营、绩效管理　运营、绩效管理系统除从各系统出去的资料外，更有从流通业务部门取得的外部信息，制定各种营运政策，而后将政策内容及执行方针告知各运作部门，此外要将物流中心的资料提供给物流业。

当然，每个物流管理信息系统的功能并不可能完全与上述分类一一对应，它可根据企业信息系统的实际需要进行相应的调整。物流管理信息系统所要解决的问题：缩短从接受订货到发货的时间，库存适量化，提高装载和搬运作业效率，提高运输效率，使接受订货和发出订货更为省力，提高订单处理的精度，防止发货、配送出现差错，调整需求和供给，提供信息查询。一个功能完善、强大的物流管理信息系统还应该在简单的物流信息管理之上，具备管理控制、信息决策以及制订战略计划等功能。总而言之，企业应该立足于本企业物流的特点，建立集可靠性、及时性、灵活性和适应性于一身的现代物流管理信息系统。

2.4　物流管理信息系统的发展趋势

2.4.1　物流管理信息系统的发展阶段

根据 IT 设备与系统的应用范围，可以把物流管理信息系统的发展阶段分为单点应用阶段、流程优化阶段以及综合管理阶段。

（1）单点应用阶段　该阶段是针对个别的信息处理活动，引入各种软件工具，建设各种单点应用系统，如全球定位系统（GPS）、地理信息系统（GIS）、电子标签（RFID）、自动识别软件、物流仿真软件，以及各种通用的软件工具，如办公套件、企业邮箱等。

这一阶段之所以被称为"单点应用"，是因为 IT 技术和各种软件通常被用作个人使用的工具，并不涉及物流企业的业务流程和多个环节之间的信息交互。

（2）流程优化阶段　该阶段是针对物流企业的个别业务流程或管理职能，实施部门级的信息系统建设，通过信息处理活动的改进来优化和改善各业务流程或管理职能的运行。该阶段的建设内容包括：运输管理系统（TMS）、仓储管理系统（WMS）、配送管理系统（DMS）、电子报关系统、网上跟踪查询系统、货主企业与第三方物流企业之间的数据对接平台等，以及各种通用的信息系统，如 OA 系统、财务管理系统、人力资源管理系统等。

流程优化阶段的主要特点在于多了"流程"这一概念，所涉及的并不是单个环节或个人的信息处理活动，而是多个环节的信息处理活动，因此需要按照一定的流程来协调多人、多环节的信息处理活动，并要求信息处理与业务处理流程统一。

（3）综合管理阶段　该阶段是针对整个物流企业的综合管理，实施企业级的信息系统建设。该阶段的建设内容包括各种物流企业专用的生产管理系统、管理信息系统、客户关系管理系统等，如宝供公司提出的"物流行业的 ERP"——全面订单管理系统（TOM）。当然，也可以直接使用一些通用的综合管理信息系统，如 ERP 系统、CRM 系统等，但效果并不能得到保证。

2.4.2　物流管理信息系统的发展趋势

现代信息技术的发展推动了物流管理信息系统的升级和改革，对物流技术和管理机制都带来了新一轮的挑战和发展。传统物流技术已经不足以适应当下信息社会高强度的运转需求，各类物流管理信息系统顺应时代变化，在智慧时代中就此诞生。

根据中国物流业协会统计，2021 年中国社会物流费用占 GDP 的比例为 14.6%，与发达国家相比，我国物流成本在 GDP 中的占比偏高，是其他国家的 2~3 倍。我们认为，以物联网为基础的智能化物流管理信息系统是工业 4.0 的基础，是提升现代物流效率、降低全社会物流费用率的理想解决方案。电子商务和快递业务等都在飞速发展，它们都将会是助推智能化物流管理信息系统进一步快速发展的决定性力量。未来几年，我国智能物流市场仍将保持快速增长，物流管理信息系统将呈现以下发展趋势：

（1）物流管理信息系统智能化　这是智能物流的典型特征，它将贯穿于物流活动的全进程，随着人工智能技术、自动化技术、云计算技术、大数据技术、区块链技术等的不断发展，物流管理信息系统智能化的程度将不断提升。它不仅用于解决库存水平的确定、运输道路的挑选、自动跟踪的控制、自动分拣的运行、物流配送中心的管理等问题，随着时期的发展也将不断地赋予新的内容。

（2）物流管理信息系统促进智能物流一体化　智能物流一体化的发展离不开智能物流活动的整体化和系统化。在这些环节中，物流管理系统就显得尤为重要，它能将物流进程的每一个环节，如包装、运输、存储、装卸等各个环节集合成一体化系统，以最低的成本向客户提供最满意的物流服务。

（3）物流管理信息系统更加以客户为中心　这是众多领域的共同目标，服务的内容不断增加和变动，使服务的重要性越来越高，而在物流行业中更需要以用户的实际需求来灵活调整服务——物流管理信息系统就可以有针对性地解决这个问题。

（4）物流管理信息系统国际化　随着物流设施的国际化、物流技术的全球化和物流服务的全面化，物流活动并不仅仅局限于一个企业、一个地区或一个国家。构建一套完整的、国际通用的物流管理系统对于提高国际物流运作效率、降低商品流通成本起到了决定性的作用。

┊延伸阅读┊

海尔集团的 SAP 物流管理信息系统

为了与国际接轨，建立高效、现代的物流系统，海尔集团采用了 SAP 公司的 ERP（企业资源计划）系统和 BBP（原材料网上采购）系统对企业进行流程改造。经过近两年的实施，海尔的现代物流管理信息系统不仅大大地提高了物流效率,而且将海尔的电子商务平台扩展到了包含客户和供应商在内的整个供应链,极大地推动了海尔电子商务的发展。

1. 需求分析

海尔集团认为,现代企业运作的驱动力只有一个:订单。没有订单,现代企业就不可能生存。围绕订单而进行的采购、设计、制造、销售等一系列工作,都要涉及一个最重要的流程——物流。离开物流的支持,企业的采购、制造、销售等行为就会存在很大的盲目性和不可预知性。只有建立高效的现代物流系统,才能建立企业最核心的竞争力。海尔集团需要这样一套信息系统,使其能在物流方面一只手抓住用户的需求,另一只手抓住可以满足用户需求的全球供应链。

2. 解决方案

海尔集团采用了 SAP 公司提供的 ERP 系统和 BBP 系统,建成了自己的物流管理信息系统。ERP 系统投入使用后,打破了原有的"信息孤岛",使各个环节的物流信息同步而且集成,有效地提高了信息的实时性与准确性,加快了对供应链的响应速度。原来订单由用户下达传递到供应商需要 10 天以上的时间,而且准确率低,使用 ERP 系统后不但可以在一天内完成"客户—商流—工厂计划—仓库—采购—供应商"的信息传输过程,而且准确率明显提高。BBP 系统主要是建立了与供应商之间基于互联网的业务和信息协同平台。通过平台的业务协同功能,既可以通过互联网进行招投标,又可以通过互联网将所有与供应商相关的物流管理业务信息发布给供应商,供应商可以足不出户就全面了解与自己相关的物流管理信息。对于非业务信息的协同,SAP 使用构架于 BBP 采购平台上的信息中心为海尔集团与供应商之间进行沟通交互和反馈提供集成环境。信息中心利用浏览器和互联网作为媒介,整合了海尔集团过去通过纸张、传真、电话和电子邮件等手段才能完成的信息交互方式,实现了非业务数据的集中存储和网上发布。

海尔集团已实现了即时采购、即时配送和即时分拨物流的同步流程。100%的采购订单由网上下达,提高了劳动效率,以信息代替库存商品。海尔集团的物流系统不仅实现了"零库存""零距离""零营运资本",而且整合了内部,协同了供货商,提高了企业的效益和生产力。

资料来源:姜方桃,邱小平. 物流信息系统[M]. 西安:西安电子科技大学出版社,2019:1-2。

📎 本章小结

本章首先介绍了物流的概念,物流的基本职能,物流信息的含义、特征、分类,其中物流信息的概念从狭义和广义两个方面分别阐述;然后介绍了物流管理的含义、目的、特点、内容等,在此基础上介绍了物流管理信息系统的结构和功能,重点讲解了物流信息系统的各项功能;最后介绍了物流管理信息系统发展的各个阶段和发展趋势。通过本章的学习,可以对物流、物流信息、物流管理信息系统等概念有一个初步的认识,为后续章节内容的学习打下基础。

📎 关键术语

物流   物流信息   物流管理   物流管理信息系统   第三方物流

习题

1. 选择题

（1）下列哪项不是物流的基本职能？（　　）
  A. 包装　　　　　B. 运输
  C. 销售　　　　　D. 仓储

（2）下列哪个项目不是物流的发展趋势？（　　）
  A. 全球化供应链管理
  B. 集成需求供应链管理
  C. 第三方物流
  D. 企业策划管理

（3）物流信息具有哪几种性质？（　　）
  A. 可适应性　　　B. 集成性
  C. 时效性　　　　D. 多维性

（4）物流信息具有什么样的特征？（　　）
  A. 很强的时效性　B. 种类繁多
  C. 更新速度快　　D. 不可辨别

（5）从构成上看，物流管理信息系统由软件结构和什么组成？（　　）
  A. 计算机技术　　B. 硬件结构
  C. 通信网络结构　D. 数据资源

（6）以下哪些属于物流管理的内容？（　　）
  A. 物流作业管理　B. 物流战略管理
  C. 物流成本管理　D. 以上都是

2. 判断题

（1）2002年发布的国家标准《物流术语》（GB/T 18354-2001），其对物流的定义是：物品从供应地向接收地的实体流动过程。根据实际需要，将运输、储存、装卸、搬运、包装、流通加工、配送和信息处理等基本功能实施有机结合。（　　）

（2）通常，物流的基本职能应贯穿货物运输和仓储全过程中的提货、交货、包装、加工、信息服务等环节。（　　）

（3）物流管理信息系统作为通道将某个一体化过程贯穿各物流活动，此一体化过程体现在四个层次上：基础作业层、管理控制层、决策分析层和战略支持层。（　　）

（4）物流管理信息系统的目的是辅助物流企业的管理者进行物流运作的管理和决策，提供与此相关的信息支持。（　　）

（5）集成化是指物流管理信息系统将相互相连的各个物流环节连接在一起，为物流信息企业进行集成化的信息处理工作提供平台。（　　）

（6）模块化系统设计的一个基本方法就是将一个大系统根据功能的不同，分成相互独立的若干子系统。（　　）

（7）系统结构具有稳定性、层次性、开放性和一致性的特点。（　　）

（8）物流管理信息系统主要由硬件系统、软件系统、数据资源、企业管理制度与规范以及相关人员等要素组成。（　　）

3. 简答题

（1）简述物流信息的概念和功能。
（2）简述物流信息的基本特征。
（3）物流管理具有哪些特点？
（4）物流管理的内容包括哪几方面？
（5）简述物流管理信息系统的功能和特点。
（6）物流管理信息系统经历了哪几个阶段？

4．思考题

（1）物流系统是不是单一的系统？怎样才能结合各个系统发挥最大的优势？

（2）就物流管理信息系统而言，相较于管理信息系统的区别是什么？

案例分析

快递背后的仓储智能化关键技术：自动分拣系统

自动分拣系统是智能物流装备中的核心系统，它能够连续、大量地给货物分类排序，基本无须人工操作，错误率极低。自动分拣系统主要由以下几个部分组成：

1）控制装置：识别、接收和处理分拣信号。

2）分类装置：执行控制系统发来的分拣指令，使商品进入相应的分拣道口。

3）输送装置：将已分拣好的商品输送到相应的分拣道口，以便进行后续作业。

4）分拣道口：将商品脱离输送装置并进入相应集货区域的通道。

目前我国快递分拣自动化程度还比较偏低，在劳动密集型的转运中心，与分拣作业直接相关的人力约占一半，分拣作业时间约占整个转运中心作业时间的30%~40%，分拣的成本占转运中心总成本的40%。智能分拣设备能够实现以大转盘模式，将快递流水线和分区的建包袋结合，每小时处理的包裹超过1.2万件，全过程只需一次扫码，大大缩短了操作时间，满负荷运转可减少2/3的分拣人员，分拣的精准度达99%以上。

以位于南京的苏宁云仓为例，它作为汇聚全球智慧物流技术的行业标杆项目，总面积20多万m^2，约2 000万件商品在这里能够实现从入库、补货、拣选、分拨到出库全流程的智能化作业。苏宁云仓拥有SCS智能拣选系统、A-frame自动拣货系统等现代化拣选系统，日处理包裹最高可达181万件，拣选效率达到每人每小时1 200件，每个订单最快可在30min内出库，拣选准确率可达99.99%以上。

虽然快递行业逐步推广了电子面单，但在设备分拣过程中却可能因条码破损而出现无法识别的情况。德邦公司通过采用华为OCR（光学字符识别）技术，分拣设备能够准确地识别面单上的文字信息，并判断出货物的目的地，快速分拣。

2020年，菜鸟联手圆通公司启用了超级机器人分拨中心，在"双11"订单高峰期，在2 000m^2的场地内，350台机器人昼夜作业，每天可以分拣超50万个包裹，机器人3天的行驶里程足以绕地球一圈。机器人在操作平台上自动根据包裹流向的不同，将包裹运到对应区域格口。到达指定位置后，机器人上的托盘竖起，包裹被倒入格口，然后顺着通道从二层滑到一层包裹装运区，完成整个过程仅需十几秒的时间。

同年11月，顺丰速运公司获批将在顺义建设北京顺丰全自动仓储分拣中心及配套设施项目，投资超过5亿元人民币，建成后快递智能分拣日均处理量将高达150万个。整个分拣中心及配套项目能在保证峰值处理量的情况下同时进行600个流向的分拣操作，单一中转场小件处理量将达到每小时10万件以上，分拣效率可提升30%。

资料来源：快递背后的仓储智能化关键技术：自动分拣系统［EB/OL］.［2023-06-21］. https:// www.sohu.com/a/491505233_120871296.

讨论题：

1．为什么大型的物流公司纷纷投资建设自动分拣系统？

2．查阅相关资料，进一步了解苏宁云仓自动分拣系统的先进性。

第 3 章

支撑物流管理的前沿信息技术

学习要点（表3-1）

表 3-1　第 3 章学习要点

知识要点	掌握程度	相关知识
大数据技术	了解	大数据的来源：来自人类活动、计算机、物理世界等
	重点掌握	大数据的定义和五个特征：体量大、处理速度快、多样化、具有价值、具有真实性
	了解	大数据的四个处理流程以及四种分析方法
	熟悉	大数据技术在物流中的应用
物联网技术	重点掌握	物联网的概念
	了解	物联网的发展历史和三层架构模式
	熟悉	物联网技术在物流中的应用：仓储管理、运输管理、配送管理、产品追溯性管理等
云计算技术	了解	云计算的起源与发展阶段
	重点掌握	云计算的定义以及云计算的特征：弹性服务、资源池化、按需服务、服务可计费、泛在接入
	了解	云计算的部署模型以及云的技术实现
	熟悉	云计算技术在物流中的应用
区块链技术	了解	区块链的产生与发展
	重点掌握	区块链的定义与特征
	了解	区块链的核心技术
	熟悉	区块链技术在物流中的应用
人工智能技术	重点掌握	人工智能的基本概念
	了解	人工智能发展的五个阶段及其应用领域
	熟悉	人工智能技术在物流中的应用

引例

上汽通用五菱的数智化物流

上汽通用五菱汽车股份有限公司（SGMW，以下简称"上汽通用五菱"）通过自主自研各类AGV（Automated Guided Vehicle，自动引导运输车），建设料箱级小件无人仓，研发应用无人物流车等智能化物流场景以及零部件仓储管理系统、按生产队列拉动系统，智慧物流平台、区块链智能合约平台等数字化平台打造，全面探索物流全链路数智化转型升级，为企业实现精益管理、卓越运营、高质量发展提供助力。

1．料箱级小件无人仓

当前，多品种、小批次生产模式深化，车型配置数量繁多，在产零件号种类多、数量多，传统的超市料架、落地存储模式难以继续满足快节奏变化的生产需求，物流场地和物流运作成本面临巨大挑战。上汽通用五菱物流创新团队经过调研考察发现，利用料箱机器人替代人工开拖车，能够实现"人找货"到"货到人"的转变。料箱机器人可兼容多种箱型，覆盖80%的小件物料，通过无人仓系统完成料箱与库位绑定，做到系统信息虚拟唯一，实现料箱级管控。料箱级的小件无人仓是汽车物流行业首个实现数智化、AI智慧大脑，自主学习料箱型机器人系统，它比传统的仓储模式，坪效更优，更能省人，并且可以支持柔性生产。

2．自主自研各类AGV

上汽通用五菱围绕各种物流场景自主研发了潜伏式、牵引式、举升式、重载式以及磁条导航、SLAM导航等各类AGV产品，为降本增效带来巨大助力。长期以来，受场地、技术等因素影响，1t以上重型物料都使用人工配送。对此，物流和维修创新团队自研全向运动能力的重载AGV，可负载2t重量，运行路线规划和软硬件调试均采取自主设计、自主施工，做到了成本最低化、效率最大化。

3．视觉自动扫码入库系统

上汽通用五菱组建了一支跨区域的感知团队，该团队自主自强，深入调研视觉系统，结合物流自动收货场景打造了视觉自动入库系统。视觉自动入库通过工业相机和自主设计开发的软件结合，实现AI识别触发启动，高速实时图像采集，并将信息自动上传后台服务器，实现物料自动出入库，取代了传统的员工手动扫码，平均入库效率提升10%以上，年节约成本15万元/项目。

4．座椅自动驳接系统

座椅自动驳接系统包含：供应商对接口、带倍速链的货车车厢、SGMW驳接口及输送链。供应商对接口建设在其物流成品仓库，成品下线后，通过人工搬运座椅到存储缓冲道托盘上，建立动态的缓冲库存，按主机厂MES发出的上线队列信息对座椅进行精确排序。货车车厢为集装箱，带着由电机和倍速链组成的传动系统。货车根据排序队列，对接到供应商处的缓冲存储道，通过倍速链对接传动的形式将座椅传送到车厢中。货车满载后，程序自动计数并停止传动，满载的货车开动切断连接，并行驶到生产基地总装车间与生产基地的对接口实现对接卸货。

5．无人化物流运输

面对各个生产基地厂区内物流运输需求高、调度复杂、人工运输效率易受影响，劳动力紧缺且人工成本上涨，以及生产风险不可控等痛点，上汽通用五菱联手L4级自动驾驶解决方案供应商，以宝骏新能源自动驾驶物流车作为运输载体，采用自主研发的自动驾驶物流解决方案，建成国内第一条无人驾驶物流线路。

6．无人装卸和物料空满箱转换

在物流全链路智能化探索中，无人叉车装卸、线旁料箱级空满转换是最难实现智能化的两大场景。上汽通用五菱重庆基地总装车间和物流工程团队自主研发潜伏式AGV，由AGV背负料架到达线旁空料架旁，通过简易衔接装置，实现自动空满料箱传输，实现低成本自动化的空满料箱转换；同时，物流创新团队也在尝试应用定制的较矮的料箱机器人实现线边空满料箱转换；无人叉车已经成功应用在车间，正在进一步探索如何使用无人叉车实现更多的零部件自动装卸。

资料来源：上汽通用五菱的数智化物流探索与实践［EB/OL］．［2023-06-21］．https://www.sohu.com/a/674046355_121123854.

讨论题：

1．上汽通用五菱的数智物流在哪些方面体现了自动化和智能化？

2．上汽通用五菱的数智物流使用了哪些前沿信息技术？

如何提高物流运作效率、如何跟踪物流状态、如何有效调度物流资源等问题，一直困扰并阻碍物流行业的发展。随着信息技术的迅猛发展，这些先进的信息技术被普遍应用到各行各业，物流行业当然也不例外。物流服务数据的大量化、多样化使物流企业在加大对数据处理方面的投入，合理地利用大数据技术成为重要战略资源；物联网科技能够应用数据感应设施，对任何一个产品植入射频感应以及条码等，同网络达到信息通信及数据转换，进一步达到产品的智能定位、辨识、监督及追踪；云计算是一种基于互联网的相关服务的增加、使用和交付模式，通过互联网来提供动态的、易扩展的虚拟化的资源；区块链技术与物流行业融合的不断深入，使物流行业迎来了智能化发展的契机，解决物流行业交易各方缺乏信任这一制约自身发展的痛点成为可能；人工智能技术的发展，将彻底改变人类的生产和生活，重复性的工作、简单的脑力工作，将会很快被人工智能技术完全替代，这将给各个行业带来巨大的变革。本章将详细介绍大数据技术、物联网技术、云计算技术、区块链技术和人工智能技术的定义、特征、发展以及在物流行业中的应用。

3.1　大数据技术

伴随着我国电商行业的高速发展和进步，物流发展速度也日渐加快，由此所产生的数据信息也正在逐步呈现出倍速增长趋势。目前，智慧物流的建设，大数据技术、人工智能技术和云计算技术的广泛运用代表着我国物流领域已经全面迈入4.0时期。如何在物流管理工作中，通过对大数据信息技术的有效运用，强化对物流数据的深入挖掘和深入分析，改善物流管理水平，获得更高的经济效益，是目前我国物流领域的重点研究课题，也是未来的必然发展趋势。

3.1.1　大数据的来源

大数据（Big Data）通常为PB或EB级的大小。这些数据来源多元化，包括传感器、气候信息、公开信息（如杂志、报纸、文章等），还包括购买交易记录、网络日志、病历、军事监控、视频和图像档案、大型电子商务等。大数据的主要来源有：

（1）人类活动的大数据　这类大数据是指人们通过社会网络、互联网、健康、金融、经济、交通等活动所产生的各类数据，包括微博、病人医疗记录等文字、图形、视频信息。网络大数据具有多源异构、交互性、时效性、社会性、突发性和干扰大等特点，不但非结构化数据多，而且数据的实时性强，大量数据都是随机产生的。

（2）计算机的大数据　这类大数据是指各类计算机信息系统产生的数据，以文件、数据库、多媒体等形式存在，也包括审计、日志等自动生成的信息。

（3）物理世界的大数据　这类大数据是指各类数字设备、科学实验与观察所采集的数据。如摄像头不断产生的数字信号，医疗物联网不断产生的人的各项指标，气象业务系统采集设备所收集的海量数据等。

3.1.2　大数据的定义和特征

对于大数据，研究机构 Gartner 给出了这样的定义：大数据是指需要新处理模式才能具有更强的决策力、洞察发现力和流程优化力来适应海量、高增长率和多样化的信息资产。麦肯锡公司在 *Big data: The Next Frontier for Innovation Competition and Productivity* 报告中对大数据进行了定义：大数据指的是大小超出常规的数据库工具获取、存储、管理和分析能力的数据集。它同时强调，并不是一定要超过特定 TB 级的数据才算是大数据。维基百科认为，大数据是指在承受的时间范围内使用通常的软件工具捕获和管理的数据集合。《科学》杂志认为，大数据代表着人类认知过程的进步，数据集的规模是无法在可容忍的时间内用目前的技术、方法和理论去获取、管理、处理的。

IBM 公司提出了大数据的"5V"特征：

（1）数据体量大（Volume）　这是大数据的首要特征，大数据通常是指 10TB 规模以上的数据量，伴随着互联网在社会各行各业的广泛应用，数据呈爆炸式增长，收集和分析的数据量非常大。之所以产生如此巨大的数据量，一是由于各种仪器的使用，使我们能够感知到更多的事物，这些事物的部分甚至全部数据就可以被存储；二是由于通信工具的使用，人们能够全时段联系，"机器 - 机器（M2M）"方式的出现，使得交流的数据量成倍增长；三是由于集成电路成本降低，很多东西都具备智能的成分。在实际应用中，很多企业用户把多个数据集放在一起，形成 PB 级的数据集，甚至 EB 级的数据集。

（2）处理速度快（Velocity）　数据的增长速度和处理速度是大数据高速性的重要体现。前者得益于互联网和云计算等交换和传播方式的出现，大数据的生产和传播数据的速度是非常迅速的；后者由于大量的数据很难进行存储，且需要对数据进行实时分析这一标志性特征，大数据技术对数据的运转速度提出了更高的要求。

（3）数据多样化（Variety）　数据来源的广泛性，决定了数据形式的多样性。大数据可以分为三类：一是结构化数据，如财务系统数据、信息管理系统数据、医疗系统数据等，其特点是数据间因果关系强；二是非结构化的数据，如视频、图片、音频等，其特点是数据间没有因果关系；三是半结构化数据，如 HTML 文档、邮件、网页等，其特点是数据间的因果关系弱。

（4）数据具有价值（Value）　大数据的核心特征是价值，但价值密度的高低和数据总量的大小是成反比的,即数据价值密度越高数据总量越小,数据价值密度越低数据总量越大。海量的基础数据是提取有价值信息的前提,对一个企业而言,企业要对庞大而无序的数据进行筛选、深度分析,以此来发现数据中存在的规律及潜在的商业价值。

(5)数据具有真实性(Veracity) 大数据的真实性是指数据的准确度和可信赖度,代表数据的质量。但不同的数据源可靠性和可信性是可变的,比如,社交媒体中充斥着垃圾信息,同样地,来自网站和手机上的点击也易受干扰。

| 知识链接 |

信息化的三次浪潮

信息化的第一次浪潮发生在20世纪80年代前后,个人计算机的普及,解决了信息处理的问题,也极大地促进了信息化在各行业的发展。当时的主导企业有IBM、联想、苹果、戴尔、惠普等,它们制造的硬件和软件为人们在信息处理过程中提供了巨大的帮助。

随着互联网的普及,第二次信息化浪潮开始了。20世纪90年代互联网的出现,使得人与人之间的交流有了新的渠道,雅虎公司率先推出的电子邮箱使人们的商务沟通变得更加有效率;腾讯公司的社交软件QQ也让社交变得更加容易,无论人们在天南海北,只要有网络,就可以相互表达情感,碰撞观点。同时人们获取信息的途径也有所改变,以百度、谷歌为代表的搜索引擎让人们可以畅游在知识的海洋之中。

在互联网逐渐走向成熟的同时,第三次信息化浪潮随之而来。在2010年之后,信息量呈现爆发式的增长,随之而来的就是云计算、大数据、物联网技术的出现,一大批公司比如华为、阿里巴巴等都在为解决信息爆炸的问题不断努力。

大数据正是在信息化三次浪潮的不断发展下产生的,IT技术的不断发展为大数据的出现提供了可能性。与此同时,云计算技术的成熟又为大数据的存储和处理奠定了技术的基础。

3.1.3 大数据处理流程

大数据处理流程是对经由数据源获取的数据进行数据清洗、转换和集成的过程,它将大量的数据存储到分布式并行数据库,利用分布式计算架构进行处理,使用大数据分析方法进行分析,最后将分析结果向用户展现。大数据处理流程如图3-1所示。

1. 大数据采集与预处理

大数据的一个重要特点就是数据源多样,包括数据库、文本、图片、视频、网页等各类结构化、非结构化以及半结构化数据。因此,大数据处理的第一步是从数据源采集数据,并进行预处理和集成操作,为后续流程提供统一的高质量数据集。

数据采集手段有:传感器收取、射频识别(RFID)、条码技术以及数据检索分类工具(如百度和谷歌等搜索引擎)等。数据抽取与集成方式分为以下四类:基于物化或ETL引擎方法、基于联邦数据库引擎或中间件方法、基于数据流引擎方法和基于搜索引擎方法。异构数据源的集成过程需要对数据进行清洗,以消除相似、重复或不一致的数据。

2. 大数据存储与管理

大数据给存储系统带来三个方面的挑战:①存储规模大,数据量通常达到PB甚至EB级。

②存储管理复杂，需要兼顾结构化、非结构化和半结构化的数据。③数据服务的种类和水平要求高。

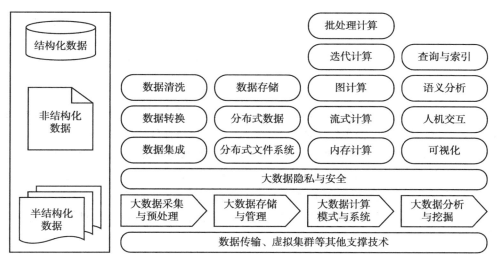

图 3-1 大数据处理流程

大数据存储与管理需要为上层应用提供高效的数据访问接口，存取 PB 甚至 EB 级的数据，并且对数据处理的实时性、有效性提出了更高的要求，常规技术手段无法应对。某些实时性要求较高的应用，如状态监控，更适合采用流处理模式，直接在清洗和集成后的数据源上进行分析，而大多数应用需要存储以支持后续深度数据分析流程。目前，新技术的问世可应对大数据存储与管理的挑战，包括分布式缓存、基于大规模并行处理（MPP）的分布式数据库、分布式文件系统以及各种 NoSQL 分布式存储方案。

3. 大数据计算模式与系统

大数据计算模式是指根据大数据的不同数据特征和计算特征，从多样性的大数据计算问题和需求中提炼并建立的各种高层抽象或模型，它的出现有力推动了大数据技术和应用的发展。大数据处理的数据特征和计算特征维度有：数据结构特征、数据获取方式、数据处理类型、实时性或响应性能、迭代计算、数据关联性和并行计算体系结构特征。根据大数据处理多样性需求和上述特征维度，目前已有多种典型、重要的大数据计算模式以及相应的大数据计算系统和工具。典型大数据计算模式与系统如表 3-2 所示。

表 3-2 典型大数据计算模式与系统

典型大数据计算模式	典型系统
大数据查询分析计算	HBase、Hive、Cassandra、Impala、Shark、Hana 等
批处理计算	Hadoop、MapReduce、Spark 等
流式计算	Scribe、Flume、Storm、S4、Spark Steaming 等
迭代计算	Hadoop、MapReduce、Twister、Spark 等

（续）

典型大数据计算模式	典型系统
图计算	Pregel、Giraph、Trinity、PowerGraph、GraphX 等
内存计算	Dremel、Hana、Spark 等

其中，在数据规模极大时，大数据查询分析计算模式可以提供实时或准实时的数据查询分析能力，满足企业日常的经营需求。最适合于大数据批处理计算模式的是 Google 公司的 MapReduce。流式计算是一种实时计算模式，需要对一定时间窗口内应用系统产生的新数据完成实时计算处理，避免数据堆积和丢失，尽可能快地对最新数据做出分析并给出结果。迭代计算是图计算、数据挖掘等领域常见的运算模式。图计算是用来表示真实社会广泛存在的事物之间联系的有效手段。在社交网络、Web 链接关系、社会关系等方面存在大量图数据。内存计算是指中央处理器直接从内存而不是硬盘上读取数据，并进行计算、分析，是对传统数据处理方式的一种加速。

4. 大数据分析与挖掘

由于大数据呈现多样化、动态异构，且比小样本数据更有价值等特点，因此需要通过大数据分析技术来理解数据的语义，并提高数据质量和可信度。针对非结构化或半结构化数据的挖掘问题，可采用大规模文本文件的检索与挖掘技术。例如，针对传统分析软件扩展性差以及 Hadoop 系统分析功能薄弱的特点，IBM 公司对 R 和 Hadoop 进行集成。R 是开源的统计分析软件，通过 R 和 Hadoop 深度集成，可进行数据挖掘和并行处理，使 Hadoop 获得强大的深度分析能力。Weka（一种类似 R 的开源数据挖掘工具软件）和 MapReduce 的集成，也可实现大数据的分析。对信息用户来讲，他们最关心的并不是数据的分析处理过程，而是对大数据分析结果的解释与展示。因此在一个完善的数据分析流程中，数据结果的解释步骤至关重要。为提升数据解释的展示能力，引入数据可视化技术，能够迅速和有效地简化与提炼数据流，帮助用户交互筛选大量数据，有助于用户从复杂数据中得到新知，常见的可视化技术有：原位分析（In-situ Analysis）、标签云（Tagcloud）、历史流（History Flow）、空间信息流（Spatial Information Flow）、不确定性分析等。

3.1.4 大数据分析方法

麦肯锡的报告指出，用于大数据分析的关键技术包括 A/B 测试、知识计算、社会计算、关联规则挖掘、分类、数据聚类、众包、数据融合和集成、遗传算法、机器学习、深度学习、自然语言处理、神经网络、模式识别、情绪分析信号处理、空间分析、时间序列分析、时间序列预测模型等。

1. 深度学习

大数据分析的一个核心问题是如何对数据进行有效表达、解释和学习，深度学习就是利用层次化的架构学习对象在不同层次上的表达，这种层次化的表达可以帮助用户解决更加复杂抽象的问题。深度学习的"深度"是指从"输入层"到"输出层"所经历层次的数目，即隐藏层的层数。层数越多，深度也越深。深度学习通过构建具有很多隐藏层的机器学习模型和海量训练数据，来学习更有用的特征，从而最终提升分类或预测的准确性。深度学习强调模型结构的深度，突出特征学习的重要性，通过逐层特征变换，将样本在原空间的特征变换到新空间，从而使分类或预测更加容易。与人工规则构造特征的方法相比，利用大数据来学习特征，更能刻画数据丰富的内在信息。

2. 知识计算

对数据进行高端分析，就需要从大数据中先抽取出有价值的知识，并将其构建成可查询、分析和计算的知识库。知识计算的基础是构建知识库，这包括三个部分，即知识库的构建、多源知识的融合与知识库的更新。目前，世界各国建立的知识库多达 50 余种，从构建方式上，可以分为手工构建和自动构建。手工构建是依靠专家编写的规则，从不同来源收集相关的知识信息；自动构建依靠系统自动学习，经过标注的预料来获取规则。随着大数据时代的到来，面对大规模网页信息中蕴含的知识，自动构建知识库的方法越来越受到重视和青睐。

3. 社会计算

社会计算包括在线社会网络的结构分析、在线社会网络的信息传播模型、社会媒体中的信息检索与数据挖掘。

1）在线社会网络的结构分析。其结构在微观层面上具有随机化无序的现象，在宏观层面上呈现规则化、有序化的现象，为了厘清网络具有的这种看似矛盾的不同尺度的结构特性，需要探索和分析连接微观和宏观的网络中观结构（也称为社区结构）。社区结构是指网络节点按照连接关系的紧密程度不同，自然分成若干个内部连接紧密但与外部连接稀疏的节点组，每个节点组被称为社区。

2）在线社会网络的信息传播模型。如传染病模型、随机游走模型。

3）社会媒体中的信息检索与数据挖掘。社会媒体中的数据呈现新特征：信息碎片化现象明显，文本内容特征越发稀疏；呈现自媒体现象，个人影响力、情感与倾向性掺杂其中。

4. 可视化

为分析大规模、高维度、多来源、动态演化的信息，并辅助实时决策，可以依赖的手段有两种，即数据转换和视觉转换。现有研究工作主要聚焦在以下四个方面：

1）通过对信息流进行压缩或者删除数据中的冗余信息对数据进行简化。其中，很多工作主要解决曲面的可视化，使用基本的数据转换方法对数据进行简化。

2）通过设计多尺度、多层次的方法实现信息在不同解析度上的展示，从而使用户可自主控制展示解析度。已有多尺度算法集中在对地形类数据的渲染上。

3）利用创新的方法把数据存储在外存，并让用户可以通过交互手段获取相关数据。这类研究也称为核外算法（Out-of-core Algorithm）。

4）提出新的视觉隐喻方法以全新的方式展示数据。其中，一类典型的方法是"焦点 + 上下文"方法，它对焦点数据进行细节展示，对不重要的数据则简化表示，如鱼眼视图等。

3.1.5 大数据技术在物流中的应用

面对竞争激烈的市场，利用大数据技术挖掘隐藏在海量数据中的信息来支撑和创新业务模式，已成为物流行业转型升级的关键所在。

1. 大数据在物流管理流程中的应用

物流管理涉及的常见流程为运输、仓储、配送等，而大数据技术在上述环节均得到广泛应用。如在运输流程借助大数据可以将物流业务信息导入分析系统模块中，这也是借助大数据创建数据库、收录物流信息、强化运输信息联动的前提。随后的仓储环节则经由大数据技术完成对物品库存核算、原料物资配置、优化运送路径等提升仓储效率。在此流程中大数据技术参与其中可改善仓储管理质量，及时调整并补充库存量，确定距离最近的派送点以减少运输成本。就配送流程来说，经由利用大数据统筹物流各相关方的职能，建立信息联动研判机制，提升仓储这一流程的大数据组织保障；提高数据的加工和盈利能力，让数据增值。

除此以外，以大数据作为技术支持，结合其他技术如射频识别、条码、电子数据交换等技术来提升物流管理效能。如借助射频识别技术实现库存管理的有效提升，借助条码技术准确掌握物品动态并追踪，借助电子数据交换技术确保 EDI 信息收集与信息共享等。

2. 大数据在企业物流决策中的应用

以大数据作为技术支持前提，企业拓展物流管理则一定要创新物流决策。其一，借助大数据技术改进传统物流管理与控制中产出率、整合率及运营率均低的三大弊端，整合并优化不同种类的物流信息以及数据，确保投入产出比和运送效率得到提升，强化物流数据这一优质资源的整合利用。其二，借助大数据技术，企业规划物流路线时要充分衡量自身的人员配置及运输能力，科学规划运输线路，同时在商品存储、分拣时要利用大数据保存并记录好物流信息，方便后续物流信息的整理及数据整合。其三，以大数据技术作为后盾，物流企业可将物流与电子商务两相整合以形成销售物流一体化的运营模式。

经由大数据整合线上电商及线下物流，在提交商品交易的同时可直接完成商品向消费方的运输，随后利用大数据关注商品运送及派发动态，将物流信息同步于云端后汇集整合，使物流信息更新更流畅，解决了传统电子商务物流配送不足的问题，使线上电商与线下物流的一条龙服务链条化。

3. 大数据在物流人才培训中的应用

大数据在物流管理中的广泛应用，归根结底是依赖于人才。而专业技术型物流人才是大数据技术得以充分利用并发挥优势的根本，更是企业以大数据为依托实现物流管理水平提升的关键。

（1）充分利用大数据分析平台　　现代物流人才具备并掌握基础物流理论知识与实践技能的同时，还要拥有使用各类数据开展经营决策、管理优化、分析创新的综合实用能力。基于此，各高校本身即肩负着培养新型物流人才、发展光大物流业的重要职责，因此各高校要充分利用大数据分析与挖掘物流平台数据，并以物流大数据挖掘为切入点，推动创新型、全能型、复合型、实用型等多种类物流专业人才的规模化培养，确保物流专业真正提升教学能力与科研水平。

（2）重视校企合作　　以校企共同创建物流业大数据库作为切入点，借助大数据的收集、分析、挖掘、可视化等具体服务功能，研发出包含以企业为对象的物流大数据应用决策、分析规划、科研应用等多项功能的大数据系统平台，以此实现科研与物流双赢发展。

（3）借助大数据吸引物流人才　规范物流业相关作业人员的行为标准，制定专业化的物流人才培养准则，使人才培养与专业发展相匹配，推动企业借助大数据吸引更多专业的物流管理人才，提升团队协作性与效率性。

（4）利用大数据技术提升物流管理人才技术水平　企业开展物流管理要基于白热化的市场竞争背景，有效利用人才，并定期组织人才培训，强化各类物流人才的知识储备及实践技能，确保企业在创新物流管理、突破管理瓶颈、提高自身物流核心竞争优势的同时，以大数据技术为起点提升物流管理发展水平。

4. 大数据在物流发展战略中的应用

就企业开展物流决策来说，大数据技术可为其提供科学的发展战略决策依据。大数据的物流应用与物流管理的各个流程及环节息息相关，因此大数据收集到的物流信息在经过充分挖掘和筛选后，可以从中提炼出与后续发展决策相关的关键性信息，如竞争环境、物流供需调配、物流资源利用等多个方面。而这些关键信息则可以为企业优化物流决策提供根本保障。

首先，就竞争环境而言，企业竞争旨在实现利益最佳化，因此要适度保持与其他电商平台或物流企业的协作。而借助大数据深入分析竞争对手状态，可全面掌握其运营及管理情况，预估其未来决策行为，继而明确本身在特定阶段或区域可合作的伙伴。其次，就物流供需调配而言，则企业要掌握特定阶段或区域内物流在供需方面的动态，继而开展科学运输及配送。物流供需情况的提供则同样要依托于大数据这项技术，即从海量半结构化及企业已掌握的结构化数据中提炼所需的物流供需二维数据。最后，就物流资源利用而言，主要涉及运输、存储、配送等多方面的资源，还应考虑物流市场自身的高随机性与强动态性。

因此，企业一定要利用大数据技术实时掌握并分析物流市场的动态走势，同样从海量规模化数据中挖掘出当前对物流资源利用有用的信息，据此设计物流资源的配置及布置，提升物流资源利用的科学性与合理性。

5. 大数据在物流智能预警中的应用

物流业务的突出特点为随机性、不可预知性等，经由大数据技术的全面分析，企业能够了解并掌握消费终端潜在的消费倾向，继而提前备好货品分配，使物流路线规划最优化，提升物流高峰阶段的运输及派送效率。

3.2　物联网技术

随着电子信息技术的不断发展，物联网技术在物流领域的应用越来越广泛，为人们的生产生活提供了极大的便利。广泛应用物联网技术，将进一步推动物流业的智能化、自动化和信息化发展，完善物流体系中存在的问题，提高物流作业效率、优化资源配置、降低物流成本。

3.2.1　物联网的基本概念

物联网被称为继计算机、互联网之后信息产业发展的第三次浪潮。它通过各种智能感知技术、网络通信技术和智能信息处理技术，带动相关行业的创新。

1. 物联网的定义

物联网（Internet of Things，IoT），字面理解为"物物相连的互联网"，这有两层意思：第一，物联网的核心和基础仍然是互联网，是在互联网基础上延伸和扩展的网络；第二，其用户端延伸和扩展到了任何物品与物品之间，进行信息交换和通信。深层次理解则体现了多种技术的大融合。

麻省理工学院的 Kevin Ashton 首次提出物联网的概念：把 RFID 技术与传感器技术应用于日常物品中形成了一个物联网。

国际电信联盟（ITU）将物联网定义为：通过二维码识读设备、射频识别装置、红外感应器、全球定位系统和激光扫描器等信息传感设备，按约定的协议，把任何物品与互联网相连接，进行信息交换和通信，以实现智能化识别、定位、跟踪、监控和管理的一种网络。

IBM 公司则提出：把传感器设备安装到各种物体中，并且普遍连接形成网络，即物联网，进而在此基础上形成"智慧地球"。

综上所述，物联网是在互联网基础上延伸和扩展的网络，是新一代信息技术的重要组成部分，其按照约定的协议，结合多种信息传感设备，将万物与互联网相连进行信息交换和通信。

2. 物联网的发展历史

1991 年，剑桥大学的"特洛伊咖啡壶"事件轰动一时。特洛伊实验室的研究员为查看楼下的咖啡是否煮熟，在咖啡壶旁设置了一个摄像头，通过内部网络进行实时视频监测，这个咖啡壶便是对物联网的初步构想。

1998 年，麻省理工学院建立"自动识别中心"，提出一个以射频识别技术支撑物联网的构想，使万物皆可通过网络互联。

2005 年，国际电信联盟发布《ITU 互联网报告 2005：物联网》，正式提出物联网的概念。该报告指出，无所不在的"物联网"通信时代即将来临，世界上所有物体都可以通过互联网进行信息交换，而不是仅仅基于射频识别技术。

2009 年 1 月，在美国总统圆桌会议上，IBM 公司的总裁首次提出"智慧地球"计划，建议政府投资新一代的智慧型基础设施，即把感应器嵌入电网、铁路、桥梁等各种基础设施中，将这些物体普遍连接，形成物联网。"智慧地球"计划如图 3-2 所示。

2009 年 8 月，温家宝总理提出建立"感知中国"中心，物联网被正式列为国家五大新兴战略性产业之一，并写入 2010 年《政府工作报告》。2013 年，云计算、物联网被列入我国的重大科技规划。

2015 年，美国宣布投入 1.6 亿美元推动"智慧城市"计划，将物联网应用实验平台的建设作为首要任务，并组建"智能制造创新机构"，以推进先进传感器、控制器、平台和制造建模技术的研发。

2018 年，物联网开始进入以基础性行业和规模消费为代表的第三次发展浪潮，5G、低功耗广域网等基础设施加速构建，人工智能、边缘计算、区块链等新技术加速与物联网结合，物联网迎来跨界融合、集成创新和规模化发展的新阶段。

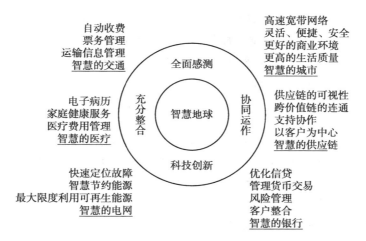

图 3-2 "智慧地球"计划

3.2.2 物联网的三层架构模式

物联网从架构上可分为三个层次：感知层、网络层、应用层。物联网的三层架构如图 3-3 所示。

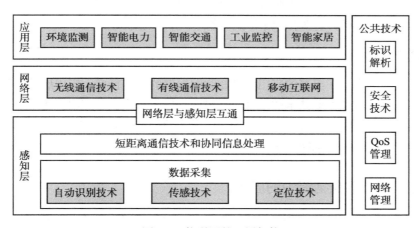

图 3-3 物联网的三层架构

1. 感知层

感知层通过自动识别技术、传感技术、定位技术实现对物体的信息感知、定位和识别，类似于人的眼、耳、鼻、喉和皮肤。

1）自动识别技术。通过特定的识别装置，自动获取物体本身的特征（如条码、声音等），并提供给后台的计算机系统进行后续处理。

2）传感技术。从仿生学观点，如果把计算机看成处理和识别信息的"大脑"，把通信系统看成传递信息的"神经系统"，那么传感器就是"感觉器官"。它是一种模拟转换数字的技术，传感器采集到的信息是物理世界中的物理量、化学量、生物量，这些信号并不能被识别，所以需要转化成可处理的数字信号，如温度、压力、流量、位移、速度等。

3）定位技术。如果物品自身能释放信息，那么通过定位技术就可以准确地判断物体的位置，就像花朵释放花香，吸引蝴蝶和蜜蜂传播花粉。定位技术分为卫星定位、无线电波定位、传感定位等，已被广泛应用于寻找失物和追踪贵重物品。

2. 网络层

网络层由私有网络、互联网、有线和无线通信网、网络管理系统和云计算平台等组成，它们负责传递和处理感知层获取的信息。网络层连接感知层和应用层，它实现了两层之间的数据透明、无障碍、高可靠性、高安全性的传送以及更加广泛的互联功能，它的功能包括：寻址、路由选择、连接、保持和终止等。

1）无线通信技术。无线接入网是以无线通信为技术手段，在局端到用户端进行连接的通信网。无线接入技术具有成本低廉、不受地理环境限制、支持用户移动性等优点。随着 ZigBee、蓝牙、RFID、UWB、Wi-Fi、WiMAX、5G 等无线技术的出现，无线接入的需求与日俱增。

2）有线通信技术。有线接入网技术主要有基于双绞线传输的接入网技术、基于光传输的接入网技术和基于同轴电缆传输的接入网技术。

3）移动互联网。移动互联网是移动通信和互联网两者的结合体。其技术层面的定义是以宽带为技术核心，同时提供语音、数据、多媒体等业务的开放式基础电信网络；终端的定义是用户使用手机、笔记本电脑、平板电脑等移动终端，通过移动网络获取移动通信网络服务和互联网服务。移动互联网具有以下要素：终端、网络、平台、应用、定价。

3. 应用层

应用层为物联网提供了丰富的应用，是物联网发展的根本目标。应用层是物联网和用户的接口，是信息技术与行业专业技术的结合，它包含支撑平台子层和应用服务子层（如医学领域的医学物联网，交通领域的智能交通）。它实现了跨行业、跨应用、跨系统之间的信息协同、共享和互通，实现了物联网的智能应用。

3.2.3 物联网技术在物流中的应用

物流领域的发展离不开物联网技术的支持。例如，RFID、GPS、GIS、视频与图像感知、传感器的感知技术，都属于物联网在物流信息化领域的应用。

（1）仓储管理　在物流仓储中应用物联网技术，组成能够提高货物基础效率的智能仓储管理系统、增加储存量、降低人力强度和成本，并可实时显示、监控货物的进出量，提高发货精度，完成收货入库、盘点和调拨、拣货出库及全系统数据查询、备份、统计、报表制作、报表管理等工作。

（2）运输管理　通过在物流车辆管理系统中使用物联网技术，可以完成车辆和货物的实时定位跟踪，监控货物状况和温湿度状况，同时监控运输车辆的燃油消耗、行驶速度、驾驶行为等情况。在货物运输过程中将货物、司机、车辆驾驶状况等信息有效结合起来，提高运输效率，降低运输成本，更好地组织运输流程。

（3）配送管理　配送中心可利用物联网技术，实现货物运输、储存、配送的一体化管理。在配送过程中，智能软件系统根据客户需求自动安排货物出库计划，可在物联网中实现智能码垛机器人、无人搬运车等智能物流终端设备与操作软件相结合，进一步提高物流配送中心的智能化程度。

（4）产品追溯性管理　应用物联网建立一个可追踪的智能系统，主要目的是在智能物流流程中实现质量管理和责任问责。利用产品追溯系统，可在物流中实现产品质量、效率等智能化保障。

物联网技术在物流行业的应用实质是整合物流信息化，逐步把信息技术的单点应用集成到物流管理信息系统中，整体推进物流系统的自动化、智能化、系统化、网络化发展，最终形成智慧物流系统。

3.3　云计算技术

云计算（Cloud Computing）的概念是由 Google 提出的，是一种全新的领先信息技术，可实现超级计算和海量存储能力。推动云计算兴起的动力是高速互联网和虚拟化技术的发展。云计算作为下一代企业数据中心，可以更有效地为各行各业提供有效的计算与分析。本节主要介绍云计算的起源、概念、部署模型、体系结构以及云计算技术在物流中的应用等内容。

3.3.1　云计算的起源与发展

1. 云计算的起源

云计算是继 20 世纪 80 年代大型计算机到客户端 - 服务器的转变之后的又一次巨变。它是分布式计算、并行计算、效用计算、网络存储、虚拟化、负载均衡、热备份冗余等传统计算机和网络技术发展融合的产物。

1983 年，Sun Microsystems 公司提出"网络是计算机"的概念；2006 年 3 月，Amazon 推出弹性计算云（Elastic Computer Cloud, EC2）服务；2006 年 8 月 9 日，Google 首席执行官埃里克·施密特在搜索引擎大会首次提出"云计算"的概念，该概念源于 Google 工程师克里斯托弗·比希利亚所做的"Google 101"项目中的"云端计算"；2008 年年初，Cloud Computing 正式被翻译为"云计算"。

2008 年，我国第一个获得自主知识产权的基础架构云（IaaS）产品 BingoCloudOS（品高云）发行 1.0 版。2009 年，NIST（美国国家标准与技术研究院）发布了被业界广泛接受的云计算定义："一种标准化的 IT 性能（服务、软件或者基础设施），以按使用付费和自助服务方式，通过 Internet 技术交付"。

2010 年工信部与发改委联合印发《关于做好云计算服务创新发展试点示范工作的通知》，2015 年工信部印发《云计算综合标准化体系建设指南》的通知。云计算由最初的美好愿景到最终的概念落地，目前已经进入广泛应用阶段。纵观云计算的发展过程，可以将云计算的发展分为理论完善阶段（1959—2005 年）、发展准备阶段（2006—2009 年）、稳步成长阶段（2010—2012 年）和高速发展阶段（2013 年至今）四个阶段。

（1）云计算理论完善阶段　1959 年克里斯托弗·斯特雷奇提出虚拟化的基本概念，云计算的相关理论逐步发展，云计算概念逐渐清晰，部分企业开始发布初级云计算平台，提供简单的云服务。

（2）云计算发展准备阶段　云计算概念正式提出，用户对云计算认知度仍然较低，云计算相关技术不断完善，云计算概念深入推广。国内外云计算厂商布局云计算市场，但解决方案和商业模式尚在尝试中，成功案例较少，初期以政府公有云建设为主。

（3）云计算稳步成长阶段　云计算产业稳步成长，云计算生态环境建设和商业模式构建成为这一时期的关键词，越来越多的厂商开始介入云计算领域，出现大量的应用解决方案，成功案例逐渐丰富。用户了解和认可程度不断提高，用户主动将自身业务融入云中。公有云、私有云、混合云建设齐头并进。

（4）云计算高速发展阶段　云计算产业链、行业生态环境基本稳定；各厂商解决方案更加成熟稳定，提供丰富的云计算产品。用户云计算应用取得良好的绩效，并成为 IT 系统不可或缺的组成部分，云计算成为一项基础设施。

2. 云计算技术经历的四种模式

云计算的发展经历了四种模式：电厂模式、效用计算模式、网格计算模式和云计算模式。

（1）电厂模式　电厂模式是利用电厂的规模效应来降低电力价格，并让用户使用起来更方便，且无须维护和购买任何发电设备。

（2）效用计算模式　1961 年，人工智能之父麦卡锡提出了"效用计算"这个概念，其核心借鉴了电厂模式，具体目标是整合分散在各地的服务器、存储系统以及应用程序来共享给多个用户，让用户能像把灯泡插入灯座一样来使用计算机资源，并且根据其所使用的量来付费。

（3）网格计算模式　网格计算主要研究如何把需要巨大算力才能解决的问题分成许多小的部分，然后把这些部分分配给诸多低性能的计算机来处理，最后把这些计算结果综合起来攻克难题。

（4）云计算模式　云计算的核心与前面的效用计算和网格计算非常类似，也是希望 IT 技术能像使用电力那样方便，并且成本低廉。但与效用计算和网格计算不同的是，云计算的发展更踏实稳健，因其在需求方面已经有了一定的规模，同时在技术方面也已基本成熟。

3.3.2　云计算的定义和特征

"云"实质上就是一个网络，狭义上讲，云计算就是一种提供资源的网络，使用者可以随时获取"云"上的资源，按需求量使用，并且可以看成是无限扩展的，只要按使用量付费就可以。从广义上说，云计算是与信息技术、软件、互联网相关的一种服务，这种计算资源共享池被称为"云"，云计算把许多计算资源集合起来，通过软件实现自动化管理，只需要很少的人参与，就能让资源被快速提供。

2006 年，谷歌（Google）、亚马逊（Amazon）等公司提出"云计算"的构想。根据美国国家标准与技术研究院（NIST）的定义，云计算是一种利用互联网实现随时随地、按需、便捷访问共享资源池（如计算设施、存储设备、应用程序等）的计算模式。计算机资源服务化是云计算重要的表现形式，它为用户屏蔽了数据中心管理、大规模数据处理、应用程序部署等问题。

云计算具有以下几个特征：

（1）弹性服务　服务的规模可快速缩放，以自动适应业务负载的动态变化。在一些场景中，所提供的服务可以自动、快速地横向扩展，在某种条件下迅速释放，以及快速横向收缩，避免了因为服务器性能过载或冗余而导致的服务质量下降或资源浪费。

（2）资源池化　以共享资源池的方式统一管理资源。提供商提供的计算资源被集中起来通过一个多客户共享模型来为多个客户提供服务，并根据客户的需求，动态地分配或再分配不同的物理和虚拟资源，资源的放置、管理与分配策略对用户透明。

（3）按需服务　以服务的形式为用户提供应用程序、数据存储、基础设施等资源，并可以根据用户需求，自动分配资源，而不需要系统管理员干预。

（4）服务可计费　监控用户的资源使用量，并根据资源的使用情况对服务计费。付费的计量方法有很多，比如根据某类资源（如存储、CPU、内存、网络带宽等）的使用量和时间长短计费，也可以按照每使用一次来计费。

（5）泛在接入　用户可以利用各种终端设备（如台式机、笔记本电脑、智能手机等）随时随地通过互联网访问云计算服务。

3.3.3　云计算的部署模型

云计算根据服务的消费来源可划分为三种部署模型，分别是公有云、私有云和混合云。

1. 公有云

公有云是指基础设施被一个销售云计算服务的组织所拥有。该组织将云计算服务销售给广泛群体。公有云被认为是云计算的主要形态，公有云通常是指第三方提供商为用户提供的能够使用的云，让具有权限的用户可通过 Internet 使用。公有云价格低廉，其核心属性是共享服务资源。目前，市场上公有云占据了较大的市场份额，在国内公有云可以分为以下几类：

1) 传统的电信基础设施运营商建设的云计算平台，如中国移动、中国联通和中国电信等提供的公有云服务。

2) 政府主导建设的地方性云计算平台，如贵州省建设的"云上贵州"等，这类云平台通常被称为政府云。

3) 国内知名互联网公司建设的公有云平台，如百度云、阿里云、腾讯云和华为云等。

4) 部分 IDC 运营商建设的云计算平台，如世纪互联云平台等。

5) 部分国外的云计算企业建设的公有云平台，比如 Microsoft Azure, Amazon AWS 等。

2. 私有云

私有云是云基础设施被一个单一的组织拥有或租用，该基础设施完全由该组织管理。私有云是企业内部建设和使用云计算的一种形态，私有云是在企业内部原有基础上部署应用程序的方式。由于私有云是为企业内部用户使用而构建的，因而在数据安全性以及服务质量上自己可以有效地管控，私有云可以部署在企业数据中心的防火墙内，其核心属性是专有资源。

私有云可以搭建在企业的局域网上，与企业内部的监控系统、资产管理系统等相关系统打通，从而更有利于企业内部系统的集成管理。私有云虽然在数据安全方面比公有云高，但是维护成本也相对较大（对中小企业而言），因此一般只有大型的企业会采用这类云平台。另外一种情况是，一个企业尤其是互联网企业发展到一定程度之后，自身的运维人员以及基础设施都已经充足完善，搭建自己私有云的成本反而会比购买公有云服务来得低。

3. 混合云

混合云的基础设施由私有云和公有云组成，每种云仍然保持独立，但用标准的或专有的技术将它们组合起来，具有数据和应用程序的可移植性。混合云融合公有云与私有云的特点，近几年发展迅速。混合云综合了数据安全性及资源共享性的双重考虑，个性化的方案达到了节约成本的目的，从而获得越来越多企业的青睐。但在部署混合云时需要关注以下几个问题：

1）数据冗余。对企业数据而言，做好冗余以及容灾备份是非常有必要的。但混合云缺少数据冗余，因此实际上数据安全性也不能得到很好的保证。

2）法律。由于混合云是私有云和公有云的集合，因此在法律法规上必须确保公有云和私有云提供商符合法律规范。

3）SLA（Service Level Agreement）。混合云相比于私有云而言在标准统一性方面会有欠缺。

4）成本。混合云虽然具备私有云的安全性，但是由于应用程序接口（Application Program Interface，API）带来的复杂网络配置使得传统系统管理员的知识、经验及能力受到挑战，随之带来的是高昂的学习成本或者系统管理员能力不足而导致的额外风险。

5）架构。基于混合云的私有网络（Virtual Private Cloud，VPC）要求对公有云的整体网络设计进行重构，这对企业来说是很大的挑战。

4. 公有云、私有云与混合云的比较

公有云、私有云和混合云在建设地点、服务对象和数据安全等方面的比较如表3-3所示。

表3-3 公有云、私有云和混合云比较

云类型	建设地点	服务对象	数据安全	功能拓展	服务质量	弹性扩容	成本	核心属性
公有云	互联网	外部用户	低	低	中	强	数据风险成本高	共享
私有云	企业内部	内部用户	高	高	强	差	维护成本高	专有
混合云	企业内部+互联网	内部用户和外部用户	高	中	差	中	学习成本高	个性化配置

关于公有云和私有云，有专家比喻为："私有云相当于自己建个水塔，塔里有多少水是固定的；而公有云就相当于自来水厂，可以应对波动的用水需求。"究竟哪种云才是云计算的最终形态，业界有很多争论：公有云阵营认为，混合云是国内用户从"购买服务器"到"购买云服务"的过渡阶段，用户未来会把所有资源放在云端，这是趋势；而混合云阵营则认为，公有云虽然实现弹性扩容，但无法满足定制化需求，私有云可提高资源利用率，但无法为突发业务长期租用资源；混合云阵营认为，私有云与公有云均有弊端，混合云才能融合两者的优势。自2015年至今，私有云厂商VMware、IBM，公有云厂商Amazon、Microsoft等都陆续推出自己的混合云方案——这至少是未来5年的主流方向。

因此，企业最终选择部署私有云、公有云还是混合云，一方面取决于企业内部业务及基础设施建设情况，另一方面取决于云计算技术的发展对数据安全、资源利用、弹性扩容等企业需求的满足情况。

3.3.4 云计算的体系结构与技术支持

1. 云计算的体系结构

云计算可以按需提供弹性资源，它的表现形式是一系列服务的集合。云计算的体系结构（见图 3-4）包括三层，分别是核心服务层、服务管理层、用户访问接口层。核心服务层将硬件基础设施、软件运行环境、应用程序抽象成服务，这些服务具有可靠性强、可用性高、规模可缩放等特点，以满足多样化的应用需求。服务管理层为核心服务提供支持，进一步确保了核心服务的可靠性、可用性与安全性。用户访问接口层实现端到云的访问。

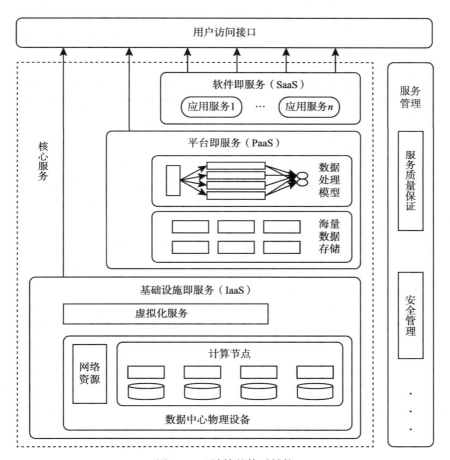

图 3-4 云计算的体系结构

（1）核心服务层 核心服务层可以分为三个子层：基础设施即服务（Infrastructure as a Service，IaaS）层、平台即服务（Platform as a Service，PaaS）层、软件即服务（Software as a Service，SaaS）层。

IaaS 层提供硬件基础设施部署服务，为用户按需提供实体或虚拟的计算、存储和网络等资源。在使用 IaaS 层服务的过程中，用户需要向 IaaS 层服务提供商提供基础设施的配置信息、运行于基础设施的程序代码以及相关的用户数据。由于数据中心是 IaaS 层的基础，因此数据中心的管理和优化问题成为研究热点。另外，为了优化硬件资源的分配，IaaS 层还引入了虚拟化技术。借助于 Xen、KVM、VMware 等虚拟化工具，可以提供可靠性高、可定制性强、规模可扩展的 IaaS 层服务。

PaaS 层是云计算应用程序运行环境，它提供应用程序部署与管理服务。通过 PaaS 层的软件工具和开发语言，应用程序开发者只需上传程序代码和数据即可使用服务，而不必关注底层的网络、存储、操作系统的管理问题。由于目前互联网应用平台（如 Facebook、Google、淘宝等）的数据日趋庞大，PaaS 层应当充分考虑其对海量数据的存储与处理能力，并利用有效的资源管理与调度策略提高处理效率。

SaaS 层是基于云计算基础平台所开发的应用程序。企业通过租用 SaaS 层的服务解决企业信息化问题，如通过 Gmail 建立属于自己的电子邮件服务，该服务托管于 Google 的数据中心，企业不必考虑服务器的管理、维护问题。对普通用户来讲，SaaS 层的服务将桌面应用程序迁移到互联网，可实现应用程序的泛在访问。

（2）服务管理层　服务管理包括服务质量（Quality of Service，QoS）保证和安全管理等。

1）服务质量保证。云计算需要提供可靠性高、可用性强、低成本的个性化服务。然而，云计算平台规模庞大且结构复杂，很难完全满足用户的 QoS 需求。为此，云计算服务提供商需要和用户进行协商，并制定服务水平协议（Service Level Agreement，SLA），使得双方对服务质量的需求达成一致。当服务提供商提供的服务未能达到用户的要求时，用户将得到补偿。

2）安全管理。数据安全是用户关心的问题。云计算数据中心采用的是资源集中式管理方式，这使得云计算平台存在单点失效的问题。保存在数据中心的数据会因为突发事件（如地震、断电）、病毒入侵、黑客攻击丢失或泄露。根据云计算服务特点，云计算环境下的安全与隐私保护技术（如数据隔离、隐私保护、访问控制等）是保证云计算得以广泛应用的关键。

除了 QoS 保证、安全管理外，服务管理层还包括计费、资源监控等管理，这些管理措施对云计算的稳定运行同样起到重要作用。

（3）用户访问接口层　用户访问接口实现了云计算服务的泛在访问，包括命令行、Web 服务、Web 门户等形式。命令行和 Web 服务的访问模式既可为终端设备提供应用程序开发接口，又便于多种服务的组合。通过 Web 门户，云计算将用户的桌面应用迁移到互联网，从而使用户可以随时随地通过浏览器访问数据和程序，提高工作效率。

虽然用户可以通过访问接口使用便利的云计算服务，但是由于不同云计算服务商提供的接口标准不同，导致用户数据不能在不同服务商之间迁移。为此，在 Intel、Sun 和 Cisco 等公司的倡导下，云计算互操作论坛（Cloud Computing Interoperability Forum，CCIF）宣告成立，它致力于开发统一的云计算接口（Unified Cloud Interface，UCI），以实现"全球环境下，不同企业之间可利用云计算服务无缝协同工作"的目标。

2. 云计算的技术支持

云计算主要有五大类技术支持：

（1）摩尔定律　硬件产业的发展一直遵循摩尔定律，芯片、内存、硬盘等设备在性能和容量方面得到了极大提升，同时，这些设备的价格也比过去便宜。以芯片为例，单线程加上多核配置的电脑，它的整体性能已达到前所未有的水平。此外，诸如固态硬盘（SSD）和图形处理器（GPU）等技术的出现极大地推动了信息产业的发展。可以说，摩尔定律为云计算提供了充足的"动力"。

（2）网络设施　由于宽带和光纤的普及，网络带宽从过去平均 50kB/s 增加到平均 1Mb/s 以上，基本满足了大多数服务的需求。再加上无线网络和移动通信的不断发展，人们在任何时间、任何地点都能利用互联网。可以说，互联网已经成为社会的基础设施，并将终端和云端紧紧地连在了一起。

（3）Web 技术　经过 20 世纪 90 年代的混沌期和 21 世纪初的阵痛期，Web 技术已经进入快速发展期。随着 AJAX、jQuery、Flash、Silverlight 等技术的发展，Chrome、Firefox 和 Safari 等性能出色、功能强大的浏览器的不断涌现，Web 不再是简单的页面。在用户体验方面，Web 越来越接近桌面应用，用户只要通过互联网连接到云端，就能通过浏览器使用功能强大的 Web 应用。

（4）系统虚拟化　x86 芯片的性能已经非常强大，但每台 x86 服务器的利用率却非常低，在能源和购置成本等方面浪费极大。随着 VMware 的 vSphere 和开源的 Xen 等基于 x86 架构的系统虚拟化技术的发展，如今一台服务器能承受过去多台服务器的负载，从而提升硬件的利用率，并降低能源的浪费和硬件的购置成本。更重要的是，这些技术提高了数据中心自动化管理的程度，从而减少了企业在管理方面的投入，使云计算中心的管理更智能。

（5）移动设备　随着 iOS 和 Android 智能手机系统的发展，手机这样的移动设备不再只是一部移动电话，更是一个完善的信息终端。通过它们，人们可以访问互联网上的信息和应用。由于移动设备整体功能越来越接近台式机，人们通过这些移动设备能够随时随地访问云中的服务。

3.3.5　云计算技术在物流中的应用

当一个企业承担物流的全部功能时，实际上是承担了所有的物流活动。第三方或是第四方物流出现以后，通过对物流活动进行细分和重新组合（即业务重构），实现物流作业专业化，提高物流活动效率。所以，与快递行业一样，业务重构对提升效率起到了巨大的作用。在业务重构过程中，云计算是可以利用的工具。目前，在物流领域有些运作已经有"云"的身影，例如车辆配载、运输过程监控等。借助云计算中的"行业云"，多方收集货源和车辆信息，并使物流配载信息在实际物流运输能力与需求发生以前得以发布，加快了物流配载的速度，提高了配载的成功率。

"云存储"也是可以发展的方向之一，利用移动设备将在途物资作为虚拟库存，即时进行物资信息交换和交易，将物资直接出入库，并直接将货物运送到终端用户手中。

从快递业应用物流云的实例来看，物流云的作用主要体现在物流信息方面。在实际运作中，快递行业中的某个企业首先搭建一个"行业云"的平台，集中行业中的私有数据，即集中来自全球发货公司的海量货单。其次，对海量货单和货单的目的路径进行整理。再次，指定运输公司将货物发送到快递公司，最后送达收件人。在这一过程中，物流云对快递行业的收货、运输、终端配送的运作模式进行了整合，实现了批量运输，部分解决了我国运输行业长期存在的空驶（或是半载）问题，提高了运输公司的效率，降低了成本。

3.4　区块链技术

区块链是一种新兴的信息技术，在日益数字化的世界中具有许多独特的优势。我国高度重视区块链行业的发展，区块链技术不仅被写入国家十四五规划中，各有关部门更是积极探索区块链发展方向，全方位推动区块链技术赋能各领域发展，积极出台相关政策，强调各领域与区块链技术的结合，加快推动区块链技术和产业创新发展。

3.4.1 区块链的产生与发展

2008年11月1日，比特币协议及其相关软件的创始者中本聪（化名）发表了一篇名为《比特币：一种点对点式的电子现金系统》(*Bitcoin: A Peer-to-Peer Electronic Cash System*)的论文，描述了一种被他称为"比特币"的电子货币及其算法，其中出现了区块（Block）一词。2009年1月3日，第一个序号为0的创世区块诞生；2009年1月9日，出现序号为1的区块，并与序号为0的创世区块相连接形成了链，标志着区块链的诞生。此时的区块链称为1.0，其主要功能是数字货币，它构建了去中心化的数字支付系统，实现了快捷的货币交易、跨国支付等多样化的金融服务，并降低了中心化体系的成本。但该阶段很少有人关注数字货币的应用和区块链技术，更多人的关注点是在于数字货币的投资上。

|知识链接|

比特币

比特币（Bitcoin）是一种P2P形式的数字货币，是区块链的第一个应用。与大多数货币不同，比特币不依靠特定货币机构发行，而是依据特定算法，通过大量的计算产生，比特币经济以整个P2P网络中众多节点构成的分布式数据库来确认并记录所有的交易行为，并使用密码学的设计来确保货币流通各个环节的安全性。

据2021年9月中国人民银行等部门发布的《关于进一步防范和处置虚拟货币交易炒作风险的通知》，虚拟货币不具有与法定货币等同的法律地位，不应且不能作为货币在市场上流通使用。虚拟货币相关业务活动属于非法金融活动，一律严格禁止，坚决依法取缔。对于开展相关非法金融活动构成犯罪的，依法追究刑事责任。

在区块链2.0时代，其应用范围扩展到可编程金融，智能合约、交易方面的创新，以以太坊为代表智能合约，使用算法来代替传统合同，可视为对整个市场的去中心化。区块链2.0定位于应用平台，在该平台上，可以针对各个垂直行业开发针对性的智能合约，实现区块在各个垂直行业的应用。

在区块链3.0时代，区块链技术在其他行业有了广泛的应用。它致力于构建一个完全去中心化的社会网络，将所有人和机器都连接到一个全球性的社会网络中。这意味着，在区块链3.0之下，人与人、人与物之间的连接都构建于去中心化的技术之上，以去中心化的方式配置全球资源，重塑信用社会。

|知识链接|

永远的谜团——中本聪

2022年3月9日，特斯拉CEO埃隆·马斯克（Elon Musk）在网上发布了一篇有关中本聪（Satoshi Nakamoto）的帖子，再次点燃了人们对这位神秘比特币开发者真实身份的猜测，这位数字货币的开山鼻祖，从未有人见过他的真面目。

马斯克在推文中暗示中本聪这个笔名是四家著名电子公司名字开头字母的合集："Sa"来自韩国三星（Samsung），"Toshi"来自日本东芝（Toshiba），"Naka"来自日本中道（Nakamichi），"Moto"来自美国摩托罗拉（Motorola）。有人猜测马斯克就是中本聪；澳大利亚计算机科学家克雷格·赖特在2016年的一篇博客文章中说自己是真正的中本聪；此前有大部分人认为，计算机科学家尼克·萨博（Nick Szabo）才是真正的中本聪。

3.4.2 区块链的定义与特征

1. 区块链的定义

不同的组织和机构对于区块链给出了不同的定义。

（1）维基百科　它认为区块链是一个分布式的账本，区块链网络系统无中心地维护着一条不停增长的有序的数据区块，每一个数据区块内都有一个时间戳和一个指针，指向上一个区块，一旦数据上链之后便不能更改。在该定义中，将区块链类比为一种分布式数据库技术，通过维护数据块的链式结构，可以维持持续增长的、不可篡改的数据记录。

（2）中国区块链技术和产业发展论坛　它认为区块链是分布式数据存储、点对点传输、共识机制、加密算法等计算机技术的新型应用模式。

（3）数据中心联盟　它认为区块链是一种由多方共同维护，使用密码学保证传输和访问安全，能够实现数据一致存储、无法篡改、无法抵赖的技术体系。

典型的区块链是以块链结构实现数据存储的。区块链实质上是由多方参与共同维护的一个持续增长的分布式数据库，是一种分布式共享账本（Distributed Shared Ledger）。区块链通过智能合约维护着一条不停增长的有序的数据链，让参与的系统中任意多个节点，通过密码学算法把一段时间系统内的全部信息交流数据计算和记录到一个区块（Block）中，并且生成该区块的指纹用于链接（Chain）下一个区块和校验，系统中所有的参与节点共同认定记录是否为真，从而保证区块内的信息无法伪造和更改。其核心也就在于通过分布式网络、时序不可篡改的密码学账本及分布式共识机制建立交易双方之间的信任关系，利用由自动化脚本组成的智能合约来编程和操作数据，最终实现由信息互联向价值互联的进化。

2. 区块链的特征

区块链的主要特征如下：

（1）去中心化（分布式）　去中心化是区块链最突出的本质特征。区块链数据的存储、传输、验证等过程均基于分布式的系统结构，与传统集中记账方式不同，整个网络不依赖一个中心化的硬件或管理机构。区块链的账本不是存储于某一个数据库中心，也不需要第三方权威机构来负责记录和管理，而是分散在网络中的每一个节点上，每个节点都有一个该账本的副本，各个节点实现了信息自我验证、传递和管理，全部节点的账本同步更新。作为区块链的一种部署模式，公有链中所有参与节点的权利和义务都是均等的，系统中的数据块由整个系统中具有维护功能的节点来共同维护，任何一个节点停止工作都不会影响系统整体的运作。

（2）开放性　区块链系统是开放的，任何节点都能够拥有全网的总账本，除了交易各方的私有信息被加密外，区块链的数据对所有人开放，任何人都可以通过公开的接口查询区块链数据和开发相关应用，因此整个系统信息高度透明。

（3）独立性　基于协商一致的规范和协议（类似比特币采用的哈希算法等各种数学算法），整个区块链系统不依赖其他第三方，所有节点能在系统内自动安全地验证、交换数据，不需要任何人为的干预。

（4）开源可编程　分布式账本的数字性质意味着区块链交易可以关联到计算逻辑，并且本质上是可编程的，代码高度透明，公共链的数据和程序对所有人公开，任何人都可以通过接口查询系统中的数据。区块链平台还提供灵活的脚本代码系统，支持用户创建高级的智能合约、货币和去中心化应用。例如，以太坊平台提供了图灵完备的脚本语言，供用户来构建任何可以精确定义的智能合约或交易类型。

（5）时序不可篡改　区块链采用了带有时间戳的链式区块结构存储数据，从而为数据添加了时间维度，具有极强的可追溯性和可验证性；同时又通过密码学算法和共识机制保证前后相互关联，篡改的难度与成本非常高，进一步提高了区块链的数据稳定性和可靠性。

（6）可追溯性　区块链通过区块数据结构存储了创世区块后的所有历史数据，区块链上的任何一条数据皆可通过链式结构追溯其本源。

（7）安全性　区块链技术采用非对称密码学原理对交易进行签名，使得交易不能被伪造；同时利用哈希算法保证交易数据不能被轻易篡改，借助分布式系统各节点的工作量证明等共识算法形成强大的算力来抵御破坏者的攻击，保证区块链中的区块以及区块内的交易数据不可改和不可伪造，因此具有极高的安全性。区块链通过数学原理和程序算法，确保系统运作规则公开透明，实现交易双方在不需要借助第三方权威机构信用背书下通过达成共识，能在去信任的环境自由安全地交换数据，由对人的信任改成了对机器的信任。只要不能掌控全部数据节点的 51%，就无法肆意操控修改网络数据，这使区块链本身变得相对安全，避免了主观人为的数据变更。

（8）匿名性　由于节点之间的交换遵循固定的算法，其数据交互是无须信任的（区块链中的程序规则会自行判断活动是否有效），因此交易对手无须通过公开身份的方式让对方对自己产生信任，对信用的累积非常有帮助。区块链系统采用与用户公钥挂钩的地址来做用户标识，不需要传统的基于 PKI（Public Key Infrastructure）的第三方认证中心（Certificate Authority）颁发数字证书来确认身份。通过在全网节点运行共识算法，建立网络中城市节点对全网状态的共识，间接地建立了节点间的信任。用户只需要公开地址，不需要公开真实身份，而且同一个用户可以不断变换地址。因此，除非有法律规范要求，单从技术上来讲，各区块节点的身份信息不需要公开或验证，信息传递可以匿名进行。

3.4.3　区块链的核心技术

1. 分布式账本

分布式账本指的是交易记账由分布在不同地方的多个节点共同完成，而且每一个节点记录的是完整的账目，因此它们都可以参与监督交易合法性，同时也可以共同为其作证。跟传统的分布式存储有所不同，区块链的分布式存储的独特性主要体现在两个方面：一是区块链每个节点都按照链式结构存储完整的数据，传统分布式存储一般是将数据按照一定的规则分成多份进行存储；二是区块链每个节点存储都是独立的、地位等同的，依靠共识机制保证存储的一致性，而传统分布式存储一般是通过中心节点往备份节点同步数据。在区块链中，没有任何一个节点可以单独记录账本数据，从而避免了单一记账人被控制或者被贿赂而记假账的可能性。也由于记账节点足够多，理论上讲，除非所有的节点被破坏，否则账目就不会丢失，从而保证了账目数据的安全性。

2. 密码学

密码学中典型技术包括非对称加密技术和哈希算法。在非对称加密技术中，存储在区块链上的交易信息是公开的，但是账户身份信息是高度加密的，加密和解密使用的是不同的密钥，加密时使用公钥，解密则使用私钥，保证了用户信息的安全性，也提高了效率。哈希算法，也称为散列算法，它可以将任何信息以高效率的方式转换为固定长度的二进制代码，从而保证了数据的安全和个人的隐私。

3. 共识机制

共识机制可以在非常短的时间内通过投票确认交易，这既是认定的手段，也是防止篡改的手段。区块链提出了四种不同的共识机制，适用于不同的应用场景，在效率和安全性之间取得平衡。区块链的共识机制具备"少数服从多数"以及"人人平等"的特点。其中"少数服从多数"并不完全是指节点个数，也可以是计算能力、股权数或者其他的计算机可以比较的特征量。"人人平等"是当节点满足条件时，所有节点都有权优先提出共识结果、直接被其他节点认同后，最后有可能成为最终共识结果。

4. 智能合约

智能合约（Smart Contract）是一种旨在以信息化方式传播、验证或执行合同的计算机协议。智能合约基于这些可信的、不可篡改的数据，可以自动化地执行一些预先定义好的规则和条款，允许在没有第三方的情况下进行可信交易，这些交易可追踪且不可逆转。

3.4.4 区块链技术在物流中的应用

目前，物流行业是区块链技术的典型应用领域之一，主要集中在商品信息溯源、物流金融、物流从业人员征信等方向，具体包括商品溯源、冷链运输、结算对账等内容。国内各大电商企业、互联网精英企业及快递行业纷纷于2017年前后进行区块链技术在物流领域的战略布局，并且抓紧开展了技术研发和产品创新。目前我国在防伪溯源、物流金融、电子商务等领域已经取得了阶段性的进展，有助于整体提高物流管理效率，降低物流体系运营成本。区块链技术在物流中的应用如表3-4所示。

表 3-4 区块链技术在物流中的应用

时间	参与机构	应用领域	应用价值
2016年10月	沃尔玛、IBM、清华大学、京东	食品安全	打造安全食品区块链溯源联盟
2017年	阿里巴巴	食品安全	打造基于区块链技术的跨境食品供应链
2017年	京东	防伪追溯	发布区块链防伪追溯开放平台，面向京东生态内的品牌商免费开放

（续）

时间	参与机构	应用领域	应用价值
2018年2月	天猫国际、菜鸟物流	跨境电子商务	基于区块链技术进行跨境商品的信息追踪、上传、查证，为每个经由天猫国际售卖的跨境进口商品打上独一无二的身份标签
2018年3月	腾讯、中国物流与采购联合会	技术应用	推出区块供应链联盟及运单平台
2018年4月	京东金融	物流金融	京东金融研究院和中国信通院云计算与大数据研究所共同撰写并发布了《区块链金融应用白皮书》，其中包括供应链金融的应用场景
2018年5月	京东物流	区块链应用技术标准	京东金融成立了国内首个"物流+供应链技术应用联盟"，旨在联合政府部门和相关机构推动建立区块链在物流领域应用的统一标准
2019年5月	顺丰科技	食品信息溯源	顺丰科技推出的"丰溯"平台，基于区块链技术，联合顺丰速运、第三方质检机构、农业部门共建农产品数据联盟链，旨在为消费者提供安全可信的食品溯源服务

物流供应链体系的参与者众多，涉及不同领域、不同范围、不同主体，在共同建立生产关系、协调生产流程时，需要花费较高的成本来促成彼此之间的信任关系，其中包括运营成本、单据审核成本、结算对账成本和管理成本等。而区块链凭借自身的技术优势恰好能解决大物流中的信任难题，不仅可以降低物流成本，实现物流平台的规模化运营，还可以提高物流生产关系之间的信任度。基于区块链技术解决物流信任问题的流程如图3-5所示。

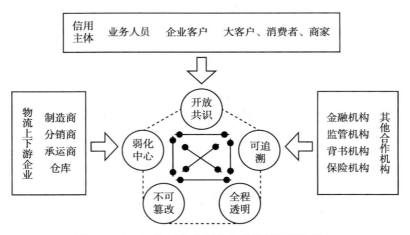

图3-5 基于区块链技术解决物流信任问题的流程

物流的过程中往往伴随着商流、资金流和信息流，在这些流的背后都存在着商品所有权转移的问题。区块链技术解决了大量的企业之间关于商品所有权转移产生的信任危机问题。因此，在多流合一的物流场景中，关于信任危机问题同样可以利用区块链技术解决。

利用区块链技术可以将物流、商流、资金流和信息流整合起来，在互信的基础上聚拢优质资源，打造立体化供应链新生态，并且保证基于物联网技术保障采集的物流数据真实可靠。同时，区块链分布式账本解决了信息隔离的问题，提升了实物流向信息流的投射速度和深度，进而增加了信息流的可信度，大大缩短了实物流和资金流之间的距离。最后，现金流和持有库存是企业可持续健康发展必须考虑的关键因素，区块链技术可以为企业财务数据的真实性和实时性提供可靠保障，从而缩短企业的结算周期，提高企业融资的便利性。

因此，物流企业在现有物流网络的基础上应用区块链技术，可以面向物流供应链体系中的制造商、分销商、承运商和零售商等，提供一体化物流服务，并且针对流通的商品，进行生产制造、物流运输、仓储保管、分销流通的全流程监控和商品溯源，真正实现商品的来源可追溯，品质有保障，从而降低整个供应链的物流成本，提高物流业整体服务质量。

3.5 人工智能技术

近些年，人工智能快速发展，社会各个行业都在快速地融合人工智能技术。物流行业作为工业生产的支柱服务业和社会生活的新兴服务业，将会成为人工智能最早和最大的受益者。物流装备、设备的智能化、无人化，物流信息的智慧化，物流行业的高效率、降成本，都将随着人工智能技术的大量应用而得以实现。

3.5.1 人工智能的基本概念

1. 人工智能概念的出现

自人类诞生以来，就力求根据当时的认识水平和技术条件，用机器来代替人类的部分脑力劳动，以提高人工智能的能力。经过科技漫长的发展，一直到进入20世纪以后，人工智能才相继地出现了一些开创性的工作。1936年，年仅24岁的英国数学家图灵（A.M.Turing）在其论文《理想计算机》中提出了著名的图灵机模型，1950年他又在《计算机能思维吗？》一文中提出了机器能够思维的论述。可以说，正是他的大胆设想和研究，为人工智能技术的发展方向和模式奠定了深厚的思想基础。

1956年在美国达特茅斯（Dartmouth）大学一次历史性的聚会被认为是人工智能科学正式诞生的标志，从此在美国开始了以人工智能为研究目标的几个研究组。这其中最著名的当数被称为"人工智能之父"的约翰·麦卡锡（John McCarthy），人工智能的概念正是由他和几位来自不同学科的专家提出来的，这门技术当时涉及数学、计算机、神经生理学、心理学等多门学科。至此，人工智能技术作为一门新兴学科开始茁壮地成长。

┊延伸阅读┊

"人工智能之父"——约翰·麦卡锡

约翰·麦卡锡（1927—2011），于1927年9月4日生于美国波士顿，因父母的工作性质，全家需不断搬迁，从波士顿迁到纽约，然后又到了洛杉矶。1948年，麦卡锡获得了加州理工学院数学学士学位，1951年获得了普林斯顿大学数学博士学位。作为备受尊敬的计算机科学家、认知科学家，麦卡锡在 1956 年的达特茅斯会议上提出了"人工智能"一词，并被誉为人工智能之父，并将数学逻辑应用到了人工智能的早期形成中。他因在人工智能领域的贡献而在 1971 年获得图灵奖。1959 年，麦卡锡基于阿隆索·丘奇的 λ 演算和赫伯特·西蒙、艾伦·纽厄尔首创的"表结构"，开发了著名的 LISP 语言，成为人工智能界第一个最广泛流行的语言。LISP 是一种函数式的符号处理语言，其程序由一些函数子程序组成。在函数的构造上，和数学上递归函数的构造方法十分类似，即从几个基本函数出发，通过一定的手段构成新的函数。此外，LISP 语言还具有自编译能力。麦卡锡的主要著作有：《自动机研究》《信息学：科学美国人之书》《形式化的常识：麦卡锡论文选集》等。

作为现在最前沿的交叉学科，人们对于人工智能的定义有着不同的理解。例如，美国斯坦福研究所人工智能中心主任 N.J. 尼尔逊对人工智能下了这样一个定义：人工智能是关于知识的学科——怎样表示知识以及怎样获得知识并使用知识的科学。而美国麻省理工学院的温斯顿教授认为：人工智能就是研究如何使计算机去做过去只有人才能做的智能工作。

我国《人工智能标准化白皮书（2018 年）》中也给出了人工智能的定义：人工智能是利用数字计算机或者由数字计算机控制的机器，模拟、延伸和扩展人的智能，感知环境、获取知识并使用知识获得最佳结果的理论、方法、技术和应用系统。

以上这些说法都反映了人工智能学科的基本思想和基本内容，即人工智能是研究人类智能活动的规律，构造具有一定智能的人工系统，研究如何让计算机去完成以往需要人的智力才能胜任的工作，也就是研究如何应用计算机的软硬件来模拟人类某些智能行为的基本理论、方法和技术。

2. 人工智能的主要研究内容

人工智能研究的主要内容包括：知识表示、自动推理和搜索方法、机器学习、知识获取、知识处理系统、自然语言处理、计算机视觉、智能机器人、自动程序设计等。

（1）知识表示　知识表示是人工智能的主要研究内容之一，推理和搜索都与知识表示方法密切相关。常用的知识表示方法有：逻辑表示法、产生式表示法、语义网络表示法和框架表示法等。常识，自然为人们所关注。有关常识的表达和处理已提出多种方法，如非单调推理、定性推理就是从不同角度来表达常识和处理常识的。

（2）自动推理和搜索方法　问题求解中的自动推理是知识的使用过程，由于有多种知识表示方法，相对应也会有多种推理方法。推理过程一般可分为演绎推理和非演绎推理。谓词逻辑是演绎推理的基础。结构化表示下的继承性能推理是非演绎性的。由于知识处理的需要，近年来提出了多种非演绎的推理方法，如连接机制推理、类比推理、基于示例的推理、反绎推理和受限推理等。

搜索是人工智能的一种问题求解方法，搜索策略决定着问题求解的一个推理步骤中知识被使用的优先关系。搜索可分为无信息导引的盲目搜索和利用经验知识导引的启发式搜索。启发式知识常由启发式函数来表示，启发式知识利用得越充分，求解问题的搜索空间就越小。典型的启发式搜索方法有 A*、AO* 算法等。近几年搜索方法研究开始注意那些具有百万节点的超大规模的搜索问题。

（3）机器学习　机器学习是人工智能的另一个重要课题。机器学习是指在一定的知识表示意义下获取新知识的过程，按照学习机制的不同，主要有归纳学习、分析学习、连接机制学习和遗传学习等。机器学习是一门多领域交叉学科，涉及概率论、统计学、逼近论、凸分析、算法复杂度理论等多门学科。它专门研究计算机怎样模拟或实现人类的学习行为，以获取新的知识或技能，重新组织已有的知识结构使之不断改善自身的性能。

（4）知识获取　知识获取是指在人工智能和知识工程系统中，机器（计算机或智能机）如何获取知识的问题。

狭义知识获取是指人们通过系统设计、程序编制和人机交互，使机器获取知识。例如，知识工程师利用知识表示技术，建立知识库，使专家系统获取知识。也就是通过人工移植的方法，将人们的知识存储到机器中去。

广义知识获取是指除了人工知识获取之外，机器还可以自动或半自动地获取知识。例如，在系统调试和运行过程中，通过机器学习进行知识积累，或者通过机器感知直接从外部环境获取知识，对知识库进行增删、修改、扩充和更新。

（5）知识处理系统　知识处理系统主要由知识库和推理机组成。知识库存储系统所需要的知识，当知识量较大而又有多种表示方法时，知识的合理组织与管理是很重要的。推理机在问题求解时，规定使用知识的基本方法和策略，推理过程中为记录结果或通信需设置数据库或采用黑板机制。如果在知识库中存储的是某一领域（如医疗诊断）的专家知识，则这样的知识系统称为专家系统。为满足复杂问题的求解需要，单一的专家系统向多主体的分布式人工智能系统发展，这时知识共享、主体间的协作、矛盾的出现和处理将是研究的关键问题。

（6）自然语言处理　自然语言处理是使用自然语言同计算机进行通信的技术，因为处理自然语言的关键是要让计算机"理解"自然语言，所以自然语言处理又被称为自然语言理解，也称为计算语言学。一方面它是语言信息处理的一个分支，另一方面它是人工智能的核心课题之一。

（7）计算机视觉　计算机视觉是一门研究如何使机器"看"的科学，更进一步地说，就是指用摄影机和电脑代替人眼对目标进行识别、跟踪和测量等机器视觉，并进一步做图形处理，使电脑处理成为更适合人眼观察或传送给仪器检测的图像。作为一门科学学科，计算机视觉研究相关的理论和技术，试图建立能从图像或者多维数据中获取"信息"的人工智能系统。这里所指的信息，是香农定义的，可以用来帮助做一个"决定"的信息。因为感知可以看作是从感官信号中提取信息，所以计算机视觉也可以看作是研究如何使人工系统从图像或多维数据中"感知"的科学。

（8）智能机器人　智能机器人之所以叫智能机器人，这是因为它有相当发达的"大脑"。在脑中起作用的是中央处理器，这种计算机与操作它的人有直接的联系，而且可以进行按目的安排的动作。正因为这样，我们才说智能机器人才是真正的机器人，尽管它们的外表可能有所不同。

（9）自动程序设计　它是采用自动化手段进行程序设计的技术和过程，后引申为采用自动化手段进行软件开发的技术和过程，也称为软件自动化。其目的是提高软件生产率和软件产品质量。按广义的理解，自动程序设计是尽可能地借助计算机系统（特别是自动程序设计系统）进行软件开发的过程。按照狭义的理解，自动程序设计是从形式的软件功能规格说明到可执行的程序代码这一过程的自动化。自动程序设计在软件工程、流水线控制等领域均有广泛应用。

3.5.2 人工智能的发展历程

人工智能的发展主要经历了以下五个阶段：

1）20 世纪 50 年代，人工智能的兴起和冷落。人工智能概念在 1956 年首次提出后，相继出现了一批显著的成果，如机器定理证明、跳棋程序、通用问题求解程序、LISP 表处理语言等。但是由于消解法推理能力有限以及机器翻译等的失败，人工智能走入了低谷。这一阶段的特点是重视问题求解的方法，而忽视了知识的重要性。

2）20 世纪 60 年代末到 20 世纪 70 年代，专家系统出现，使人工智能研究出现新高潮。DENDRAL 化学质谱分析系统、MYCIN 疾病诊断和治疗系统、PROSPECTIOR 探矿系统、Hearsay-II 语音理解系统等专家系统的研究和开发，将人工智能引向了实用化。1969 年，成立了国际人工智能联合会议（International Joint Conferences on Artificial Intelligence，IJCAI）。

3）20 世纪 80 年代，随着第五代计算机的研制，人工智能飞速发展。日本在 1982 年开始了"第五代计算机研制计划"，即"知识信息处理计算机系统 KIPS"，其目的是使逻辑推理达到数值运算那么快。虽然此计划最终失败，但它的开展形成了一股研究人工智能的热潮。

4）20 世纪 80 年代末，神经网络飞速发展。1987 年，美国召开第一次神经网络国际会议，宣告了这一新学科的诞生。此后，各国在神经网络方面的投资逐渐增加，神经网络迅速发展起来。

5）20 世纪 90 年代，人工智能出现新的研究热潮。由于网络技术特别是国际互联网技术的发展，人工智能开始由单个智能主体研究转向基于网络环境下的分布式人工智能研究。不仅研究基于同一目标的分布式问题求解，而且研究多个智能主体的多目标问题求解，使人工智能更面向实用。另外，由于 Hopfield 多层神经网络模型的提出，人工神经网络研究与应用出现了欣欣向荣的景象。

进入 21 世纪，人工智能这个话题变得越来越热门，尤其是 2016 年 3 月，阿尔法围棋（AlphaGo）与围棋世界冠军、职业九段选手李世石进行人机大战，并以 4:1 的总比分获胜，人工智能这个话题在人们之间也是越来越普遍地被谈论。

|延伸阅读|

人工智能发展史上的八个历史性事件

在人工智能（AI）的发展历程中，经历了以下八个历史性事件：

1）1943 年，Warren McCulloch 和 Walter Pitts 两位科学家提出了"神经网络"的概念，正式开启了 AI 的大门。虽然在当时仅是一个数学理论，但是这个理论让人们了解到计算机可以如人类大脑一样进行"深度学习"，描述了如何让人造神经元网络实现逻辑功能。

2）1955 年 8 月 31 日，John McCarthy、Marvin Minsky、Nathaniel Rochester 和 Claude Shannon 四位科学家联名提交了一份《人工智能研究》的提案，首次提出了人工智能的概念，其中的 John McCarthy 被后人尊称为"人工智能之父"。

3）1969 年人类首次提出了反向传播算法（Backpropagation），这是 20 世纪 80 年代的主流算法，同时也是机器学习历史上最重要的算法之一，奠定了人工智能的基础。这种算法的独特之处在于映射、非线性化，具有很强的函数复现能力，可以更好地训练人工智能的学习能力。

4）20 世纪 60 年代，麻省理工学院的研究人员发明了一个名为 ELIZA 的计算机心理治疗师，可以帮助用户和机器对话，缓解压力和抑郁，这是语音助手最早的雏形。语音助手可以识别用户的语言，并进行简单的系统操作，比如苹果公司的 Siri，语音助手赋予了人工智能"说话"和"交流"的能力。

5）1993 年，作家兼计算机科学家 Vernor Vinge 发表了一篇文章，首次提到了人工智能的"奇点理论"。他认为未来某一天人工智能会超越人类，并且终结人类社会，主宰人类世界，被其称为"即将到来的技术奇点"。Vernor Vinge 是最早的人工智能威胁论提出者，后来者还有霍金和特斯拉的 CEO 马斯克。

6）1997 年，IBM 的超级计算机"深蓝"战胜了当时的国际象棋冠军 Garry Kasparov，引起了世界的轰动。虽然它还不能证明人工智能可以像人一样思考，但它证明了人工智能在推算及信息处理上要比人类更快。这是 AI 发展史上，人工智能首次战胜人类。

7）2012 年 6 月，谷歌研究人员杰夫·迪恩（Jeff Dean）和吴恩达从 YouTube 网站的视频中提取了 1 000 万个未标记的图像，训练一个由 16 000 个电脑处理器组成的庞大神经网络。在没有给出任何识别信息的情况下，人工智能通过深度学习算法准确地从中识别出了猫科动物的照片。这是人工智能深度学习的首次案例，它意味着人工智能开始有了一定程度的"思考"能力。

8）2016 年阿尔法围棋（AlphaGo）与围棋世界冠军李世石进行人机大战，并以 4:1 的总比分获胜。不少职业围棋手认为，AlphaGo 的棋力已经达到甚至超过围棋职业九段水平。AlphaGo 是一款围棋人工智能程序，由谷歌公司旗下 DeepMind 公司的研究团队开发，其主要工作原理是"深度学习"，AlphaGo 的胜利标志着人工智能新纪元的开启。

3.5.3 人工智能技术的应用领域

1. 问题求解

从人工智能初期的智力难题、棋类游戏等问题的研究中开始形成和发展起来的一大类解题技术，简称解题。解题技术主要包括问题表示、搜索和行动计划等内容。也有人对问题求解做更广泛的理解，即指为了实现既定目标而展开的动作序列的执行过程。这样，一切人工智能系统便都可归结为问题求解系统。

一种问题求解的程序，是把各种数学公式符号汇编在一起，其程序的性能已达到非常高的水平，并正在被许多科学家和工程师所应用，甚至有些程序的性能还能用经验来改善。例如，美国当时的 Macsyma 软件能够进行较复杂的数学公式符号运算。

2. 专家系统

专家系统是目前人工智能中最活跃、最有成效的一个研究领域，它是一种具有特定领域内大量知识与经验的程序系统，从一般思维方法的探讨转为运用专门知识求解专门问题。专家系统可看作一类具有专门知识的计算机智能程序系统，它运用特定领域专家提供的专门知识和经验，采用人工智能中的推理技术来求解和模拟通常由专家才能解决的复杂问题。它求解的是一种启发式方法，经常需要在不完全、不精确或不确定的信息基础上得出结论，这点与传统计算机程序不同。

近年来，专家系统已出现有效应用人工智能技术的趋势，比如，用户与专家系统进行"咨询对话"，在对话中，用户向专家系统询问以期得到有关解答，专家系统解释问题并建议进行某些实验，这如同用户与专家面对面对话。在当前的实验系统中，如化学和地质数据分析、计算机系统结构、建筑工程以及医疗诊断等咨询任务方面，专家系统已达到很高的水平。

发展专家系统的关键在于表达和运用专家知识，即来自人类专家的且已被证明能够解决某领域典型问题的有用的事实和过程。不同领域与不同类型的专家系统，其体系结构和功能也有一定的差异，但它们的组成基本一致。专家系统主要由数据库、知识库、推理机、解释机制、知识获取和用户界面六部分组成。专家系统基本结构如图3-6所示。

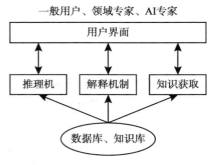

图3-6　专家系统基本结构

3. 机器学习

机器学习（Machine Learning）研究如何使用计算机模拟或实现人类的学习活动。学习是一个有特定目的的知识获取过程，它的内部主要表现为新知识结构的不断建立和修改，外部表现为性能的改善。学习是人类智能的重要特征，而机器学习也是使计算机具有智能的根本途径，如香克（R. Shank）所说：“一台计算机若不会学习，就不能称它具有智能。”除此之外，机器学习还有助于发现人类学习的机理并揭示人脑的奥秘。

本质上讲，机器学习过程是学习系统把专家提供的信息转换成能被系统理解并应用的过程。按照系统对专家的依赖程度，学习方法分为：机械式学习（Rote Learning）、讲授式学习（Learning from Instruction）、类比学习（Learning by Analogy）、归纳学习（Learning from Induction）、观察发现式学习（Learning by Observation and Discovery）等。

此外，近年来，研究人员又发展了基于解释、事例、概念、神经网络的学习和遗传学习等学习方法。

4. 神经网络

人工神经网络（Artificial Neural Network，ANN）是一种由大量节点（或称神经元）相互连接构成的运算模型，是对人脑或自然神经网络一些基本特性的抽象和模拟，其目的在于模拟大脑的某些机理与机制，从而实现某些方面的功能。通俗地讲，人工神经网络是仿真研究生物神经网络的结果。详细地说，人工神经网络是为获得某个特定问题的解，根据所掌握的生物神经网络机理，按照控制工程的思路及数学描述方法，建立相应的数学模型并采用适当的算法，有针对性地确定数学模型参数的技术。

人工神经网络的信息处理是通过神经元之间的相互作用实现的，知识与信息的存储主要表现为网络元件互连间分布式的物理联系。神经网络具有很强的自学习能力，它可以不依赖于"专家"的大脑，自动从已有的实验数据中总结规律。由此，人工神经网络擅长处理复杂多维的非线性问题，它不但可以解决定性问题，还可解决定量问题，同时还具有大规模并行处理和分布的信息存储能力，具有良好的自适应、自组织性以及很强的学习、联想、容错能力和较好的可靠性。

5. 模式识别

模式识别是指用计算机代替或帮助人类感知模式，主要研究对象是计算机模式识别系统，也就是让计算机系统能够模拟人类通过感知器官对外界产生各种感知能力。

较早的模式识别集中在对文字和二维图像的识别。20世纪60年代中期，机器视觉方面开始转向解释和描述复杂的三维景物。Robest 于 1965 年发表的论文指明了借助计算机分析由棱柱体组成的景物的方向，迈出了计算机将三维图像解释成三维景物单眼视图的第一步，即所谓的积木世界。接着，机器识别由积木世界进入识别更复杂景物、在复杂环境中寻找目标，以及室外景物分析等方面的研究。活动目标的识别和分析是景物分析走向实用化的一个标志。语音识别技术始于 20 世纪 50 年代初期，到了 20 世纪 70 年代，各种语音识别装置相继出现。目前，模式识别技术已经进入了成熟阶段，应用场景也越来越广泛。

6. 大数据分析

人工智能方法包括人工神经网络、机器学习、知识表现、智能搜索、模糊逻辑等。要使这些方法具有优异的表现并非易事，需要足够多的数据样本和强大的计算机能力做支撑，这在人工智能出现的早期难以实现，而大数据时代的到来或许能给人工智能的发展提供新助力。

人工智能多年的研究成果可以促进大数据的发展。比如，自然语言语义分析、信息提取、知识表现、自动化推理、机器学习等，这些技术正在逐步应用于大数据技术的前沿领域，挖掘大数据蕴含的规律和价值，从而为人类决策提供有力的支撑。

3.5.4 人工智能技术在物流中的应用

在大数据环境下人工智能技术在供应链物流中得到运用，为供应链物流模式增加了智能识别与自动规划等功能，加快了物流行业的转型升级。人工智能技术在供应链物流各个环节应用，主要作用于物流仓储地址选择、物资管理、仓储作业、物流运输、物流数据追溯等层面。

1. 物流仓储地址选择

供应链物流仓储地址的选择，以往都是在地图或者地理数据上采用 GIS 软件确定，这种选址方法可能会受到自然环境、运输经济性等因素的影响，无法保证选址合理性。当供应链物流与人工智能技术充分结合之后，按照生产商、供应商所在的地理位置、实际运营成本、仓库建设情况等诸多元素，采取大数据展开综合分析，避免主观因素对选址带来的影响，还能按照长远性战略规划优化最终选址结果。立足于客观角度，提高物流仓储地址选择的准确性与合理性，减少成本，提高供应链物流效率。

2. 物资管理

在物资管理方面，以往更多是采用纸本管理、人工管理的方式，要求管理人员必须保证电子档案管理熟练度，但很难同时做到物资库存量、种类、所在位置、储存时间等所有数据的动态化管理。这种传统库存管理模式向人工智能管理模式转型期间，应用大数据、物联网、信息技术等，快速获取仓储数据信息，而且所有信息在网络作用下实时上传与分享，减少库存量与仓储成本，保证库存管理更为安全。

3. 仓储作业

在实现智能仓储之后，货物储存管理逐渐具备了集装化、自动化等特点。货物储运集装化应用人工智能技术，所有货物可利用托盘实现点到点运输。在运输过程中减少中间流程，也使物资周转率得到提升。仓储自动化与智能化方面创建智能化仓库，运作流程均改用自动化机械设备，实现了货物自动分拣、智能拆码垛以及智能安全巡检，降低了对人工劳动力的需求，也能保证作业安全。应用智能算法，仓库中所有自动化设备能够协调配合，按照实际情况展开作业，有效地提升了仓储作业效率。

4. 物流运输

在实现智能化配送与运输之后，运输线路、设备具备人工智能化的特征，其中运输线路应用人工智能技术，主要是采取路径优化算法与调度算法，根据数据中心提供的信息优化最佳运输路径，加强运输路线合理性。创建实时数据库，通过智能数据分析平台可优化最佳运输路线，提高运作效率。一旦运输途中出现问题，也可以自动分析提出解决方案。采用配送设备，一般以智能物流无人配送车以及无人配送设备为主。例如智能配送设备具有自动接收订单的功能，按照订单内容自动化配货，按照规划路线进行配送。这主要是凭借人工智能技术的感知系统，实现运输配送全过程自动化、智能化。

5. 物流数据追溯

应用物联网技术可实现供应链物流智能追溯，从生产环节开始直到售后的全部流程均能实现有机结合，保证信息流、商流得到统一，而且构建完整信息链，了解运输物品来源、最终配送方向以及运输环节责任人等。所有完整信息链可构成信息网，从中获取供应链物流所需历史数据，当物流运输过程中发生问题，利用智能追溯这一功能快速确定问题原因与直接责任人，将问题解决，从而提高供应链物流的效率，保证物流运输各个环节的安全性，也可为客户提供更加完整的物流供应链作为保障，为今后智能物流信息追溯的实现与创新打下基础。

| 延伸阅读 |

抖音的奇妙推荐

我们在刷抖音视频时，经常会有如下几个感受：感觉抖音的每个短视频都正戳兴趣点，自己越刷越"上头"，完全停不下来；刷抖音是感受不到时间流逝的——明明我才刷了一小会儿，怎么时间就过去一个小时啦？自己好像中了抖音的"毒"——工作之余，闲暇时间，总是心痒难耐想要打开抖音刷一刷。事实上这是抖音的推荐系统起到的作用，而这背后的原理，就是大数据＋推荐。

对用户来讲，抖音会实时记录用户对某个视频的点击、播放、停留、关注、评论、点赞、转发等行为，并根据这些特征离线或实时地进行计算。当一个新用户上传一个视频时，首先由设计好的系统对视频进行自动打标签，获取视频的显式特征信息。其次将该视频先随机推荐给1万个用户（又称流量池）；这些被推荐的用户根据其对这个新上传的视频进行相关交互（点击、播放、停留、关注、评论、点赞、转发等），根据交互的数据，来判断当前的视频质量如何（尤其是该视频的完播率如何，完播率意指整个视频完整地被观看的次数占比），根据数据分析结果，决定是否进一步扩大推荐的范围；更优秀的视频会被推荐到更大的流量池，以获得更多的用户浏览量。

另外，抖音推荐还会涉及对社交网络的挖掘。在基于内容给的推荐时，根据用户关注的主播，或已查看相关主播的多个视频时，可根据该主播的其他粉丝的兴趣来进行推荐，这一部分则可以涉及社交关系知识图谱,以此发现更多新的视频。也就是说,当你在持续刷抖音时,总会发现一些新的感兴趣的视频。

类似抖音,还有天猫淘宝这样的大数据背景下的推荐系统,对大数据的开发主要包括四个核心流程:

1)实时数据采集:尤其是用户的行为数据,这些数据都是实时产生的。
2)海量数据存储:分布式存储(分布式文件系统),不能简单使用单机来存储,面对庞大的不间断数据,必须实现设计分布式存储与文件系统。
3)海量数据挖掘:能够离线、实时对数据进行计算,可使用机器学习、深度学习算法完成。
4)数据可视化:前端渲染工具,实时动态显示数据的指标等。

资料来源:抖音背后的原理:大数据+推荐[EB/OL].[2023-06-21].https://blog.csdn.net/qq_36426650/article/details/108720429.

本章小结

本章主要介绍了支撑物流管理的五项前沿信息技术——大数据技术、物联网技术、云计算技术、区块链技术以及人工智能技术。首先阐述了近年来热门的大数据技术的来源、定义、特征、处理流程及分析方法,并从物流管理流程、企业物流决策等五个方面总结大数据在物流中的应用。接下来对物联网技术的基本概念、架构模式进行了介绍,并讲述其应用。其次介绍了云计算技术的起源、定义、特征,并对其技术实现和其在物流中的应用做了详细叙述,再次针对区块链技术的产生与发展、定义与特征、核心技术、在物流中的应用进行了阐述。最后对人工智能的基本概念、发展及研究内容做了总结,并叙述了其在物流仓储地址选择、物资管理等五个方面的应用。

关键术语

大数据技术　　物联网技术　　云计算技术　　区块链技术　　人工智能技术　　知识获取

习题

1. 选择题

(1) 大数据通常指( )规模以上的数据量。
　　A. 1TB　　　　　　　　B. 10TB
　　C. 1PB　　　　　　　　D. 10PB
(2) 下列哪个是大数据的首要特征?( )
　　A. 数据具有价值　　　　B. 数据的真实性
　　C. 数据种类多　　　　　D. 数据体量大
(3) 以下哪项是物联网和用户的接口?( )
　　A. 感知层　　　　　　　B. 网络层
　　C. 应用层　　　　　　　D. 多媒体信息

(4) 如果一个云端的所有消费者只来自一个特定的单位组织,那么这是( )。
　　A. 私有云　　　　　　　B. 社区云
　　C. 公有云　　　　　　　D. 混合云
(5) 区块链技术最突出的本质特征是( )。
　　A. 去中心化　　　　　　B. 开放性
　　C. 安全性　　　　　　　D. 可追溯性
(6) 目前人工智能中最活跃、最有成效的一个研究领域是( )。
　　A. 问题求解　　　　　　B. 专家系统
　　C. 机器学习　　　　　　D. 神经网络

2. 判断题

（1）大数据技术体量越大，蕴含的信息越多，价值越高。（　　）
（2）大数据具有真实性是指数据的准确度和可信赖度，因此数据是值得信赖、不会改变的。（　　）
（3）自动识别技术、传感技术、定位技术就是物联网的"眼、耳、鼻、喉和皮肤"。（　　）
（4）物联网是在互联网基础上的延伸和扩展的网络。（　　）
（5）云计算服务的规模可快速缩放，以自动适应业务负载的动态变化。（　　）
（6）混合云由两个或两个以上的云（私有云、社区云、公有云）组成。（　　）
（7）可追溯性是区块链最突出的本质特征。（　　）
（8）区块链技术应用过程中，只要不能掌控全部数据节点的51%，就无法肆意操控修改网络数据。（　　）

3. 简答题

（1）简述大数据的特征。
（2）简述物联网技术在物流中的应用。
（3）简述云计算的特征。
（4）简述区块链技术的特征。
（5）人工智能的发展经历了哪五个阶段？
（6）简述人工智能技术在物流中的应用。

4. 思考题

（1）大数据技术如何改善物流信息的处理？如何提高物流信息系统的效率和处理速度？
（2）物联网技术给物流行业带来的优势有哪些？
（3）云计算在物流信息处理中有哪些作用？
（4）区块链主要可以解决物流管理中的什么问题？通过何种技术手段实现的？
（5）人工智能在物流信息处理中有哪些作用？

案例分析

唯捷城配的成功升级

唯捷城配以仓配一体化为主要服务产品，聚焦餐饮和商超两条主线，服务品牌商、渠道商和连锁终端三类客户群，打造多城市、多温层、多级仓配运营网络，以过程透明化、运营数据化、优化库存管理、高效履约交付为核心能力，为客户改善供应链效率和质量积极赋能。公司自2014年成立至今，伴随着业务的不断增长面临着许多挑战，经过不断地尝试及运营上的革新，最终选择与百度智能云合作，在保障配送时效的同时，做到对配送过程的智能监控与预警，极大地提升了唯捷城配的服务质量。

1. 引入物流地图，保障线路的合理性和高效性

唯捷城配每天都有上千辆车不分昼夜地穿梭于城市之中，为客户提供优质高效的配送服务。车的种类很多，小到金杯车，大到9.6m的货车，企业要根据客户的运输需求，判定需要派发的车型和数量。对此，唯捷城配每天需要投入3~4个人力进行调度，具体

就是为客户安排指定的车型，规划"经验线路"和叮嘱配送司机以确保货物送达的时效性。由于这项工作对经验的要求极高，业务过于依赖老员工，新人上手较慢，整个调度和配送过程中存在着信息不共享、不透明和配送效率低的问题。

针对这些问题，唯捷城配引入了百度智能云联合百度地图共同推出的物流地图，这不仅提高了线路规划的质量，还提高了客户整体的满意度。首先，物流地图的私有图层，可以根据唯捷城配服务的门店与线路进行自定义的标注，在地图上标记门店的禁停区、可停车区等特殊化的信息，还能对实时收到的路段施工、禁行等信息进行标识。唯捷城配的司机在使用时，操作也很简单。App中嵌入了相应的物流地图导航的SDK，司机可以在接收到配送任务时利用可视化地图模式查看配送线路并进行导航，物流地图可根据车型提前规避限高、限行、限重和禁区等路段，解决了调度对于司机行驶路线的监管问题，同时也提高了司机的配送效率。

2．可视的实时监控让管理更精细

在配送运输过程中，配送员经常遇见这样的情况：在配送过程中收到客户的询问，比如"司机到哪里了？预计什么时候到？我的货又迟到了！"等一系列问题。这说明客户对于配送过程中信息的需求越来越高，所以对配送过程的监控和预警尤为重要。

为此，唯捷城配引入百度鹰眼轨迹管理服务，对司机的轨迹位置进行实时监管，及时获取司机的位置信息和每个司机的真实行驶轨迹，通过地理围栏监控，实现司机的自动签到和位置的智能提示与预警，减少了司机对App的操作次数，提高了驾驶的安全性。并且调度人员可以通过可视化的界面查看和回放司机的行驶轨迹，方便对司机行驶线路进行分析，实现进一步的线路调优，极大地提高了整体运营的服务质量。

3．智能排线，构建智能化物流配送

城配领域最难的问题要数调度问题，尤其是唯捷城配这种专注餐饮和零售商超领域的企业，客户的需求更加多种多样。如零售商超客户，有的能给到重量、体积，有的能给到件数，有的要指定的车型；而餐饮类客户，有的在配送完成后需要将保温箱、周转箱送回仓库，有的客户则无须当天回仓，不同的场景、不同的需求对调度排线的质量是一个巨大的挑战。

为突破这一难点，百度智能云的物流智能调度引擎有绝招。智能调度以百度地图引擎和地理大数据为基础，以高性能的自研调度算法为核心的智能物流云服务，为多种运输场景的排单排线任务提供优质解决方案。唯捷城配通过使用百度智能云物流智能调度引擎，实现了一键智能排线，可从重量、体积、时间、行驶距离、装载率等多个维度考虑，满足不同客户的排线需求，结合百度专有的物流地图，实时避开五限线路（限高、限重、限宽、限轴、限行），使得唯捷城配为客户提供高质量服务的同时也大大节省了时间和配送成本。

伴随业务的不断增加，唯捷城配注重精细化与数据化管理，大力提升服务质量，借助百度智能云强大的能力，物流行业的智能化升级碰撞出新的火花。未来，百度智能云也将持续发力，赋能行业发展，惠及更多物流企业。

资料来源：百度智能云牵手唯捷城配：AI+大数据赋能，物流行业智能化升级［EB/OL］．［2023-06-21］．https://www.163.com/dy/article/EIKCHP7K0518CHFR.html.

讨论题：

1．百度智能云主要依靠什么技术解决物流难题？

2．唯捷城配的成功升级，为物流行业带来哪些启示？

第 4 章

物流信息的识别和处理

学习要点（表4-1）

表 4-1　第 4 章学习要点

知识要点	掌握程度	相关知识
物流信息的自动识别与采集技术	重点掌握	二维码的特点及应用
	熟悉	常见的二维码、射频识别技术在物流中的应用
物流信息的跟踪技术	重点掌握	全球定位技术的特点
	熟悉	地理信息系统技术和全球定位系统技术在物流中的应用
	了解	地理新消息系统技术的构成、GPS 系统构成及工作原理
物流管理信息系统的存储和传输技术	重点掌握	数据库系统的组成、数据仓库的定义及特点
	熟悉	局域网技术的工作原理和技术特点
	了解	数据挖掘工具及应用
物流信息的交换技术	重点掌握	电子数据转换技术的概念和特点
	了解	电子数据转换技术的工作原理及在物流中的应用

引例

血液追踪

目前,我国大多数血站都利用身份证来识别献血者和输血者的身份,用条码来标识液成分和相关信息。在管理系统上,很多血站已采用计算机联网、数据共享的方式,用数据库技术来管理血液信息,但是,血液管理系统仍暴露出一些技术缺陷。

(1) 数据库问题　现有系统过分依赖数据库,但是数据库稳定性和安全性往往达不到要求,而且数据库内的信息大多需要人工输入,工作烦琐,出错率高。

(2) 条码问题　条码在血站、医院得到了大量使用,但是条码的信息存储量非常少,完成对血液使用流程的管理和跟踪要用十多个条码,而将这些分布在各环节的条码关联归结为一个数据体,其集成代价不小。此外,条码的可靠性也不尽如人意,受到潮湿或摩擦时,条码的可读性降低,还会引起数据丢失。

(3) 数据容量问题　有些系统尝试采用人像摄影技术来辨别个人身份,但是这种技术设备造价高,人像数据存储空间大,比对识别的效率也不高。

(4) 可追溯问题　血液采集、存储、运输过程的质量没有得到监控,血液的来源难以考证,因而保证不了用血安全。

为了解决和改善以上问题,使血液管理更加专业化、科学化,经过对我国输血的现状、技术、资金等方面的综合考虑,研究开发了一套基于 RFID 技术的血液管理系统。在现有常用的"条码+分散数据库"的基础上引入电子标签 RFID 技术,开发采血点、血站和供血医院的分布式的数据库,将新开发的 RFID 应用与现有系统集成,实现对血液信息及使用流程的跟踪记录。在此基础上建立 RFID 血液管理应用标准,依据标准开发出国家级的血液跟踪管理系统,逐步将全国分散的血液管理系统纳入统一的框架中。

在采血后,每袋血被贴上 RFID 标签,这个标签中包含一个 RFID 编码,用来唯一标识血液,可以通过这个 RFID 编码来查询血液详细信息。工作人员将每袋血通过配有天线的读写器,经过中间件的处理,RFID 标签内包含的编码就被自动读取,然后采集到的血液信息被存入数据库中。同时系统将 RFID 编码与血库地址注册到本地编码解析服务器中,并将本地编码解析服务器和 RFID 编码注册到根编码解析服务器中,每个血库的数据库都要记录来源血库的地址和出库血库的地址。

通过读写器读出的 RFID 编码首先到根编码解析服务器中找到本地编码解析服务器,再到本地编码解析服务器中查找注册的 IP 地址,并获取该地址中存放的相关血液信息。然后通过血库中记录的血液出库地址顺序找到其他地址信息,依此类推,直到找到的地址中没有记录血液出库地址,此时说明血液已被使用或者报损,最后再找到血液使用者的全部信息,到此血液信息跟踪完成。

资料来源:姜方桃,邱小平. 物流信息系统 [M]. 西安:西安电子科技大学出版社,2019:33-34.

讨论题:

该案例中的血液管理系统通过对 RFID 技术的应用实现了哪些功能?

物流信息技术是指信息技术在物流活动中的各种应用，是物流现代化的重要标志。物流信息技术是物流技术中发展最快的领域，随着物流信息技术的不断发展和应用产生了一系列新的物流管理理念和物流经营方式，推进了物流活动的变革。

物流信息技术主要由自动识别和采集技术、信息存储和处理技术、信息交换技术、物流动态跟踪技术等组成，包括基于各种通信方式基础上的移动通信手段、GPS 技术、GIS 技术、计算机网络技术、条码技术、射频识别技术和数据仓库等。物流信息技术通过切入物流企业的各个业务流程，形成以移动通信、资源管理、监控调度管理、自动化仓储管理、业务管理、客户关系管理、客户服务管理、需求管理、订单实现、生产流管理、采购、产品开发和销售、退货、财务管理等集成的一体化现代物流管理体系，从而实现对物流活动各要素的合理组配和高效利用，降低经营成本，并直接产生明显的经营效益。

本章着重介绍各种物流信息技术的基础知识，包括物流管理信息系统存储、传输与交换技术、物流管理信息系统的数据自动采集技术和物流管理信息系统的数据管理技术。

4.1 物流信息的自动识别与采集技术

数据自动采集技术是以计算机技术和通信技术发展为基础，集光、机、电、计算机等技术于一体的综合性科学技术，它是信息数据被自动识读、自动实时输入计算机的重要方法和手段。而条码技术和射频技术是物流应用中最常用、最重要的数据自动采集技术。数据自动采集技术的应用大大促进了物流过程的自动化、标准化和现代化。本节首先介绍条码技术的基础知识，一维条码和二维条码的应用和常用的条码识读设备工作原理；然后介绍基于射频技术的射频识别系统的构成和工作原理以及在物流领域中的具体应用。

4.1.1 条码及扫描技术

1. 条码技术的产生与发展

条码是一种信息代码，由一组宽度不同、反射率不同的条和空按规定的编码规则组合起来，用以表示一定的字符、数字及符号组成的信息。它是一种用光电扫描阅读设备识读并使数据输入计算机的特殊代码。

在物流过程中，利用条码技术，可以实现数据的自动采集、自动识别。在商品从供应商到消费者的整个物流过程中，都可以通过条码来实现数据共享，使信息的传递更加方便、快捷、准确，也使经济效益得到提高。条码技术起源于 20 世纪 40 年代、研究于 60 年代、应用于 70 年代、普及于 80 年代，它的每一步发展都引起世界流通领域里的大变革。

早在 20 世纪 40 年代，美国的乔·伍德·兰德（Joe Wood Land）和伯尼·西尔沃（Berny Silver）两位工程师就开始研究用代码表示食品项目及相应的自动识别设备，并于 1949 年获得了美国专利。该图案很像微型射箭靶，被称为"公牛眼"代码。在原理上，"公牛眼"代码与后来的条码很相近，但当时的工艺和商品经济还没有能力印制出这种码。

不久，E. F. 布宁克（E. F. Brinker）申请了另一项专利，该专利是将条码标识在有轨电车上。20 世纪 60 年代后期西尔沃尼亚（Sylvania）发明的一个系统，被北美铁路系统采纳。这两项可以说是条码技术最早期的应用。

1970年，美国超级市场Ad Hoc委员会制定出通用商品代码（Universal Product Code，UPC）。UPC首先在杂货零售业中试用，这为以后条码的统一和广泛采用奠定了基础。第二年，布莱西公司研制出布莱西码及相应的自动识别系统，用以库存验算。这是条码技术第一次在仓库管理系统中的实际应用。1972年，蒙那奇·马金（Monarch Marking）等人研制出库德巴（Code Bar）码，到此美国的条码技术进入新的发展阶段。

1973年，美国统一编码委员会（Uniform Code Council，UCC）建立了UPC系统，实现了UPC码制的标准化。同年，食品杂货业把UPC作为该行业的通用标准码制，为条码技术在商业流通领域里的广泛应用，起到了积极的推动作用。

1974年，Intermec公司的戴维·阿利尔（Davide Allair）博士研制出39码，很快被美国国防部采纳，作为军用条码码制。39码是第一个字母、数字式的条码，后来被广泛应用于工业领域。

1976年，在美国和加拿大超级市场上，UPC的成功应用给人们很大的鼓舞，尤其是欧洲人对此产生了极大兴趣。第二年，欧洲共同体（欧洲联盟的前身，简称欧共体）在UPC-A基础上制定出欧洲物品编码EAN-13和EAN-8，签署了欧洲物品编码协议备忘录，并正式成立了欧洲物品编码协会（European Article Numbering Association，EAN）。1981年由于EAN已经发展成为一个国际性组织，故改名为"国际物品编码协会"，简称IAN。但由于历史原因和习惯问题，国际物品编码协会多年来一直被称为EAN，于2005年才更名为GS1。

日本从1974年开始着手建立POS系统，研究标准化及信息输入方式、印制技术等，并在EAN基础上，于1978年制定出日本物品编码JAN，同年加入了EAN，开始进行厂家登记注册，全面转入条码技术及其系列产品的开发工作，10年之后成为EAN最大的用户。

从20世纪80年代初，人们围绕提高条码符号的信息密度，开展了多项研究。128码和93码就是其中的研究成果。128码于1981年被推荐使用，而93码于1982年被使用。这两种条码的优点是条码符号的密度比39码高出近30%。随着条码技术的发展，条码码制种类不断增加，因而标准化问题显得很突出。同时一些行业也开始建立行业标准，以适应发展需要。条码种类越来越多，常用的有10~20种，相应的自动识别设备和印刷技术也得到了长足的发展。

从20世纪80年代中期开始，我国一些高等院校、科研部门及一些出口企业，把条码技术的研究和推广应用逐步提到议事日程。一些行业如图书、邮电、物资管理部门和外贸部门已开始使用条码技术。1988年年底，我国成立了统一组织、协调、管理全国物品编码与自动识别标识技术的专门机构——中国物品编码中心，并于1991年加入EAN，致力于推广全球通用的、开放的、跨行业的供应链管理标准，负责我国商品条码、物品编码及自动识别技术的研究和推广应用，促进我国商品流通和对外贸易的发展，为我国全面开展条码工作创造先决条件。

条码技术现已被应用在计算机管理的各个领域，渗透到商业，如POS系统、工业、交通运输业、邮电通信业、物资管理、仓储、医疗卫生、安全检查、餐饮旅游、票证管理及军事装备、工程项目等国民经济各行各业和群众日常生活中。目前，世界各国把条码技术的发展重点向生产自动化、交通运输现代化、金融贸易国际化、票证单据数字化、安全防盗防伪保密化等领域推进；在介质种类上，除大多印刷在纸质介质上外，还研究开发了金属条码、纤维织物条码、隐形条码等，扩大应用领域并保证条码标识在各个领域、各种工作环境的应用。

按照维数不同，条码可以分为一维条码和二维码。下面简要介绍一维条码技术，详细介绍二维码技术。

2. 一维条码技术

一维条码只在一个方向（一般是水平方向）表达信息，而在垂直方向不表达任何信息，其一定的高度通常是为了便于阅读器对准。一维条码（见图4-1）由宽度不同、反射率不同的"条"和"空"，按照一定的编码规则（码制）编制而成，条码信息靠"条"和"空"的不同宽度和位置来传递，信息量的大小由条码的宽度和印刷的精度来决定，条码越宽，包容的"条"和"空"越多，信息量越大；条码的印刷精度越高，单位长度内可容纳的"条"和"空"越多，传递的信息量也就越大。

图 4-1　一维条码示例

编码中的"条"是指对光线反射率较低的部分，"空"是指对光线反射率较高的部分。这种用"条"和"空"组成的数据编码很容易译成二进制数据，因为计算机只能识读二进制数据，所以条码符号作为一种为计算机信息处理而提供的光电扫描信息图形符号，也应满足计算机二进制的要求。世界上约有225种以上的一维条码，每种一维条码都有自己的一套编码规格，一般较流行的一维条码有39码、EAN、UPC、128码，以及专门用于书刊管理的 ISBN、ISSN 等。

一维条码的应用可以提高信息录入的速度，减少差错率，但是一维条码也存在一些不足之处：

1）数据容量较小，通常为30个字符左右。
2）只能包含字母和数字。
3）保密性能不高。
4）条码尺寸相对较大（空间利用率较低）。
5）条码遭到损坏后便不能阅读。

近年来，随着资料自动收集技术的发展，用条码符号表示更多资讯的要求与日俱增，而一维条码最大数据长度通常不超过30个字符，故多用来存放关键索引值（Key），作为一种信息标识。不能用其对产品进行描述，要想获取更多的信息只能通过网络到数据库中寻找，因此在缺乏网络或数据库的状况下，一维条码便失去了意义。

3. 二维码技术

（1）二维码的产生　二维码技术是在一维条码无法满足实际应用需求的前提下产生的。由于受信息容量的限制，一维条码通常是对物品的标识，而不是对物品的描述。所谓对物品的标识，就是给某物品分配一个代码，代码以条码的形式标识在物品上，用来标识该物品以便自动扫描设备的识读，代码或一维条码本身不表示该产品的描述性信息。

因此，在 UPC 的应用系统中，对商品信息，如生产日期、价格等的描述必须依赖数据库的支持。在没有预先建立商品数据库或不便联网的地方，一维条码表示汉字和图像信息几乎是不可能的，即使可以表示，也显得十分不便且效率很低。随着现代高新技术的发展，迫切需要用条码在有限的几何空间内表示更多的信息，以满足千变万化的信息表示的需要。

二维码最早起源于日本。它是按一定规律在平面（二维方向）上分布的黑白相间的图形，用于记录数据符号信息；在代码编制上巧妙地利用构成计算机内部逻辑基础的"0，1"比特流的概念，使用若干个与二进制相对应的几何形体来表示文字数值信息，通过图像输入设备或光电扫描设备自动识读以实现信息自动处理。二维码能在横向和纵向两个方位同时表达信息，因此能在很小的面积内表达大量的信息，信息容量接近 2 000B，通过压缩技术能将凡是可以数字化的信息，包括字符、照片、指纹、声音等进行编码，在远离数据库和不便联网的地方实现信息的携带、传递和防伪。

┊知识链接┊

　　手机扫描二维码技术简单地说是通过手机拍照功能对二维码进行扫描，快速获取二维码中存储的信息，进行上网、发送短信、拨号、资料交换、自动文字输入等，手机二维码目前已经被各大手机厂商使用开发。

　　手机二维码是二维码的一种，不但可以印刷在报纸、杂志、广告、图书、包装及个人名片上，而且用户可以通过手机扫描二维码，或输入二维码下面的号码即可实现快速手机上网功能，并随时随地下载图文、了解企业产品信息等。

　　（2）二维码的特点　　二维码具有条码技术的一些共性，每种码制有其特定的字符集，每个字符占有一定的宽度，具有一定的校验功能等，还具有以下特点：

　　1）信息容量大。根据不同的"条"和"空"比例，每平方英寸[一]可以容纳250~1100个字符，比普通条码信息容量大几十倍。

　　2）容错能力强。二维码因穿孔、污损等引起局部损坏时，照样可以正确得到识读，损毁面积达 50% 仍可恢复信息，比普通条码译码错误率低得多，误码率不超过 1/10000000。

　　3）引入加密措施。引入加密措施后保密性、防伪性好。

　　4）印刷多样。二维码不仅可以在白纸上印刷黑字，还可以进行彩色印刷，而且印刷机器和印刷对象都不受限制，印刷方便。

　　5）可影印及传真。二维码经传真和影印后仍然可以使用，而一维条码在经过传真和影印后机器就无法进行识读。

　　（3）常见的二维码　　二维码可以分为堆叠式/行排式二维码和矩阵式二维码。堆叠式/行排式二维码形态上是由多行短截的一维条码堆叠而成，它在编码设计、校验原理、识读方式等方面继承了一维条码的一些特点，识读设备和条码印刷与一维条码技术兼容。但由于行数的增加，要对行进行判定，其译码算法与软件也不同于一维条码。有代表性的行排式二维码有 16K 码、49 码、PDF417 条码等。矩阵式二维码以矩阵的形式组成，在矩阵相应元素位置上用"点"表示二进制"1"，用"空"表示二进制"0"，由"点"和"空"的排列组成代码，其中点可以是方点、圆点或其他形状的点。矩阵式二维码是建立在计算机图像处理技术、组合编码原理等基础上的一种新型图形符号自动识读处理码制。具有代表性的矩阵式二维码有 Maxicode、Data Matrix、QR Code 等。

　　目前二维码主要的码制有 PDF417 条码（Protable Data File 417）、49 码（Code 49）、16K 码（Code 16K）、Data Matrix、Maxicode 和 QR Code 等，如图 4-2 所示。其中以 PDF417 条码应用范围最广，从生产、运货、行销到存货管理都很适合，故 PDF417 条码特别适用于流通业者；Maxicode 通常用于邮包的自动分类和追踪；Data Matrix 则特别适用于小零件的标识；QR Code 近年来在日本、韩国、中国的应用越来越普及。

　　[一]　1 平方英寸 =6.451 6 平方厘米。

图 4-2 二维码示例

（4）二维码的发展和应用　国外对二维码技术的研究始于 20 世纪 80 年代，二维码作为一种全新的信息存储、传递和识别技术，自诞生之日起就受到了全世界许多国家的关注。我国对二维码技术的研究始于 1993 年，随着我国市场经济的不断完善和信息技术的迅速发展，国内对二维码这一技术的需求与日俱增。

二维码具有储存量大、保密性高、追踪性高、抗损性强、备援性大、成本低等特性，这些特性特别适用于表单、安全保密、追踪、证照、盘点、备援等方面。

1）表单应用：公文表单、商业表单、进出口报单、舱单等资料之传送交换，减少人工重复输入表单资料，避免人为错误，降低人力成本。

2）安全保密应用：商业情报、经济情报、政治情报、军事情报、私人情报等机密资料之加密及传递。

3）追踪应用：公文自动追踪、生产线零件自动追踪、客户服务自动追踪、邮购运送自动追踪、维修记录自动追踪、危险物品自动追踪、后勤补给自动追踪、医疗体检自动追踪、生态研究（动物等）自动追踪等。

4）证照应用：护照、身份证、挂号证、驾照、会员证、识别证、连锁店会员证等证照之资料登记及自动输入，发挥"随到随读、立即取用"的资讯管理效果。

5）盘点应用：物流中心、仓储中心、联勤中心之货品及固定资产之自动盘点，发挥"立即盘点、立即决策"的效果。

6）备援应用：文件表单的资料若不愿或不能以磁碟、光碟等电子媒体储存备援时，可利用二维码来储存备援，携带方便，不怕折叠，保存时间长，又可影印传真，做更多备份。

二维码已经进入各行各业，并且发挥了极其重要的作用。在数据采集、数据传递方面，二维码具有独特的优势。首先，二维码存储容量多达上千字节，可以有效地存储货品的信息资料；其次，由于二维码采用了先进的纠错算法，在部分损毁的情况下，仍然可以还原出完整的原始信息，所以应用二维码技术存储传递采集货品的信息具有安全、可靠、快速、便捷的特点。

在供应链中采用二维码作为信息的载体，不仅可以有效避免人工输入可能出现的失误，大大提高入库、出库、制单、验货、盘点的效率，而且兼有配送识别、服务识别等功能，还可以在不便联网的情况下实现脱机管理。

> **延伸阅读**

"码"出行

随着我国移动互联网的发展和智能手机的普及和飞速发展，二维码的技术已经深入我们社会生活中各个领域，二维码也为交通出行方面注入新的活力和动能，其在交通运输领域将拥有广阔的应用前景。二维码技术在交通运输领域的作用体现在以下几方面：

（1）为国家与行业服务方面　二维码能为有关管理部门提供精确的信息化手段，切实解决海量交通基础设施构件、重要交通运输装备与工具、重点交通运输业务中的感知难题，从根本上提升交通运输行业的数字化程度和信息化水平，为实现交通强国夯实信息基础。

（2）为企业生产服务方面　二维码能够作为有效手段，为工程施工、基础设施养护、载运工具生产加工等各级企业的高效运营提供信息服务，大幅提升全行业的绿色生产、安全生产与规范生产能力，实现"降本增效"和"市场规范"，促进全社会构建起新一代的交通运输生产与物流运输体系。

（3）为民生与公众服务方面　二维码能够作为实现智慧交通、智慧出行的有效技术手段，解决跨区域"一站式"出行、交通电子支付等关键难题，大幅提高公共交通服务质量与效率，为早日建成人民有尊严出行的交通服务体系奠定基础。

二维码产业研究和标准建设，搭建产业服务体系，促进二维码产业生态发展，推进交通行业自主二维码的技术研究、认证、监管及应用服务等全链条产业发展，在交通行业形成能够同时满足"公众便捷使用、企业高效运行、政府精细管理"的新业态和"通过技术强服务、通过公众管市场"的新模式。

资料来源："码"出行，交通运输领域二维码应用［EB/OL］.［2023-06-21］. https://zhuanlan.zhihu.com/p/349208596.

4. 条码识别技术

（1）条码识读系统组成　从系统角度来看，条码识读系统主要由以下三部分组成：

1）扫描系统由光学系统及探测器，即光电转换器件组成，它完成对条码符号的光学扫描，并通过光电探测器，将条码图案的光信号转换成电信号。条码扫描系统可采取不同光源、扫描形式、光路设计实现其功能。

2）信号整形部分由信号放大、滤波、波形整形组成，它的功能在于将条码的光电扫描信号处理成为标准电位的矩形波信号，其高低电平的宽度和条码符号的"条"和"空"尺寸相对应。各种条码识读设备都有自己的条码信号处理方法，随着条码识读设备的发展，判断条码符号"条"和"空"边界的信号整形方法日趋科学、合理和准确。

3）译码部分由计算机方面的软件和硬件组成，它的功能是对得到的条码矩形波信号进行译码，并将结果输出到条码应用系统中的数据采集终端。各种条码符号的标准译码算法来自各个条码符号的标准，不同的扫描方式对译码器的性能要求也不同。

（2）条码识读系统工作原理　条码是由宽度不同、反射率不同的条（黑条）和空（白条）按照一定的编码规则（码制）编制成的。由于白色物体能反射各种波长的可见光，黑色物体则吸收各种波长的可见光，因此当条码扫描器光源发出的光经凸透镜照射到黑白相间的条码上时，反射光经凸透镜聚焦后，照射到光电转换器上，于是光电转换器接收到与白条和黑条相应的强弱不同的反射光信号，并转换成相应的电信号输出到放大整形电路，白条、黑条的宽度不同，相应的电信号持续时间长短也不同。

但是，由光电转换器输出的与条码的"条"和"空"相应的电信号一般仅 10mV 左右，不能直接使用，因而先要将光电转换器输出的电信号用放大器放大，放大后的电信号仍然是一个模拟电信号，为了避免由条码中的疵点和污点导致错误信号，在放大电路后需加一段整形电路，把模拟信号转换成数字信号，数字信号经译码器译成数字、字符信息，它通过识别起始、终止字符来判别条码符号的码制及扫描方向；通过测量脉冲数字电信号 0、1 的数目来判别"条"和"空"的数目，通过测量 0、1 信号持续的时间来判别"条"和"空"的宽度。这样便得到了被辨读的条码符号的"条"和"空"的数目及相应的宽度和所用码制，根据码制所对应的编码规则，便可将条码符号换成相应的数字、字符信息，通过接口电路传送到计算机系统进行数据处理与管理，由此完成条码识别的全过程。条码的识别过程如图 4-3 所示。

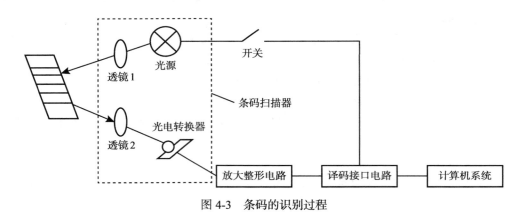

图 4-3 条码的识别过程

:知识链接:

条码识读设备的选择

零售领域的识读设备选择，最重要的是注意扫描速度和分辨率，而景深并不是关键因素。

因为当景深加大时，分辨率会大大降低。适用的激光扫描器应当具有高扫描速度，并且在固定景深范围内具有很高的分辨率。激光扫描器的价格较高，同时因为内部有马达等活动部件，耐用性会打折扣。

与激光阅读器相比，CCD 阅读器有很多优点。它的价格比激光阅读器低，同时因为内部没有可移动部件，因而更加结实耐用，同时也有阅读条码密度广泛、容易使用的优点。比较新型的 CCD，其阅读景深已经能够很好地满足商业流通业的使用要求。

4.1.2 射频识别技术

1. 射频识别技术概述

无线电射频识别（Radio Frequency Identification，RFID）技术是利用无线电波对记录媒体进行读写，射频识别的距离可达几十厘米至几米，且根据读写的方式，可以输入数千字节的信息，同时，还具有极高的保密性。射频识别技术适用的领域包括物料跟踪、运载工具和货架识别等要求非接触数据采集和交换的场合，对于要求频繁改变数据内容的场合尤为适用。例如，香港地区的车辆自动识别系统——驾易通，采用的主要技术就是射频识别技术。2015 年，香港地区已经有约 8 万辆汽车装上了电子标签，装有电子标签的车辆通过装有射频扫描器的专用隧道、停车场或高速公路路口时，无须停车缴费，大大提高了行车速度和车辆通过效率。射频识别技术在其他物品的识别及自动化管理方面也得到了较广泛的应用。

射频识别技术是对条码技术的补充和发展。它规避了条码技术的一些局限性，为大量信息的存储、改写和远距离的识别奠定了基础。

2. 射频识别技术工作原理

射频识别技术的工作原理：标签进入磁场后，如果接收到阅读器发出的特殊射频信号，就能凭借感应电流所获得的能量发送出存储在芯片中的产品信息（即 Passive Tag，无源标签或被动标签），或者主动发送某一频率的信号（即 Active Tag，有源标签或主动标签），阅读器读取信息并解码后，送至中央信息系统进行有关数据处理。

RFID 系统在具体的应用过程中，根据不同的应用目的和应用环境，系统的组成会有所不同，但从 RFID 系统的工作原理来看，该系统一般都由信号发射机（标签）、信号接收机（阅读器）、编程器、天线几部分组成。射频识别技术工作原理如图 4-4 所示。

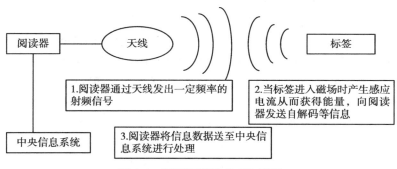

图 4-4　射频识别技术工作原理

（1）信号发射机（标签）　在 RFID 系统中，信号发射机为了不同的应用目的，会以不同的形式存在，典型的形式是标签（Tag）。标签相当于条码技术中的条码符号，用来存储需要识别传输的信息。另外，与条码不同的是，标签必须能够自动或在外力的作用下，把存储的信息主动发射出去。标签一般是带有线圈、天线、存储器与控制系统的低电集成电路。按照不同的分类标准，标签有许多不同的分类。

1）主动式标签与被动式标签。在实际应用中，必须给标签供电才能工作，但它的电能消耗是非常低的（一般是百万分之一 mW 级别）。按照标签获取电能的方式不同，可以把标签分成主动式标签与被动式标签。主动式标签内部自带电池进行供电，它的电能充足，工作可靠性高，信号传送的距离远。另外，主动式标签可以通过设计电池的不同寿命对标签的使用时间或使用次数进行限制，可以用在需要限制数据传输量或者使用数据有限制的地方。例如，一年内，标签只允许读写有限次。主动式标签的缺点主要是标签的使用寿命有限制，而且随着标签内电池电力的消耗，数据传输的距离会越来越小，影响系统的正常工作。

被动式标签内部不带电池,要靠外界提供能量才能正常工作。被动式标签典型的产生电能的装置是天线与线圈,当标签进入系统的工作区域,天线接收到特定的电磁波,线圈就会产生感应电流,再经过整流电路给标签供电。被动式标签具有永久的使用期,常常用在标签信息需要每天读写或频繁读写的地方,而且被动式标签能支持长时间的数据传输和永久性的数据存储。被动式标签的缺点主要是数据传输的距离要比主动式标签短。因为被动式标签依靠外部的电磁感应供电,它的电能比较弱,数据传输的距离和信号强度受到限制,需要敏感性比较高的信号接收机(阅读器)才能可靠识读。

2)只读标签与可读可写标签。根据内部使用存储器类型的不同,标签可以分成只读标签与可读可写标签。只读标签内部只有只读存储器 ROM(Read Only Memory)和随机存储器 RAM(Random Access Memory)。ROM 用于存储发射器操作系统说明和安全性要求较高的数据,它与内部的处理器或逻辑处理单元完成内部的操作控制功能,如响应延迟时间控制、数据流控制、电源开关控制等。另外,只读标签的 ROM 中还存储标签的标识信息。这些信息可以在标签制造过程中由制造商写入 ROM 中,也可以在标签开始使用时由使用者根据特定的应用目的写入特殊的编码信息。这种信息可以只简单地代表二进制中的"0"或者"1",也可以像二维码那样,包含复杂且相当丰富的信息。但这种信息只能是一次写入,多次读出。只读标签中的 RAM 用于存储标签反应和数据传输过程中临时产生的数据。另外,只读标签中除了 ROM 和 RAM 外,一般还有缓冲存储器,用于暂时存储调制后等待天线发送的信息。

可读可写标签内部的存储器除了 ROM、RAM 和缓冲存储器之外,还有非活动可编程记忆存储器。这种存储器除了具有存储数据的功能外,还具有在适当的条件下允许多次写入数据的功能。非活动可编程记忆存储器有许多种,EEPROM(电可擦除可编程只读存储器)是比较常见的一种。这种存储器在加电的情况下,可以实现对原有数据的擦除以及数据的重新写入。

3)标识标签与便携式数据文件。根据标签中存储器数据存储能力的不同,可以把标签分成仅用于标识目的的标识标签与便携式数据文件两种。对标识标签来说,有一个数字或者多个数字、字母、字符串存储在标签中,用于识别或者作为进入信息管理系统中数据库的钥匙(Key)。条码技术中标准码制的号码,如 EAN/UPC 码,或者混合编码,或者标签使用者按照特别的方法编的号码,都可以存储在标识标签中。标识标签中存储的只是标识号码,用于对特定的标识项目,如人、物、地点进行标识,关于被标识项目的详细的特定信息,只能在与系统相连接的数据库中进行查找。

顾名思义,便携式数据文件就是说标签中存储的数据非常大,足以被看作一个数据文件。这种标签一般都是用户可编程的。标签中除了存储标识码外,还存储有大量的被标识项目的其他相关信息,如包装说明、工艺过程说明等。在实际应用中,关于被标识项目的所有信息都是存储在标签中的,读标签就可以得到关于被标识项目的所有信息,而不用再连接到数据库进行信息读取。另外,标签存储能力的提高,使它具有组织数据的能力,在读标签的过程中,可以根据特定的应用目的控制数据的读出,实现在不同的情况下读出的数据不同。

(2)信号接收机(阅读器) 在 RFID 系统中,信号接收机一般称为阅读器。由于支持的标签类型不同与完成的功能不同,阅读器的复杂程度是完全不同的。阅读器基本的功能就是提供与标签进行数据传输的途径。另外,阅读器还具有相当复杂的信号状态控制、奇偶错误校验与更正功能等。标签中除了存储需要传输的信息外,还必须含有一定的附加信息,如错误校验信息等。识别数据信息和附加信息后按照一定的结构将它们编织在一起,并按照特定的顺序向外发送。阅读器通过接收到的附加信息来控制数据流的发送。一旦到达阅读器的信息被正确地接收和译解后，阅读器通过特定的算法决定是否需要信号发射机对发送的信号重发一次，或者指导信号发射器停止发送信号，这就是"命令响应协议"。使用这种协议，即便在很短的时间、很小的空间阅读多个标签，也可以有效地防止"欺骗问题"的产生。

（3）编程器　只有可读可写标签系统才需要编程器。编程器是向标签写入数据的装置。编程器写入数据一般来说是离线（Off-line）完成的，也就是预先在标签中写入数据，等到开始应用时直接把标签黏附在被标识项目上。也有一些 RFID 应用系统，写入数据是在线（On-line）完成的，尤其是在生产环境中作为交互式便携数据文件来处理时。

（4）天线　天线是标签与阅读器之间传输数据的发射、接收装置。在实际应用中，除了系统功率，天线的形状和相对位置也会影响数据的发射和接收，需要专业人员对系统的天线进行设计、安装。

3. RFID 技术在物流中的应用

RFID 技术发展异常迅速，并且已经深入应用到很多领域，如铁路车辆的自动识别、生产线的自动化及过程控制、货物的跟踪及管理等，在物流领域主要用于对物品跟踪，对运载工具和货架进行识别等。下面简单介绍 RFID 技术在物流中的一些典型应用。

（1）集装箱自动识别系统　集装箱上需安装标签。当集装箱从汽车、火车、货船到达或离开货场时，通过射频识别设备，对集装箱进行自动识别，并将识别信息通过各种网络通信设施传递到信息系统，实现集装箱的动态跟踪和管理，提高集装箱的运输效率。

（2）智能托盘系统　在每个托盘上都安装射频标签，把射频阅读器安装在托盘进出仓库必经的通道口上方。当叉车装载托盘货物通过时，阅读器获取标签内的信息，并传递给计算机，记录托盘的通过情况；当托盘装满货物时，自动称重系统会自动比较装载货物的总重量与存储在计算机中的单个托盘重量，获取差异，了解货物的实时信息。通过使用 RFID 技术，可高效地获得仓库中货物、托盘状况，提高仓库管理水平。

（3）通道控制系统　为仓库中可重复使用的各个包装箱都安装上作为唯一标识的射频标签，在包装箱进出仓库的通道进出口处安装射频阅读器，将阅读器天线固定在上方。当包装箱通过天线所在处，计算机把从标签里获得的信息与主数据库信息进行比较，正确时绿色信号亮，包装箱可通过；如果不正确，则激活红色信号，同时将时间和日期记录在数据库中。该系统消除了以往采用纸张单证管理系统常出现的人为错误，建立了高效和良好的信息采集途径，可在包装箱高速移动过程中获取信息，节省大量时间。同时，该系统采用射频标签还可以使公司快速获得信息反馈，包括损坏信息、可能取消的订货信息，从而降低来自消费者的风险。

（4）配送过程贵重物品的保护　在保税仓库可能会存储着价值高昂的货物，为了防止货物被盗和防止装着这些货物的托盘放错位置而导致延迟交货，可采用 RFID 技术，保证叉车按正确设置的路线移动托盘，降低在非监控道路货物被盗的可能性。在仓库内配备悬浮在上方的阅读器，给叉车装备射频标签。沿途经过货物的详细资料通过射频连接从中央数据库下载到叉车——这些信息包括正确的装货位置，以及沿途安装的阅读器提供的经由路径信息。如果发现标签错误，叉车会被停止，由管理者重新设置交通路径，同时自动称重并实时提供监控信息。

（5）货物防盗系统　在需要重点防盗的货物上安装射频标签，当装有货物的车辆通过装有阅读器的出口时，阅读器可实时识别每件货物上的标签信息，若有不被授权出去的货物，可被限制运出。通过运用 RFID 系统，可识别高速移动物体及可同时识别多个标签，实现多件货物运输过程的实时监控及防盗。

|延伸阅读|

RFID 技术的应用为烟草行业带来效益

随着 RFID 技术在我国烟草行业的应用，数据集中问题变得非常轻松和容易实现了。一个完整的供应链系统可随时跟踪卷烟并自动记录供应链中每个环节的真实情况，这些翔实的信息可以通过计算机网络系统直接被国家及地方卷烟部门掌握，从而为国家宏观调控和决策指挥提供全面、详细、准确、及时的依据。

1. 将实现国家对烟草行业各相关企业的全面监控与管理

RFID 技术使国家管理部门通过彻底实施"全程"追踪解决方案，正确、及时、动态、有效地对烟草行业各相关企业进行监控与管理，有效遏制甚至杜绝卷烟生产、流通的体外循环以及卷烟的伪造和仿造，为国民经济持续发展提供有力的技术保障。

2. 将会使烟草行业的物流运输产生重要变革

基于 RFID 的应用管理，将烟草行业上游卷烟材料供应商、产业下游经销商（客户）、物流运输商及服务商、零售商进行垂直一体化的整合。RFID 技术促进了库存的可视性、生产过程的可视性、资产的可视性、供应链的可视性以及供应链最优规划，使资源合理流动来缩短交货周期、降低库存，降低成本，提高速度和精确性，提高企业竞争力。

3. 将会有利于烟草行业形成全国统一大市场

畅通的物流信息有利于规范市场行为，创造平等竞争环境，建成统一、开放、竞争、有序的大市场；实现卷烟材料供应商、生产企业和销售网络的规模经营，实现供需双方互动的可持续发展的良性循环。

4. 将会有利于提升烟草企业的核心竞争力

RFID 应用数字化管理，帮助供需双方实现材料生产和卷烟生产技术以及市场信息等方面知识的共享融合，继而实现共同的成本管理，运用科学手段降低材料成本，减少交易费用，进一步提高管理运作效率，降低运作成本，降低卷烟的损失率，为企业带来直接经济效益，提高企业核心竞争力。

资料来源：姜方桃，邱小平. 物流信息系统[M]. 西安：西安电子科技大学出版社，2019：54-55.

4.2 物流信息的跟踪技术

物流活动常处于运动和非常分散的状态，为了对物流活动的空间数据进行有效的管理，通常采用 GIS 和 GPS 技术。GIS 是在吸收和融合相关学科和信息技术的基础上丰富与发展起来的，它利用计算机图形和数据库技术来采集、存储、编辑、显示、转换、分析和输出地理图形及其属性数据，为用户提供图文并茂的信息，以便其进行分析和决策。GPS 是利用导航卫星进行测时和测距，让处于地球任何位置的用户方便进行定位。

本节主要介绍 GIS 的定义、构成及其在物流中的应用；GPS 的含义、系统构成、定位原理及其在物流中的应用。

4.2.1 地理信息系统技术

地理信息系统（Geography Information System，GIS）是多门学科交叉的产物，它以地理空间数据为基础，在计算机软件、硬件的支持下，对空间相关数据进行采集、管理、操作、分析、模拟和显示，并采用地理模型分析方法，适时地提供多种空间和动态的地理信息，是为地理研究和地理决策服务而建立起来的计算机技术系统。其基本功能是将表格型数据转换为地理图形显示，然后对显示结果进行浏览、操作和分析。其显示范围可以从洲际地图到非常详细的街区地图，显示对象包括人口、销售情况、运输线路以及其他内容。

1. GIS 的构成

从应用的角度，GIS 由硬件、软件、地理空间数据、方法和人员五部分组成。硬件和软件为 GIS 建设提供环境；地理空间数据是 GIS 的重要内容；方法为 GIS 建设提供解决方案；人员是 GIS 建设中的关键和能动性因素，直接影响和协调其他组成部分。

（1）硬件组成　硬件主要包括计算机和网络设备、存储设备、数据输入、显示和输出的外围设备等。中央处理器与磁盘驱动器连接在一起提供存储数据和程序的空间；数字化仪或其他数字化设备将地图或航片等资料转换成数字形式送入计算机；绘图仪及其他类型的显示设备用于显示数据处理结果；磁盘机主要用来存储数据、程序或与其他系统进行通信。用户通过可视显示器或终端控制计算机和外围设备，如绘图仪、打印机等。

（2）软件组成　GIS 软件系统是 GIS 运行所必需的各种程序，包括系统软件、核心软件和应用软件三部分。其中，系统软件是指操作系统、数据库管理系统等；核心软件包括数据输入和检验、数据存储和管理、数据变换、数据输出和表示等；应用软件是 GIS 开发人员或用户根据某个专题或模型编制完成特定任务的程序，它与系统软件紧密相连，是系统软件的扩充和延伸。

（3）地理空间数据　地理空间数据是以地球表面空间位置为参照，描述自然、社会和人文经济景观的数据。这些数据可以是图形、图像、文字、表格和数字等。它可以通过数字化仪、扫描仪、键盘等输入设备被输入 GIS，通过 GIS 的输入处理模块按照一定的数据结构转换为标准的数据文件，被存放在地理数据库中，便于 GIS 对数据进行处理和提供给用户使用。

（4）方法　方法是指系统采用何种技术路线、何种解决方案来实现系统目标。方法的采用会直接影响系统的性能、可用性和可维护性。

（5）人员　人员是 GIS 中的重要构成要素，GIS 不同于一幅地图，而是一个动态的地理模型，仅有系统软、硬件和数据构不成完整的 GIS，需要人员进行系统组织、管理、维护和数据更新、系统扩充完善、应用程序开发，并采用地理分析模型提取多种信息，为地理学研究和地理决策服务。只有在对 GIS 进行合理投资与综合配置的情况下，才能建立有效的 GIS。

2. GIS 在物流中的应用

物流过程是计划、执行与控制原材料或最终产品从产地到使用地点的实际流程。物流服务具体包括订单管理、运输、仓储、装卸、送递、报关、退货处理、信息服务及增值业务等。物流过程中货物运输路径的选择、仓库地址的选择等，都涉及如何处理大量的空间数据与属性数据而缩短物流时间、降低成本的问题。而基于 GIS 的物流分析软件系统不仅具有对空间和属性数据的采集、输入、编辑、存储、管理、空间分析、查询、输出和显示功能，而且可以为系统用户进行预测、监测、规划管理和决策提供科学依据。

（1）GIS 技术在现代物流管理中的应用　在激烈的市场竞争中，企业物流管理需要及时跟踪货物的运输过程，了解各仓库的准确信息，合理调配和使用车辆、搬运工具、库房和人员等各种资源，为客户提供优质的服务；提供实时的信息查询和物品承运的各种指标数据，为客户提供简单的流通加工业务、配送业务，进行运输和仓储整合等。GIS 技术的应用，使现代物流管理进入信息化、智能化阶段。物流信息化使得信息流动加快、信息流动及时准确，而信息的迅速流动直接关系到物流运作流程的平衡，如能大大缩短配车计划编制时间、提高车辆的利用率、减少闲置及等候时间、合理安排配送区域和路线等。

利用基于 GIS 的物流分析软件系统，能将属性数据和图形数据相结合，便于企业对分区进行科学、规范的管理，并且可以优化车辆与人员的调度，最大限度地利用人力、物力资源，使货物配送达到最优化。物流中的许多重要决策问题，如配送中心的选址、货物组配方案、运输的最佳路径、最优库存控制等，都可以得到更好的解决方案。基于 GIS 的物流分析软件系统的功能有：

1）分区。客户可在未分区域的地理地图信息中，参照地理区域，并结合自己的实际情况，将地理信息管理系统区域划分为若干个责任管辖区域。

2）客户定位。在已分完区域的地理地图信息中，由于地理地图已具有地理坐标，通过对地理坐标的描述，可以在地图上对新客户进行地理位置的定位或者修改老客户的地理位置，从而在地理地图坐标中最终确立客户的地理位置。

3）使用 GIS 对某个城市或地区按管理的要求建立电子地图，准确地反映出道路情况，从而使企业能精确地确定配送地点和客户的地理位置。

4）根据服务区域和特点，划分工作组、责任区，并根据客户分布和需求量合理安排工作路线和顺序。

5）需求优先级。不同的客户对产品的需求量不同，等待服务的时间点和时间段也各不相同。分配不同的优先级，能使客户满意程度最大化。

6）路径最优化。根据实际的需求分布，优化具体运行路径，使资源消耗最小化。

7）动态模糊分区。对已经按地理位置分区的多个工作组，根据具体情况，动态地分配它们的服务区，特别是交叉地段，从而协调各组的工作量和服务质量。

（2）GIS 技术在物流配送中的应用　GIS 技术应用于物流配送系统中，可以加强企业对物流过程的全面控制和管理，实现高效、高质的物流配送服务。在 GIS 中，空间信息和属性信息是不可分割的整体，它们分别描述地理实体的两面，以地理实体为主线组织起来。空间信息还包括空间要素之间的几何关系，使 GIS 能够支持空间查询和空间分析，以便制定规划和决策。

GIS 融入物流配送之后，企业就能更容易地安排物流配送中货物的运输、仓储、装卸、送递等各环节，并对其中涉及的问题，如运输路线的选择、仓库位置的选择、仓库的容量设置、合理装卸策略的制定、运输车辆的调度和投递路线的选择等进行有效的管理和决策分析。基于 GIS 的物流配送系统可实现如下主要功能：

1）车辆和货物跟踪。利用 GIS 和电子地图可以实时显示车辆或货物的实际位置，并能查询车辆和货物的状态，以便进行合理调度和管理。

2）规划运输线路并导航。规划出运输线路，并使其通过显示器展现在电子地图上。

3）信息查询。对配送范围内的主要建筑、运输车辆、客户等进行查询。查询资料可以文字与图像的形式显示，并在电子地图上显示其位置。

4）模拟与决策。可长期利用客户、车辆、订单和地理数据等建立模型来进行物流网络的布局模拟，并以此来建立决策支持系统，以提供更有效且直观的决策依据。

4.2.2 全球定位系统技术

1. 全球定位系统技术概述

全球定位系统（Global Positioning System，GPS）是利用导航卫星进行测时和测距，使在地球上任何地方的用户，都能计算出他们所处的方位。当前，有两个公开的 GPS 系统可利用：一个是 NAVSTAR 系统，由美国研制，归美国国防部管理和操作；另一个是 GLONASS 系统，为俄罗斯所有。因为最先可利用的是 NAVSTAR 系统，故又将这一全球卫星定位导航系统简称为 GPS。GPS 的特点如下：

（1）定位精度高　应用实践已经证明，GPS 相对定位精度在 50km 以内可达 6~10m，100~500km 可达 7~10m，1 000km 可达 9~10m。在 300~1 500km 工程精密定位中，1h 以上观测地解，其平面位置误差小于 1mm，与 ME-5000 电磁波测距仪测定的边长比较，其边长校差最大为 0.5mm，校差中误差为 0.3mm。

（2）观测时间短　随着 GPS 系统的不断完善与软件的不断更新，目前 20km 以内相对静态定位，仅需 15~20min；快速静态相对定位测量时，若每个流动站与基准站相距 15km 以内，流动站观测时间只需 1~2min，然后可随时定位，每站观测只需几秒钟。

（3）测站间无须通视　GPS 测量不要求测站之间互相通视，只需测站上空开阔即可，因此可节省大量的造标费用。由于无须点间通视，点位位置根据需要可稀可密，使选点工作更为灵活，也可省去经典大地网中的传算点、过渡点的测量工作。

（4）可提供三维坐标　经典大地测量将平面与高程采用不同方法分别施测。GPS 可同时精确测定测站点的三维坐标。目前，GPS 可满足四等水准测量的精度。

（5）操作简便　随着 GPS 接收机的不断改进，其自动化程度越来越高，有的已达"傻瓜化"；接收机的体积越来越小，重量越来越轻，极大地减轻了测量工作者的工作紧张程度和劳动强度，使野外工作变得轻松愉快。

（6）全天候作业　目前 GPS 观测可在 24 小时内的任何时间进行，不受阴天、黑夜、起雾、刮风、下雨、下雪等不良天气的影响。

（7）功能多、应用广　GPS 系统不仅可用于测量、导航，还可用于测速、测时。测速的精度可达 0.1m/s，测时的精度可达几十纳秒。其应用领域不断扩大。当初设计 GPS 系统主要是满足导航、收集情报等军事需求，但是后来的应用开发表明，GPS 系统不仅能够满足上述需求，而且用 GPS 卫星发来的导航定位信号能够进行厘米级甚至毫米级精度的静态相对定位，米级至亚米级精度的动态定位，亚米级至厘米级精度的速度测量和纳秒级精度的时间测量。因此，GPS 系统拥有极其广阔的应用前景。

2. GPS 系统构成及工作原理

（1）GPS 系统构成　GPS 系统包括三大部分：空间部分——GPS 卫星星座；地面控制部分——地面监控系统；用户设备部分——GPS 信号接收机。

（2）GPS 定位原理　GPS 的基本定位原理是：卫星不间断地发送自身的星历参数和时间信息，用户接收到这些信息后，经过计算得出接收机的三维位置、三维方向以及运动速度和时间信息。

GPS 接收机可接收到：实时的准确至纳秒级的时间信息；用于预报未来几个月内卫星所处概略位置的预报星历；用于计算定位时所需卫星坐标的广播星历，精度为几米至几十米（各个卫星不同，随时变化）；GPS 系统信息，如卫星状况等。

:知识链接:

物流信息平台

物流信息平台是现代物流业的重要组成部分，对物流供应链上基于信息交换与共享的企业间协作运营起着基础性的支撑作用。物流信息平台的含义有广义和狭义之分。

广义的物流信息平台是指全球定位系统（GPS）、地理信息系统（GIS）、电子商务等多种技术在仓储、货运代理、联运、集装箱运输以及政府管理等物流相关领域的集成应用。狭义的物流信息平台是指具体提供各类物流信息的特定软硬件基础设施，软硬件基础设施的建设、管理和维护，以及信息的发布由专业组织（如物流服务中介组织、物流企业等）运营。

3. GPS 在物流中的应用

（1）用于车辆的自定位、跟踪调度　以车辆跟踪为例，利用 GPS 和电子地图可以实时显示出车辆的实际位置，并可以任意放大、缩小、还原；可以随目标移动，使目标始终保持在屏幕上；还可以实现多窗口、多车辆、多屏幕同时跟踪。利用该功能可以对重要车辆和货物进行持续跟踪。

出行路线规划是汽车导航系统的一项重要辅助功能，包括自动线路规划和人工线路设计。自动线路规划是由驾驶者确定起点和目的地，由计算机软件按要求自动设计最佳行驶路线，包括最快的路线、最简单的路线、通过高速公路路段次数最少的路线的计算。人工线路设计是由驾驶员根据自己的目的地设计起点、终点和途经点等，自动建立路线库。线路计划好以后，路线能显示在电子地图的显示器上，并显示行驶轨迹和前进方法。

（2）用于铁路运输　我国铁路开发的基于 GPS 的计算机管理信息系统，可以通过 GPS 和计算机网络实时收集全路列车、机车、车辆、集装箱及所运货物的动态信息，可以实现列车、货物跟踪管理。只要知道货车的车种、车型、车号，就可以立即从近 10 万千米的铁路网上流动的几十万辆货车中找到该货车，还能得到这辆货车现在何处运行或停在何处，以及所有的车载货物发货信息。

（3）用于军事物流　首先，GPS 是为达到军事目的而建立的。在军事物流中，如后勤装备的保障等方面，GPS 应用相当普遍。

|延伸阅读|

北斗卫星导航系统

1. 北斗卫星导航系统概述

北斗卫星导航系统（BeiDou Navigation Satellite System，BDS）是中国自行研制的全球卫星导航系统，也是继 GPS、GLONASS 之后的第三个成熟的卫星导航系统。北斗卫星导航系统（BDS）和美国的 GPS、俄罗斯的 GLONASS、欧盟的 GALILEO，是联合国卫星导航委员会已认定的供应商。

北斗卫星导航系统（以下简称"北斗系统"）是中国着眼于国家安全和经济社会发展需要，自主建设运行的全球卫星导航系统，是可为全球用户提供全天候、全天时、高精度的定位、导航和授时服务的国家重要时空基础设施。

北斗系统自提供服务以来，已在交通运输、农林渔业、水文监测、气象测报、通信授时、电力调度、救灾减灾、公共安全等领域得到广泛应用，服务国家重要基础设施，产生了显著的经济效益和社会效益。基于北斗系统的导航服务已被电子商务、移动智能终端制造、位置服务等厂商采用，广泛进入中国大众消费、共享经济和民生领域，应用的新模式、新业态、新经济不断涌现，深刻改变着人们的生产生活方式。中国将持续推进北斗系统的应用与产业化发展，服务国家现代化建设和百姓日常生活，为全球科技、经济和社会发展做出贡献。

北斗系统秉承"中国的北斗、世界的北斗、一流的北斗"发展理念，愿与世界各国共享北斗系统建设发展成果，促进全球卫星导航事业蓬勃发展，为服务全球、造福人类贡献中国智慧和力量。北斗系统为经济社会发展提供重要时空信息保障，是中国实施改革开放以来取得的重要成就之一，是中华人民共和国成立以来重大科技成就之一，是中国贡献给世界的全球公共服务产品。中国将一如既往地积极推动国际交流与合作，实现与世界其他卫星导航系统的兼容与互操作，为全球用户提供更高性能、更加可靠和更加丰富的服务。

2. 北斗卫星导航系统发展历程

中国高度重视北斗系统的建设发展，自 20 世纪 80 年代开始探索符合国情的卫星导航系统发展道路，形成了"三步走"发展战略：2000 年年底，建成北斗一号系统，向中国提供服务；2012 年年底，建成北斗二号系统，向亚太地区提供服务；2020 年，建成北斗三号系统，向全球提供服务。

第一步，建设北斗一号系统。1994 年，启动北斗一号系统工程建设；2000 年，发射两颗地球静止轨道卫星，建成系统并投入使用，采用有源定位体制，为中国用户提供定位、授时、广域差分和短报文通信服务；2003 年发射第 3 颗地球静止轨道卫星，进一步增强系统性能。

第二步，建设北斗二号系统。2004 年，北斗二号系统工程开始实施；2012 年年底，14 颗卫星发射组网建设完成。北斗二号系统在兼容北斗一号系统技术体制基础上，增加无源定位体制，为亚太地区用户提供定位、测速、授时和短报文通信服务。

第三步，建设北斗三号系统。2009 年，启动北斗三号系统建设；2018 年年底，完成 19 颗卫星发射组网，完成基本系统建设，向全球提供服务；2020 年 7 月 31 日，完成 30 颗卫星发射组网，全面建成北斗三号系统。北斗三号系统继承北斗有源服务和无源服务两种技术体制，能为全球用户提供基本导航（定位、测速、授时）、全球短报文通信、国际搜救服务，中国及周边地区用户还可享有区域短报文通信、星基增强、精密单点定位等服务。

截至 2019 年 9 月，北斗卫星导航系统在轨卫星已达 39 颗。从 2017 年年底开始，北斗三号系统建设进入了超高密度发射。北斗系统正式向全球提供 RNSS 服务，在轨卫星共 39 颗。

2020 年 6 月 16 日，北斗三号最后一颗全球组网卫星发射任务因故推迟。

2020 年 6 月 23 日，北斗三号最后一颗全球组网卫星在西昌卫星发射中心点火升空。6 月 23 日 9 时 43 分，我国在西昌卫星发射中心用长征三号乙运载火箭，成功发射北斗系统第 55 颗导航卫星，即北斗三号最后一颗全球组网卫星。至此，北斗三号全球卫星导航系统星座部署比原计划提前半年全面完成。

2020 年 7 月 31 日上午 10 时 30 分，北斗三号全球卫星导航系统建成暨开通仪式在人民大会堂举行，中共中央总书记、国家主席、中央军委主席习近平宣布北斗三号全球卫星导航系统正式开通。

2020 年 12 月 15 日，北斗导航装备与时空信息技术铁路行业工程研究中心成立。

2021 年 3 月 4 日，《解放军报》记者从中国卫星导航系统管理办公室获悉，北斗三号全球卫星导航系统开通以来，系统运行稳定，持续为全球用户提供优质服务，开启全球化、产业化新征程。

2021 年 5 月 26 日，在中国南昌举行的第十二届中国卫星导航年会上，中国北斗卫星导航系统主管部门透露，中国卫星导航产业年均增长达 20% 以上。截至 2020 年，中国卫星导航产业总体产值已突破 4 000 亿元。预估到 2025 年，中国北斗产业总产值将达到 1 万亿元。

2022 年，全面国产化的长江干线北斗卫星地基增强系统工程已建成投入使用，北斗智能船载终端陆续投放航运市场，长江干线 1.5 万余艘船舶用上北斗系统。

2022 年 1 月，西安卫星测控中心圆满完成 52 颗在轨运行的北斗导航卫星健康状态评估工作。"体检"结果显示，所有北斗导航卫星的关键技术指标均满足正常提供各类服务的要求。

2035 年，中国将建设完善更加泛在、更加融合、更加智能的综合时空体系，进一步提升时空信息服务能力，为人类走得更深更远做出中国贡献。

3．北斗卫星导航系统发展目标

建设世界一流的卫星导航系统，满足国家安全与经济社会发展需求，为全球用户提供连续、稳定、可靠的服务；发展北斗产业，服务经济社会发展和民生改善；深化国际合作，共享卫星导航发展成果，提高全球卫星导航系统的综合应用效益。

4．北斗卫星导航系统建设原则

中国坚持"自主、开放、兼容、渐进"的原则建设和发展北斗系统。

1）自主。坚持自主建设、发展和运行北斗系统，具备向全球用户独立提供卫星导航服务的能力。

2）开放。免费提供公开的卫星导航服务，鼓励开展全方位、多层次、高水平的国际合作与交流。

3）兼容。提倡与其他卫星导航系统开展兼容与互操作，鼓励国际合作与交流，致力于为用户提供更好的服务。

4）渐进。分步骤推进北斗系统建设发展，持续提升北斗系统服务性能，不断推动卫星导航产业全面、协调和可持续发展。

5．北斗卫星导航系统基本组成

北斗系统由空间段、地面段和用户段三部分组成。

1）空间段。北斗系统空间段由若干地球静止轨道卫星、倾斜地球同步轨道卫星和中圆地球轨道卫星等组成。

2）地面段。北斗系统地面段包括主控站、时间同步/注入站和监测站等若干地面站，以及星间链路运行管理设施。

3）用户段。北斗系统用户段包括北斗兼容其他卫星导航系统的芯片、模块、天线等基础产品，以及终端产品、应用系统与应用服务等。

6. 北斗卫星导航系统发展特色

北斗系统的建设实践，走出了在区域快速形成服务能力、逐步扩展为全球服务的中国特色发展路径，丰富了世界卫星导航事业的发展模式。北斗系统具有以下特点：

1）北斗系统空间段采用三种轨道卫星组成的混合星座，与其他卫星导航系统相比高轨卫星更多，抗遮挡能力强，尤其在低纬度地区的性能优势更为明显。

2）北斗系统提供多个频点的导航信号，能够通过多频信号组合使用等方式提高服务精度。

3）北斗系统创新融合了导航与通信能力，具备定位导航授时、星基增强、地基增强、精密单点定位、短报文通信和国际搜救等多种服务能力。

资料来源：北斗卫星导航系统介绍［EB/OL］.［2023-06-21］. http://www.beidou.gov.cn/xt/xtjs/.

4.3 物流管理信息系统的存储和传输技术

4.3.1 数据库管理技术

1. 数据库系统的组成

数据库系统（Data Base System，DBS）是由计算机系统、数据库、数据库管理系统和有关人员组成的具有高度组织性的总体。数据库系统的组成主要有以下四个部分：

（1）计算机系统　计算机系统是指用于数据库管理的计算机软、硬件系统。数据库需要大容量的主存以存放和运行操作系统、数据库管理系统程序、应用程序、数据库等。辅存方面，则需要大容量的直接存取设备。此外，系统应具有较多的网络功能，以实现数据资源的共享。

（2）数据库　数据库在数据库系统中主要起存储数据的作用。

（3）数据库管理系统　数据库管理系统（Data Base Management System，DBMS）是一组对数据库进行管理的软件，通常包括数据库定义语言及其编译程序、数据操纵语言及其编译程序以及数据管理例行程序等软件，如 Visual FoxPro、Sybase、Oracle、Informix、SQL Server 等。

DBMS 一般具有如下功能：

1）数据定义功能。它提供数据定义语言（Data Defined Language，DDL）及其翻译程序，定义数据库（模式及模式间映像）、数据完整性以及保密性的约束等；帮助用户（在他们的权限范围内）方便地实现对于数据库中有关数据的各种操作，包括数据查询和更新（插入、修改和删除）等。

2）数据库操纵功能。它提供数据操纵语言（Data Manipulation Language，DML）及其翻译程序，实现对数据的查询、插入、更新和删除等操作。

3）数据库运行和控制功能。它包括数据安全性控制、数据完整性控制、多用户环境的并发控制等，按照数据库管理人员规定的要求，对数据库中保存的数据实施完整性检查与安全性控制，还要对数据库进行并发控制（即保证多个用户可以同时使用数据库而互不干扰）。当数据库出现故障时，要使数据库管理人员能够迅速有效地对受到损坏的数据加以恢复。

4）数据库维护功能。它包括数据库数据的载入、转储和恢复及重组与重构，数据库的维护和数据库的功能及性能分析和监测等。

5）数据字典（Data Dictionary，DD）。它是指存放数据库各级模式结构的描述，是访问数据库的接口。在大型系统中，DD 也可单独成为一个系统。

6）数据通信功能。它包括与操作系统的联机处理、分别处理和远程作业传输的相应接口，这一功能对分布式数据库系统尤为重要。

（4）人员

1）数据库管理员。数据库管理员（Data Base Administrator，DBA）是对数据库进行有效控制的人员。它的职责包括定义并存储数据库的内容，监督和控制数据库的使用，负责数据库的安全维护等。

2）系统程序员。系统程序员是设计数据库管理系统的专门人员，他们主要设计实现数据组织与存取的各种功能，实现从逻辑结构到物理结构的映射等。

3）用户。用户包括应用程序员，是指负责编制和维护应用程序的用户，如编写仓储管理、运输管理等系统的用户；专门用户，是指通过交互方式进行信息检索和补充信息的用户；参数用户，是指那些与数据库进行固定的、有规则的交互作用的用户，如售货员、订票员等就是典型的参数用户。

2. 数据库模型

数据库模型反映了数据的组织形式及数据间的联系。在数据库系统中，对现实世界中数据的抽象、描述以及处理等都是通过数据模型库来实现的。数据库模型是数据库系统设计中用于提供信息表示和操作手段的形式构架，是数据库系统实现的基础。物流企业设计数据库系统时，所面临的重要问题之一就是选用哪种类型的数据库模型问题。在数据库系统中使用的数据库模型主要有以下三种：

（1）层次数据库模型　该模型用树形（层次）结构来表示客观实体间的联系。树的节点是记录类型，上下两层记录类型之间的联系是 $1:n$，即一对多联系。

（2）网状数据库模型　该模型用网状结构来表示客观实体间的联系。网状结构中的节点是记录类型，而记录类型之间的联系是 $1:n$。

（3）关系数据库模型　该模型的主要特征是用表格结构来表达客观实体，用键确定实体间的关联。实体及实体间的联系都是用关系来表示的。每个关系实际上就是一张二维表格，由行和列组成。每一行代表关系的一个记录，每一列代表关系的一个属性。能够唯一地标识实体的属性或属性组合的即为键。关系数据库模型与层次数据库模型和网状数据库模型的最大差别是用键而不是用指针来导航数据。

在关系数据库模型中，用户对数据的检索和操作实际上是从原二维表中得到一个子集，因而易于理解，操作直接、方便，用户只需指出"做什么"，而不必关心"怎么做"，从而大大提高了数据的独立性。同时，由于关系数据库模型概念简单、清晰、易懂、易用，并有严密的数学基础以及在此基础上发展起来的关系数据理论，简化了程序开发及数据库建立的工作量，因而迅速得到了广泛应用,并在数据库系统中占据了统治地位。

4.3.2 局域网络技术

1. 计算机局域网概述

将分散的计算机、终端、外围设备通过通信媒体互相连接在一起,能够实现互相通信的整个系统,或者说通过通信媒体互连起来的自治计算机集合体,被称为计算机网络。

计算机网络可以分成三大类:多机系统、局域网(LAN)和广域网(WAN)。局域网覆盖的地理范围一般在十公里以内,属于一个部门或单位组建的小范围网,它是在小型计算机和微型计算机大范围推广使用之后才逐步发展起来的,具有成本低、应用广、组网方便、使用灵活等特点,深受用户欢迎,是目前计算机网络发展中最活跃的分支。

2. 局域网的主要技术特点

局域网技术的发展最为迅速,并在企业、机关的管理信息系统与信息服务领域中得到了广泛的应用。局域网技术是当前计算机网络研究与应用的一个热点问题,也是目前技术发展最快的领域之一。从局域网的应用角度看,局域网主要的技术特点有以下几点:

1)局域网覆盖有限的地理范围,它可满足机关、公司、校园等有限范围内的计算机、终端与各类信息处理设备联网的需求。

2)局域网具有较高的数据传输速率(10~100Mb/s)、误码率较低的高质量数据传输环境。数据传输速率高达1Gbps(1000Mb/s)的高速局域网正在发展之中。

3)局域网一般归一个单位所有,易于建立、维护和扩展。

4)决定局域网特性的主要技术要素有网络拓扑、传输介质与介质访问控制方法。

5)局域网从介质访问控制方法的角度可以分为两类,即共享介质局域网与交换局域网。

3. 局域网标准及其工作原理

(1)IEEE 802标准 局域网标准委员会(以下简称"IEEE 802委员会")于1980年2月成立,专门从事局域网标准化工作,并制定了IEEE 802标准。IEEE 802标准所描述的局域网参考模型只对应于OSI参考模型的数据链路层与物理层,它将数据链路层划分为逻辑链路控制LLC(Logical Link Control)子层与介质访问控制MAC(Media Access Control)子层。

知识链接

OSI 与 IEEE 802

ISO 的 OSI 是以 WAN 为基础而制定的,它应用于 WAN 时,可以很好地解决 WAN 中通信子网的交换节点之间的点到点通信问题。而 LAN 中多采用共享通信介质的拓扑结构,若将 OSI 模型应用于 LAN,当有多个站点同时使用通信介质时,就会出现信息冲突,但 OSI 参考模型的数据链路层不具备解决 LAN 中各站点争用通信介质的能力。

为此,IEEE 802 委员会对 OSI 模型进行了改造,保持 OSI 高五层和第一层协议不变,将数据链路层分成两个子层,分别是逻辑链路控制(LLC)子层和介质访问控制(MAC)子层。

介质访问控制(MAC)子层主要负责处理 LAN 中各站对通信介质的争用问题。逻辑链路控制（LLC）子层屏蔽各种 MAC 子层的具体实现细节，具有统一的 LLC 界面，从而向网络层提供一致的服务。

在单个 LAN 中，各站点通过传输线直接相连，一般不存在路由选择问题，所以不必设立网络层。但当把多个 LAN 互联时就涉及路由选择问题。为此专门设一个层次来完成此项功能，该层在 IEEE 标准中称为网际层。

（2）局域网的基本工作原理　IEEE 802.2 标准定义的共享介质局域网有以下 3 类：
1）采用 CSMA/CD 介质访问控制方法的总线型局域网。
2）采用 Token Bus 介质访问控制方法的总线型局域网。
3）采用 Token Ring 介质访问控制方法的环形局域网。

上述 3 种局域网分别遵守 IEEE 802.3、IEEE 802.4、IEEE 802.5 标准。

（3）IEEE 802.3 标准与 Ethernet　目前，应用最为广泛的一类局域网是基带总线型局域网，即以太网（Ethernet）。Ethernet 的核心技术是它的随机争用型介质访问控制方法，即带有冲突检测的载波侦听多路访问 CSMA/CD（Carrier Sense Multiple Access with Collision Detection）方法。

CSMA/CD 方法用来解决多节点如何共享公用总线传输介质的问题。在 Ethernet 中，任何联网节点都没有可预约的发送时间，它们的发送都是随机的。CSMA/CD 的发送流程可以简单地概括为：先听后发，边听边发，冲突停止，发送信号，随机延迟后重发。

在采用 CSMA/CD 介质访问控制方法的总线形局域网中，每一个节点利用总线发送数据时，首先要侦听总线的忙、闲状态。如果总线上已经有数据信号传输，则为总线忙；如果总线上没有数据传输，则为总线闲。如果一个节点准备好发送的数据帧，并且此时总线闲，它就可以启动发送。但同时也存在着这种可能，就是在几乎相同的时刻，有两个或两个以上节点发送了数据，那么此时会产生冲突，因此节点在发送数据的同时应该进行冲突检测。如果在发生数据过程中没有检测出冲突，节点在发送结束后便进入正常结束状态；如果在发送数据过程中检测出冲突，为了解决信道争用冲突，节点停止发送数据，随机延迟后重发。Ethernet 中任何一个节点如果想发送数据的话，都要首先争取总线的使用权。因此，节点从准备发送数据到成功发送数据的发送等待延迟时间是不确定的，CSMA/CD 介质访问控制方法可以有效地控制多节点共享总线传输介质的访问，方法简单且容易实现。

（4）IEEE 802.4 标准与令牌总线　令牌总线（Token Bus）是一种在总线拓扑中利用"令牌"（Token）作为控制节点访问公共传输介质的确定型介质访问控制方法。在采用 Token Bus 方法的局域网中，任何一个节点只有在取得令牌后才能使用公共总线发送数据。令牌是一种特殊结构的控制帧，用来控制节点对总线的访问权。

网络完成初始化之后，各节点进入正常传递令牌与数据的状态。此时，每个节点有本站地址，最后由最低地址向最高地址依次循环传递，从而在一个物理总线上形成一个逻辑环。环中令牌传递顺序与节点在总线上的物理位置无关。因此，令牌总线网在物理上是总线网，而在逻辑上是环网。令牌帧含有一个目的地址，接收到令牌帧的节点可以在令牌持有最大时间内发送一个或多个帧。

（5）IEEE 802.5 标准与令牌环　令牌环（Token Ring）介质访问控制技术最早始于 1969 年贝尔研究室的 Newhall 环网，最有影响的令牌环网是 IBM Token Ring。IEEE 802.5 标准是在 IBM Token Ring 协议基础上发现并形成的。

在令牌环中，节点通过环接口连接成物理环形。令牌是一种特殊的控制帧。令牌帧中有一位标志令牌的忙/闲。当环正常工作的时候，令牌总是沿着物理环单向逐站传送，传送顺序与节点在环中排列的顺序相同。

令牌环控制方式与令牌总线方式相似，如环中节点访问延迟确定，适用于重负载环境，支持优先级服务。

令牌环控制方式的缺点主要表现在维护复杂，以及实现较困难。

4.3.3 数据仓库

数据仓库技术是从数据库系统发展而来的，是基于数学及统计学的思维逻辑实现数据整合、知识管理的应用技术。

1. 数据仓库的定义

传统的数据库系统中存在着两种不同类型的处理：事务型处理和分析型处理。其中，事务型处理又称操作型处理，是指对数据库进行日常的联机操作，如定期的数据查询、插入、删除和更新等操作。这些操作主要是为了支持企业或组织营运过程中各种日常的业务活动。数据库系统主要是用于这种事务型处理，而分析型处理则是主要为了支持企业或组织管理人员的决策分析。

假设同一个数据库系统被同时应用于以事务处理为主的联机事务处理（OLTP）和以分析处理为主的决策支持时，这两种类型的处理会发生明显的冲突，并一定会严重影响系统的性能。这是两种应用方式对于数据库系统的需求不同造成的。比如，事务型处理一般只处理少量的数据，但是要求快速的响应速度；而用于支持决策的分析型处理一般需要大量的数据支撑，用于得出决策结果。例如，分析型处理可能需要查询公司过去三年中各种产品的销售总量，为获得该汇总结果可能需要读取几百万条记录并运行相当长的时间。在查询执行期间，会锁住很多记录。这样，其他的事务型处理就无法同时进行。这样的情况是非常糟糕的。

因此，为了提高效率，必须要将这两种性质完全不同的数据处理进行分离。可以将分析数据从事务型处理环境（如 OLTP 系统）中提取出来，并重新组织、转换，将其移动到单独的数据库中。这个单独的数据库就是数据仓库。一个数据仓库通常包含了一个企业或组织希望查询的、用于决策分析的所有数据。这样，用于决策分析的分析型处理可以直接操作数据仓库中的数据，而不会影响原来数据库中的事务型处理的速度，从而提高了决策分析的效率。

数据仓库（Data Warehouse）的定义最初由 Bill Inmon（他被称为"数据仓库之父"）在其文章 *Building Data Warehouse* 中提出：数据仓库是面向主题的、集成的、不可更新的、随时间变化的数据集合，用以支持企业或组织的决策分析过程。

2. 数据仓库的特点

根据 Bill Inmon 的定义，数据仓库具有如下特点：

（1）数据仓库是面向主题的　数据仓库的数据是按照主题区域进行组织并面向主题的，与 OLTP 数据库不同。

例如，假设某公司 OLTP 系统中的订单条目系统及其数据库分为零售和批发两个系统，每个系统都支持对其所存放的数据的基本查询。因此，通过这两个系统，用户可以分别查询零售或批发产品的信息。但是，如果用户希望获得一个关于各种产品销售总量的报表（不管产品是零售还是批发的），就需要运行一个建立在所有的销售信息上的查询，而不只是对某个系统（零售或销售系统）存储的信息进行查询。如果利用原来的系统做此事的话，就只能先分别查询零售和批发系统，得到各种产品的零售销售总量和批发销售总量，再将这些信息进行汇总后计算出各种产品的销售总量。显然，这个查询过程不是很直接，需要人工干预，容易出错，特别是需要在所有销售信息上进行更复杂的查询时更易出错。

解决方法就是将这些分开存放在不同系统中的数据，按主题区域集成在一个数据仓库中。这样，用户只需要直接查询数据仓库，就可以获得关于所有产品销售信息的各种汇总信息，如各种产品的销售总量，也可获得销售量最大的产品。

（2）数据仓库是集成的　用于决策支持的信息是多方面的，因此，数据仓库除了可以包含从 OLTP 系统中定期传送过来的数据，也可以包含外部数据（如人口统计学数据、心理学数据等）。各种数据源中的数据经过提取、转换集成，最后被加载到数据仓库中。

如果将零售系统和批发系统中的数据合并到一个数据仓库中，则这两个系统中数据的编码可能不一致。例如，若在零售系统中客户的编号由 3 位数字组成（如 111），而批发系统中的客户编号是由 5 位字符或数字组成（如 C3451），而这里要将它们集合在一起并创建一个有效的主题区域，必须在数据进入数据仓库时修改这些产品的编码，使它们遵循统一的编码模式。

此外，在数据集成的过程中还有很多类似问题和冲突。例如，在数据仓库数据的整个集成过程中，必须要消除原始数据中存在的各种冲突，如同名异义、异名同义、数据编码的不统一等。另外，还要进行数据的有效性检查，最后要将数据转换成面向主题的数据结构，并进行数据的汇总等。

（3）数据仓库是非易失的　利用数据仓库的主要目的是进行决策分析，对数据仓库的操作也主要是数据查询。所以，各种数据源的数据一经集成进入数据仓库后，数据仓库的用户一般不对数据进行修改操作。

（4）数据仓库是随时间变化的　决策分析往往需要对发展趋势进行预测，如预测某种产品的销售趋势。对发展趋势的预测需要访问历史数据，一般是多年的历史数据，尤其当商业活动受季节影响较大时更是如此。所以，在数据仓库中必须存放这些历史数据，且随着时间的推移，应不断增加新的数据到数据仓库中。这一点与 OLTP 系统是不同的。OLTP 系统不会将大量的历史数据存放在数据库中，因为 OLTP 系统要求高响应速度。

数据仓库中的历史数据大部分是不同时间的 OLTP 数据库快照的集合，以及基于快照进行统计、综合和重组而导出的数据。随着时间的推移，数据仓库系统必须不断捕捉 OLTP 数据库中的数据，捕捉到的新数据只是又一个 OLTP 数据库快照，它不会覆盖原来的快照。

数据仓库中的数据并不是永不过期，也是有存储期限的。超过期限的数据会被删除。只是相对于 OLTP 数据库中的数据期限来说，数据仓库中的数据的存储期限要远远长于 OLTP 数据库（OLTP 数据库中数据存储期限一般是 3 个月到 1 年，而数据仓库中数据的存储期限一般是 5~20 年）。

数据仓库中不同时期的数据的概括级别可能也是不一样的。假设某食品公司，在其数据仓库中存放了从 2001 年到 2011 年的数据产品销售数据。其中，2011 年的数据可能是每一笔销售业务的数据，而 2009—2010 年的数据可能仅包含了每个月的汇总数据。因为，当处理完某项事务并过了相当长时间后，事务的细节就变得不重要了。例如，现在是 2011 年，关于客户 ×× 在 3 年前的某一天（假设 2008 年 5 月 16 日）购买了一瓶罐头的信息，对该公司的决策分析所起的作用就显得微乎其微了。在这种情况下，省略掉细节信息是可行的。但是，了解某种产品在从 2001 年到 2011 年每年 1 月的销售情况可能就比较重要了，因为可以利用这些数据预测该产品 2 月的销售情况。

3. 数据集市

（1）数据集市的定义　数据集市是数据仓库平台的一个非常重要的组件，是一个由用以支持部门定制应用的数据所组成的部门级数据库。比如，公司内部的销售、市场、财务、人事等部门都可以拥有自己的数据集市。每一个数据集市都有自己特定的用处，如人事部门的数据集市可以分析人事的流动，销售部门的数据集市可以分析产品的销售趋势等。当然，同一个数据集市也可用于不同的部门。例如，当销售部和市场部都希望分析收益率时，就可以建立一个数据集市来分析收益率，并让销售部和市场部都可以使用它。

（2）数据集市的数据来源　创建数据集市的方法主要有两种：一是将 OLTP 数据库中提取的数据直接放入数据集市中；二是将 OLTP 数据库中提取的数据先放到中央数据仓库中，再填充到数据集市中。

4. 数据挖掘

当公司在利用数据仓库中的数据进行决策分析时，需要回答两种类型的问题：定量和定性的问题。定量的问题，如各产品每季度的销售额、销售量最大的前五种产品等，这些问题只需要经过一些查询或根据制表工具就可以回答了。但如果用这些工具来回答定性问题，例如为什么某些客户会使用某类产品，而其他客户不会使用这些产品？哪些因素对某类产品的销售额最有影响力？决策分析人员就不得不先假设这些问题的答案，然后使用查询工具收集必要的信息，以验证或推翻自己的答案。显然，这样一个过程在很大限度上取决于分析人员的直觉，如果直觉有误，则得不到正确答案。而数据挖掘技术能够自动分析数据，进行归纳性推理，从中挖掘出数据间潜在的模式、趋势和相关性。数据挖掘是解决这类定性问题的可靠途径。

（1）数据挖掘的概念　数据挖掘（Data Mining，DM）是指从超大型数据库（VLDB）或数据仓库中搜索有用商业信息的过程。这与从矿山中挖掘矿石的过程是类似的，都需要对巨大数量的材料进行筛选或用智能去探查价值的真正所在。给定足够大小和数量的数据库，数据挖掘技术可以使用一组算法浏览数据，自动地发现模型、趋势和相关性，从而帮助用户发现在其他时候可能发现不了的、隐藏在内部的信息，帮助企业发现新的商业机会。

一般来说，数据挖掘技术具有如下性能：

1）自动预测趋势和行为。数据挖掘技术可以在大型数据库中自动发现预言性信息。预言性问题的一个典型的例子是目标市场营销。例如，利用数据挖掘，可以根据过去用邮件进行商品推销时的数据，来确定那些很有可能乐意应答将来邮件的目标客户。

2）自动发现以前的未知模式。数据挖掘工具具有可以识别以前隐藏的模式。模式发现的一个例子是分析零售数据来识别看似无关但经常放在一起购买的商品，如婴儿尿布与啤酒。其他模式发现的问题涉及对信用卡欺诈交易的检测和对由于数据输入错误而造成的异常数据的识别。

（2）数据挖掘工具　主要有神经计算、智能代理、辅助分析。

神经计算是一种机器学习方法，通过这种方法可以为模型检查历史数据。拥有神经计算工具的用户可以搜索大型数据库，如识别新产品的潜在用户或搜索那些根据其概况将要破产的公司。比如，British Telecom 公司利用了一种叫作大规模信息并行处理（Massively Parallel Processing，MPP）的神经计算技术。利用这个技术，公司可以分析客户的购物习惯，理解客户的需要和目标市场机会，识别每一产品的采购概况、产品包装和客户，尽早拉拢那些可能被竞争者夺去的客户。同时，该公司也利用数据挖掘技术很好地了解了高销售量产品的趋势，得到了实时的市场信息。

智能代理是最有希望从 Internet 或基于 Intranet 的数据库获取信息的方法之一。

辅助分析是指使用一系列算法对大数据集合进行分类整理，并用统计规则表达数据项。

（3）数据挖掘的应用 随着现代企业所需管理的数据量的不断攀升，很多企业都建立了数据仓库来存储数据。为了对大量数据进行筛选（如分析客户的购买偏好），各大企业纷纷开始使用数据挖掘工具进行数据挖掘。数据挖掘技术在各行业都有应用。数据挖掘技术在银行业、零售和销售业、广告和市场营销方面的应用如表 4-2 所示。

表 4-2 数据挖掘技术的应用

应用领域	数据挖掘技术的应用
银行业	预测坏账，检测信用卡欺诈，预测新信用卡用户等
零售和销售业	预测销售，确定库存量和分销计划等
广告	预测在黄金时间播放什么广告效果最好；怎样插入广告收益最大
市场营销	对客户的人口统计信息进行分类，以预测哪些客户将对推销商品的邮件更有兴趣，并做出应答或购买特殊产品

4.4 物流信息的交换技术

随着科学技术的飞速发展，社会经济日新月异，国际贸易也空前活跃。在国际贸易中，由于买卖双方处于不同的国家和地区，因此在大多数情况下，不是简单的面对面交易，而必须以银行进行担保，以各种纸面单证，按照国家法、国际公约与国际惯例进行贸易，实现商品与货币交换的目的。全球贸易额的上升带来了各种贸易单证、文件数量激增，计算机及其他自动化设备的出现可以在一定程度上减轻人工处理纸面单证的劳动强度。但是，由于计算机型号不兼容以及数据重复等问题的存在，反而增加了贸易中的纸张使用量。在此背景下，以计算机应用、通信网络和数据标准化为基础的电子数据交换（Electronic Data Interchange，EDI）应运而生。EDI 是现代计算机技术和远程通信技术相结合的产物。20 世纪 90 年代以来，为了在国际贸易中获得主动权，各国企业在商业领域都积极采用 EDI 来改善生产和流通，以获得最佳经济效益。本节主要介绍 EDI 的含义、特点，EDI 的系统构成和工作原理以及 EDI 在物流行业中的应用。

4.4.1 EDI 的含义和特点

1. EDI 的含义

国际标准化组织（ISO）将 EDI 描述成按照统一标准，将商业或行政事务处理转换成结构化的事务处理或报文数据格式，并借助计算机网络实现的一种数据电子传输方法。国际电话与电报委员会（CCITT）对 EDI 的描述为：计算机与计算机之间结构的事物数据互换。联合国标准化委员会及联合国贸发会给出的最新定义为：EDI 是用户计算机系统之间对结构化的、标准化的商业信息进行自动传送和自动处理的过程。

简单来说，EDI 是信息进行交换和处理的网络化、智能化、自动化系统，是将远程通信、计算机及数据库三者有机结合在一个系统中，实现数据交换、数据资源共享的一种信息系统。这个系统也可以作为管理信息系统（MIS）和决策支持系统（DSS）的重要组成部分。

EDI 是一种计算机应用技术，商业伙伴们根据事先达成的协议，对经济信息按照一定的标准进行处理，并把这些格式化的数据通过计算机通信网络在他们的电子计算机系统之间进行交换和自动处理。这极大地改变了传统的贸易和管理手段，不仅使商业业务的操作方式发生了根本性改变，而且也影响了企业的行为和效率，使市场结构、国民经济的运行等都产生了根本性的变化。

2. EDI 的特点

相对于其他的信息传输方式，EDI 呈现出如下特点：

1) EDI 的使用对象是具有固定格式的业务信息和具有经常性业务联系的单位。
2) EDI 所传送的资料是一般业务资料，如发票、订单等，而不是一般性的通知。企业采用 EDI 可以更快速、更经济地传送采购订单、发票传输和其他商业单证，提高快速交换单证的能力，而且这个过程可以被记录和监督，从而为企业提供跟踪管理和审计等操作能力。
3) 采用共同标准化的格式，这也是其与一般 E-mail 的区别，如采用联合国制定的 EDIFACT 标准。
4) 尽量避免人工的介入操作，由收送双方的计算机系统直接传送、交换资料。避免了因人工录入而出现错误，提高了工作效率，实现了事务处理与贸易自动化。
5) EDI 适用增值网（VAN）或专用网，传输的文件有自动跟踪、电子签名和防冒领等功能。

知识链接

VAN

增值网络（Value Added Network，VAN）是将制造业、批发业、物流业、零售业等行业之间的信息，通过计算机服务网络进行相互交换的信息系统。VAN 最大的特点是通过计算机服务网络，使不同企业、不同的网络系统可以相互连接，从而使不同形式的数据交换成为可能。由于 VAN 实现了不同系统的对接和不同格式的交换，为使用者提供了交换数据的服务，创造了附加价值，因而被称为增值网络。

4.4.2 EDI 的系统构成及工作原理

1. EDI 的系统构成要素

数据标准、EDI 软件及硬件、通信网络是构成 EDI 系统的三要素。

（1）数据标准　EDI 标准是由各企业、各地区代表共同讨论、制定的电子数据交换共同标准，可以使各组织之间的不同文件格式，通过共同的标准，达到彼此之间文件交换的目的。

EDI 的产生及其标准的国际化成为人们日益关注的焦点之一。早期的 EDI 使用的大多是各处的行业标准，不能进行跨行业 EDI 互联，严重影响了 EDI 的效益，阻碍了全球 EDI 的发展。目前，国际上最有名的 EDI 标准是联合国欧洲经济委员会（UNECE / ECE）下属第四工作组（WP4）于 1986 年制定的《用于行政管理、商业和运输的电子数据互换》标准（Electronic Data Interchange For Administration, Commerce and Transport, EDIFACT）。EDIFACT 已被国际标准化组织 ISO 接收为国际标准，编号为 ISO 9735。同时，还有广泛应用于北美地区的，由美国国家标准化协会（ANSI）X.12 鉴定委员会（AX—CS.12）于 1985 年制定的 ANSI X.12 标准。

1992 年 11 月，ANSI X.12 鉴定委员会又投票决定 1997 年美国将全部采用 EDIFACT 来代替现有的 ANSI X.12 标准。ANSI 成员说："1997 年之后，现在所有的 ANSI X.12 标准仍将保留，但新上项目将全部采用 EDIFACT 标准。"时任美国国家标准化协会欧共体事务主席 John Rusell 先生指出："X.12 向 EDIFACT 转变意味着美国的公司今后可在欧洲的市场上加快资金流动、改善用户服务。同时，从用户的角度来看，今后面对的将是唯一的国际标准。"

（2）EDI 的软件及硬件　实现 EDI，需要配备相应的 EDI 软件和硬件。EDI 软件具有将用户数据库系统中的信息，译成 EDI 的标准格式，以供传输交换的能力。由于 EDI 标准具有足够的灵活性，可以适应不同行业的众多需求，然而每个公司有其自己规定的信息格式。因此，当需要发送 EDI 电文时，必须用某些方法从公司的专有数据库中提取信息，并把它翻译成 EDI 标准格式进行传输，这就需要 EDI 相关软件的帮助。EDI 的软件构成如图 4-5 所示。

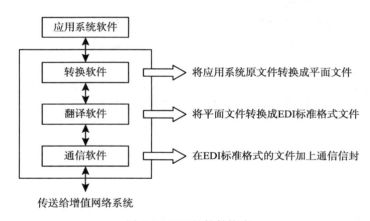

图 4-5　EDI 的软件构成

转换软件（Mapper）：可以帮助用户将原有计算机系统的文件转换成翻译软件能够理解的平面文件（Flat File），或是将从翻译软件接收来的平面文件转换成原计算机系统中的文件。

翻译软件（Translator）：可以将平面文件翻译成 EDI 标准格式文件，或将接收到的 EDI 标准格式文件翻译成平面文件。

通信软件：可以将 EDI 标准格式的文件外层加上通信信封（Envelope），再送到 EDI 系统交换中心的邮箱（Mailbox），或在 EDI 系统交换中心内将接收到的文件取回。

EDI 所需的硬件设备大致有：计算机、调制解调器（Modem）及通信线路。

一是计算机。目前所使用的计算机如 PC、工作站、小型机、主机等均可利用。

二是调制解调器。由于使用 EDI 来进行电子数据交换，须通过通信网络，目前采用电话网络进行通信是很普遍的方法,因此调制解调器是必备硬件设备。调制解调器的功能与传输速度,应根据实际需求而决定选择。

三是通信线路。一般最常用的是电话线路,如果对传输时效及资料传输量有较高要求,可以考虑租用专线(Leased Line)。

(3)通信网络　通信网络是实现 EDI 的手段。EDI 的通信方式有多种,如图 4-6 所示。点对点方式只会在贸易伙伴数量较少的情况下使用。随着贸易伙伴数量增多,当多家企业进行直接电脑通信时,会出现由于计算机厂家不同、通信协议相异以及工作时间不易配合等问题,给通信造成相当大的困难。为了解决这些问题,许多应用 EDI 的公司逐渐采用第三方网络与贸易伙伴进行通信,即增值网络(VAN)方式。它类似于邮局为发送者与接收者维护邮箱,并提供存储转送、记忆保管、通信协议转换、格式转换及安全管制等功能。因此,通过增值网络传送 EDI 文件,可以大幅度降低相互传送资料的复杂度和困难度,大大提高 EDI 的效率。

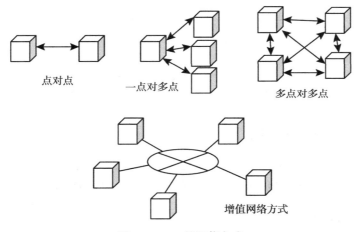

图 4-6　EDI 的通信方式

2. EDI 的工作原理

下面通过图 4-7 来具体说明 EDI 的工作原理。

(1)平面文件转换及初始化过程　用户应用系统与平面文件之间的转换过程(即映射)是联结翻译和用户应用系统的中间过程。用户应用系统存储了生成报文所需的数据,该过程的任务就是读取用户数据库中的相关数据,按照不同的报文结构生成平面文件以备翻译。平面文件不必包含用户文件的全部数据,只需包含要翻译的数据。在实际应用中,用户可将翻译系统和应用系统集成起来,在输入数据时,直接生成平面文件,随后再翻译。

(2)翻译过程　翻译就是根据报文标准、报文类型和版本,将平面文件转换为 EDI 标准报文。而报文标准、报文类型和版本由上述 EDI 系统的贸易伙伴清单确定,或由服务机构提供的目录服务功能确定。实际上,翻译的过程就是翻译程序根据标准的句法规则,用规定分隔符将平面文件中的数据连接起来,生成不间断的 ASCII 码字符串,并根据贸易伙伴清单生成报文头,最后生成报文尾。

(3)通信过程　翻译过程结束,生成 EDI 交换通信参数文件,一般包含电话拨号、网络地址或其他的特殊地址符号，以及表示停顿、回答和反应的动作描述码。通信软件根据这些通信设置拨通网络，建立用户的 EDI 服务通道，进行文件传输。

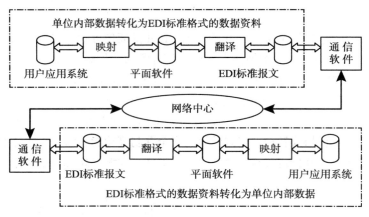

图 4-7 EDI 工作原理

以上三步是 EDI 实现的前三步，即平面转换、翻译和通信。接下来的工作是交易接收方从信箱中收取 EDI 信件，翻译、映射并转送到应用系统做进一步处理。

4.4.3 EDI 在物流中的应用

EDI 既准确又迅速，可免去不必要的人工处理，节省人力和时间，同时可减少人工作业可能产生的差错。所以，它已被广泛应用于物流公司、制造商、批发商和运输商的作业流程中。

1. EDI 在物流交易中的应用

物流公司是供应商与客户之间的桥梁，它对调节产品的供需、缩短流通渠道、解决不经济的流通规模及降低流通成本有极大的作用。物流公司交易流程如图 4-8 所示。

（1）引入出货单　出货单是客户向物流公司发出的出货指示。物流公司引入 EDI 出货单后可与自己的拣货系统集成，生成拣货单，这样可加快内部作业速度，缩短配货时间；在出货完成后，可将出货结果用 EDI 通知客户，使客户及时知道出货情况，也可尽快处理缺货情况。

（2）引入催款对账单　针对日常出货配送工作，物流企业可使用 EDI 催款对账单，并建设对账系统，结合 EDI 出货配送系统生成对账单，减轻财务部门工作量的同时降低对账错误率。

2. EDI 在制造商业务中的应用

制造商与其交易伙伴间的商业行为大致可分为接单、出货、催款及收款作业，其往来的单据包括采购进货单、出货单、催款对账单及付款凭证等。

（1）引入采购进货单　采购进货单是整个交易流程的开始，接到 EDI 订单就不需要重新输入，从而节省订单输入人力，同时保证数据的正确性；开发核查程序，核查收到订单是否与客户的交易条件相符，从而节省核查订单的人力，同时降低核查的错误率；与库存系统、拣货系统集成，自动生成拣货单，加快拣货与出货速度，提高服务质量。

（2）引入出货单　在出货前事先用 EDI 发送出货单，通知客户出货的货品及数量，以便客户事先打印验货单并安排仓位，从而加快验收速度，节省双方交货、收货的时间；EDI 出货单也可供客户与内部订购数据进行比较，缩短客户验收后人工确认计算机数据的时间，降低对账的困难；客户可用出货单验货，使出货单成为日后双方催款对账的凭证。

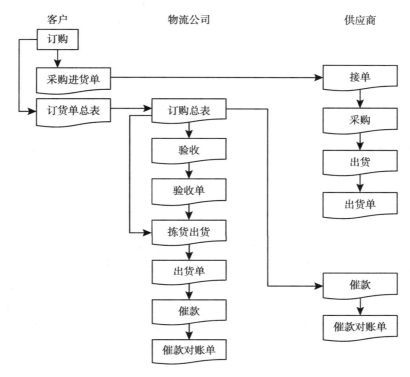

图 4-8　物流公司交易流程

（3）引入催款对账单、催款结账单　建设对账系统，结合出货系统，减轻财务部门工作量的同时降低对账错误率。

（4）引入转账系统　实现了与客户的对账系统后，可考虑引入与银行的 EDI 转账系统，由银行直接收取 EDI 汇款再转入制造商的账户内，这样可加快收款作业，提高资金运用的效率。转账系统与对账系统、会计系统集成后，除实现自动转账外，还可将后续的会计作业自动化，节省人力。

|延伸阅读|

顺丰物流信息平台建设的核心技术

（1）GPS 与 GIS 技术的结合　电子系统（EMAP）使车辆等交通工具具有实时定位能力，使货物跟踪和智能化的车辆调度成为可能，目前顺丰集团已将 GPS 与 GIS 融合成电子系统（EMAP），它可以实现对车辆的跟踪管理、货物的流向分析、实时货物位置查询、路径选择等功能。

（2）基于 Internet 的网上物流管理平台　通过建立网上物流管理平台，随着电子商务的发展，客户可能通过互联网获得物流服务，并在网上实时查询物流服务的完成情况。而顺丰集团的物流管理者可以通过网络对物流资源进行调度管理，充分发挥 GPS 和 GIS 的作用。

（3）自动识别技术的应用　条码、智能标签等自动识别技术在物流中的应用可以实现对物流信息高速、准确的采集，及时捕捉作为信息源的物品在出库、入库、运输、分拣、包装等过程中的各种信息，提高物流作业程序的效率，减少不必要的人工成本以及降低出错率，提高客户服务水平。

（4）网络环境的数据库体系结构和数据仓库的设计　数据库技术作为物流信息系统的主要支撑技术，决定了整个信息系统的功能和效率。由于物流信息具有空间特性，物流事务处理在空间和时间上具有非同一性，顺丰集团的物流信息系统需要一个结构合理的网络数据结构和数据仓库设计，用于支持物流管理者的决策分析等事务处理和各类面向对象的、集成的、随时间变化的数据处理。

资料来源：顺丰物流信息化建设案例分析［EB/OL］．［2023-06-21］．https://www.sbvv.cn/chachong/20888.html.

本章小结

物流信息技术通过切入物流企业的业务流程来实现对物流企业各生产要素的合理组合与高效利用，降低经营成本，直接产生明显的经营效益。本章主要介绍物流信息的采集与识别基本技术，要求读者了解物流信息的识别和采集技术，理解物流信息的获取的各种途径，掌握物流信息的传输与交换技术。

物流信息技术是实现物流现代化、信息化、网络化的关键支持技术，同时也是物流管理信息系统实现系统化目标的重要组成部分。在学习过程中，要注意信息技术在物流领域中的实际应用。

关键术语

二维码　　RFID　　GPS　　GIS　　EDI　　数据库　　数据仓库　　数据挖掘

习题

1. 选择题

（1）下列哪一项不是构成 EDI 系统的三要素？
（　　）
　　A. 数据标准
　　B. 数据内容
　　C. EDI 软件及硬件
　　D. 通信网络

（2）DBMS 是下列哪项的英文缩写？（　　）
　　A. 数据库管理系统
　　B. 管理信息系统
　　C. 制造资源计划系统
　　D. 企业资源计划系统

（3）下列哪些不是制造商与其交易伙伴间的商业行为？（　　）
　　A. 接单
　　B. 出单
　　C. 出货
　　D. 催款

（4）下列哪项不是 DBMS 的功能？（　　）
　　A. 数据定义功能
　　B. 数据库操作功能
　　C. 数据库更新功能
　　D. 数据库维护功能

（5）数据库运行和控制功能不包括下列哪一项？（　　）
A. 数据安全性控制
B. 数据完整性控制
C. 多用户环境的并发控制
D. 单用户自主控制

（6）下列哪一项不是数据通信功能？（　　）
A. 与操作系统的单独处理
B. 与操作系统的联机处理
C. 与操作系统的分别处理
D. 与操作系统远程作业传输的相应接口

（7）以下哪一类不属于用户的分类？（　　）
A. 应用程序员
B. 专门用户
C. 参数用户
D. 大众用户

2．判断题

（1）创建数据集市的方法主要有两种：第一种方法是将OLTP数据库中提取的数据直接放入数据集市中；第二种方法是将OLTP数据库中提取的数据先放到中央数据仓库中，再填充到数据集市中。（　　）
（2）条码识别系统由扫描系统、信号整形、译码三部分构成。（　　）
（3）数据库模型反映了数据的组织形式及数据间的联系。（　　）

3．简答题

（1）什么是条码扫描技术？
（2）举例说明条码的应用案例。
（3）介绍射频识别技术在物流管理中的应用。
（4）什么是数据仓库？
（5）说明全球定位系统的原理和在物流中应用。
（6）什么是地理信息系统？并简述该技术的应用。

4．思考题

（1）自动识别技术为物流管理信息系统提供了哪些便利？
（2）全球定位系统技术还在哪些领域有着突出的贡献？

■ 案例分析

亚马逊如何借助大数据给物流"降本增效"

有数据显示，亚马逊2018年在美国的零售额将达到2 582.2亿美元，这将占到美国电子商务领域49.1%的市场份额。据国外媒体报道，市场研究机构eMarketer的数据显示亚马逊在美国电商市场份额遥遥领先，排在第二位的eBay在美国电子商务领域的市场份额为6.6%，远远落后于亚马逊。而亚马逊不仅仅是电商平台，还是一家科技公司，其在业内率先使用了大数据，利用人工智能和云技术进行仓储物流的管理，创新推出了预测性调拨、跨区域配送、跨国境配送等服务，并由此建立了全球跨境云仓。可以说，大数据技术是亚马逊提高物流效率、应对供应链挑战的关键。

（1）引领电商物流的技术优势　亚马逊物流运营体系的强大之处在于，它已把仓储中心打造成了全世界最灵活的商品运输网络，借助强大的智能系统和云计算技术，将全球所有仓库联系在一起,以此做到快速响应,并能确保电商物流的精细化运营。

(2) 智能入库　智能预约系统通过供应商预约送货,能提前获知供应商送货的物品,并相应调配好到货时间、人员支持及存储空间。收货区将按照预约窗口进行有序作业,货物也将根据先进先出原则,按类别存放到不同区域。

入库收货是亚马逊大数据采集的第一步,为之后的存储管理、库存调拨、拣货、包装、发货等每一步操作提供了数据支持。这些数据可在全国范围内共享,系统将基于这些数据在商品上架、存储区域规划、包装推荐等方面提供指引,提高整个物流流程的运营效率和质量。

(3) 智能存储　亚马逊开拓性地采用了"随机存储"的方式,打破了商品品类之间的界限,按照一定的规则和商品尺寸,将不同品类的商品随机存放到同一个货位上,不仅提高了货物上架的效率,还最大限度地利用存储空间。

此外,在亚马逊运营中心,货架的设计会根据商品品类有所不同,所有存储货位的设计都是经后台数据系统的收集和分析得来的。比如,系统会基于大数据的信息,将爆款商品存储在距离发货区比较近的地方,从而减少员工的负重行走路程。

(4) 智能拣货与订单处理　在亚马逊的运营中心,员工拣货路径通过后台大数据的分析进行优化,系统会为其推荐下一个要拣的货在哪儿,确保员工"不走回头路",而且其所走的路径是最短的。

此外,大数据驱动的仓储订单运营非常高效。在中国亚马逊运营中心,最快可以在30分钟之内完成整个订单处理,从订单处理、快速拣选、快速包装到分拣等一切活动都由大数据驱动。由于亚马逊后台的系统运算和分析能力非常强大,因此能够实现快速分解和处理订单。

(5) 预测式调拨　亚马逊智能物流系统的先进性还体现在其后台系统会记录客户的浏览历史,可以根据消费者的购买行为,提前对库存进行优化配置,将顾客感兴趣的商品提前调拨到离消费者最近的运营中心,即"客未下单,货已在途"。

(6) 精准库存　亚马逊智能物流系统还会通过自动持续校准来提升速度和精确度,通过实现连续动态盘点,让企业客户实时了解库存状态。据了解,亚马逊智能物流系统全年不间断、每天24小时的连续盘点能力可以降低库存丢失风险,确保库存精准、安全。

(7) 全程可视　实现精细化物流管理的精髓是运营管理过程中的可视性。全程可视的难点在于确保产品在任何时间、任何状态(包括在途中)下都是可视的。亚马逊物流的精细化管理正是要实现这一点。

探讨电商物流能力的强弱,就不得不说其应对高峰的策略。电商物流的开创者亚马逊是多年美国"黑色星期五"购物节中的主力,不仅在全球物流体系布局上早有建树,而且在物流供应链的准备方面也领先一步。

(8) "超强大脑"的神机妙算　亚马逊智能物流系统就像一个超强大脑,可以洞察到每小时、每一个品类甚至每一件商品的单量变化,将单量预测的数据细分到全国各个运营中心、每一条运输线路和每一个配送站点,提前进行合理的人力、车辆和产能的安排。

同时,系统预测还可以随时更新,并对备货方案进行实时调整。在美国多数电商刚刚开始利用大数据进行备货的阶段,亚马逊早已实现了供应链采购和库存分配高度自动化、智能化。在一定程度上讲,供应链前端的备货是保证高峰期后端物流高效、平稳的基础。

(9) 从仓储到末端配送,每一步都精打细算　在物流的计划和准备方面,亚马逊供应链系统基于历史销售数据进行运算和分析,从管理、系统等方面严谨地分析仓储物流的每一个环节,将单量预测的数据细分到全国各个运营中心、每一条运输线路和每一个配送站点，提前进行合理的人力、车辆和产能的安排。

在亚马逊运营中心内部，系统还会基于大数据的信息，结合近期促销、客户浏览和下单情况对库内存储区域的商品进行及时优化，将热卖商品存储在距离发货区较近的地方，提高从收货到发货的效率，客户下单时可以直接进行包装出库，缩短了库内操作时间，这些对高峰期的运营效率都至关重要。

针对"最后一公里"末端配送的难点，亚马逊基于对高峰期单量的分布情况进行分析，并据此优化了配送路径，更科学合理地安排每个配送员的派单工作。通过智能系统的辅助，提升了快递员的配送效率，使送达时间较之前有所缩短。

（10）精准才是核心生产力 亚马逊智能物流系统具备全年不间断、每天24小时连续自动盘点的能力。这意味着，从上架、拣货、分拣、包装到出库，系统在运营操作的每一步都可以及时发现错误，并能及时纠错。可以说，亚马逊标准化的运营体系会基于大数据运算提供拣货、包装、分拣指引，即使是刚刚上岗的操作人员也只需简单培训即可根据系统指引进行操作，让员工不用花太多精力就能迅速学习和上手，系统的纠错和学习能力减少了人工犯错的可能，从而大幅度提高了生产力。

（11）争做跨境物流先行者 谁在跨境物流方面具备优势，谁将会获得未来的最大商机。而在搭建跨境物流网络方面，亚马逊早已抢先一步。2014年，随着亚马逊海外购商店的推出，亚马逊成功打通了中美跨境物流网络，实现了系统和网络的对接。随着业务的扩张和出货量的增加，亚马逊每年都在不断提升仓储能力。亚马逊一直在致力于提升发货配送速度的同时，降低运输成本。亚马逊跨境物流主要有六大核心优势：四通八达的境外运营网络、1小时订单处理发货、优先发运不等待、24小时入境清关、国内网络无缝对接、跨境全程可追踪。

（12）四通八达的境外运营网络，减少长途运输亚马逊在美国有超过70个运营中心，并已构建了非常密集的运营中心网络，联结各大机场或港口，避免了远距离的长途运输，缩短运输时间。此外，对于Prime包裹，在跨境运输前，亚马逊智能分拣系统将进一步细化分拣，从而可以根据Prime包裹的目的地提供最佳的跨境运输线路，将其直接发往国内距离目的地最近的口岸，节省转运时间。

（13）"海外购"订单发货仅需一小时 亚马逊运营中心采用先进的智能机器人技术和大数据仓储管理，可以提高订单的处理效率，商品的存储和处理能力较之前显著提高50%以上。此外，该系统还能自动根据Prime会员下单时的预计送达时间优先安排Prime订单的拣货、包装、分拣和出库，确保加速处理，更快速地发货。而在货品完成包装后，由Slam一体化操作设备在包裹经过的一瞬间完成一系列称重、贴标签、扫描等工作，平时用人力费时费力的分拣在这里只要几秒钟就能完成。更重要的是，它还能自动纠错，通过高精度的称重能力快速识别并将信息错误的包裹筛选出来。

（14）优先发运不等待 大量来自亚马逊美国各地仓库、发往中国的商品被专门放在机场的空港仓库集中进行装箱，这样做的好处是：一方面通过集约化配置资源，集中发货，减少等待时间；另一方面可以降低空仓率，最大限度地节省物流成本。此外，由于货量大，亚马逊在欧美日等主要线路可以实现常态化包机和固定航班，提供稳定的，7×24小时不间断的运力保障。无论是高峰期还是平时，都可以实现所有时段的优先发运。同时，为了让Prime会员尽早拿到包裹，亚马逊也会安排Prime包裹的优先装载发货，减少等待时间。

（15）国内物流网络无缝对接，快速出

货和配送　包裹完成清关后，直接进入亚马逊中国的物流体系，在运营中心只需要30分钟加贴中文面单后就能直接出货。截至目前，亚马逊已在中国建立了13个运营中心，其中"海外购"直邮的订单主要通过亚马逊天津、上海、广州的运营中心入境，之后通过亚马逊全国300多条干线网络快速运往全国各地，为近3 000个城市区县的消费者提供优质的配送服务，其中在1 400多个区县提供当日达、次日达等配送服务。

对于亚马逊Prime会员的跨境包裹，亚马逊北京、天津、上海和广州四地的运营中心为其设立了单独交接区域和快速处理通道，将其优先发往各地的亚马逊配送站点，送到消费者手中。

（16）跨境物流全程可追踪　对消费者而言，跨境物流链条长，流程透明和商品安全是他们最关心的。亚马逊国际物流与国内物流体系可以直接对接，减少中间转手环节，也意味着更低的商品破损率和遗失风险。而亚马逊智能系统记录着每一辆载满包裹的卡车应该在几点几分到达，几点几分取货离开。如果卡车在某个区域不该停顿的位置停了十分钟，系统会立刻发出警报提示，并了解发生了什么问题。

资料来源：亚马逊：如何借助大数据给物流"降本增效"［EB/OL］.［2023-06-21］. https://www.sohu.com/a/245426861_100195796.

讨论题：

1. 分析亚马逊搭建的物流信息平台用到了哪些物流信息技术。
2. 结合亚马逊成功借助大数据给物流"降本增效"，谈谈信息技术的重要性。

第 5 章

物流管理信息系统规划

学习要点（表 5-1）

表 5-1　第 5 章学习要点

知识要点	掌握程度	相关知识
物流管理信息系统规划概述	熟悉	诺兰阶段模型，物流管理信息系统规划的主要内容、步骤、特点、目标和原则
物流管理信息系统规划方法	了解	关键成功因素法的实施步骤
	重点掌握	企业系统规划法的实施步骤
	了解	战略目标集转化法的实施步骤
基于 BSP 方法的物流管理信息系统规划	重点掌握	规划的前期工作，利用 BSP 方法进行系统规划需要完成企业目标的定义、企业过程的定义、数据类的定义和信息系统总体结构的设计等工作
	熟悉	BSP 方法的特点分析
组织安排和项目进度制定	了解	系统实施的组织安排
	了解	项目进度制定的工具：甘特图

引例

京东物流的"5G 三连跳"

2019 年 10 月 29 日，由京东物流主办的 2019 年全球智能物流峰会在北京开幕，5G 在物流领域的应用成为本次峰会的关键。作为现代物流领军企业，京东物流积极探索 5G 时代智能物流全面物联网化的未来形态，先后完成从牵手中国三大运营商布局 5G，到 5G 智能创新在"亚洲一号"智能物流园区落地，再到打造 LoMir（络谜）5G 智能物流平台，实现了在 5G 技术的应用和积累方面的"三连跳"。

1．京东物流牵手三大电信运营商

成熟稳定的 5G 网络是布局 5G 应用的前提和基础。早在 2018 年，京东物流就开始联合三大运营商伙伴在 5G 和 IoT 应用上进行了探索和落地。2018 年 9 月，京东物流与中国电信开启全面战略合作，联合探索 5G 技术应用场景，在无人机配送、无人自动配送和人工智能方面全面开放，深入合作研究。2019 年 1 月，京东物流与中国联通网络研究院达成协议，在关键技术开发、智能物流示范园区等多个领域开展全方位深度合作，共同探讨 5G 这一前瞻技术在物流领域的应用。2019 年 4 月，京东物流与中国移动研究院达成合作，在智能交通、智能城市等诸多领域全面开展面向 5G 的创新产品研发和业务应用合作。此前，双方已在雄安新区全面开启了配送机器人 5G 技术落地测试与试运营，率先将前瞻性的市场洞察转化成为实际落地的技术优势。至此，京东物流与中国三大电信运营商全面达成了战略合作关系。

2．5G 智能创新落地"亚洲一号"

作为实现人人互联、人物互联、万物互联的基础方式，物流是 5G 和物联网技术应用的最佳场景。在打好 5G 网络根基的同时，京东物流也在全力推进 5G 技术落地应用。在此次峰会上，时任京东物流 CEO 的王振辉透露位于北京"亚洲一号"智能物流运营中心的 5G 智能物流示范园区已经基本落成。借助 5G 高带宽+低时延+广连接的技术特性，目前京东物流已经建成了 5G 智能园区，通过 5G+高清摄像头，不仅可以实现人员的定位管理，而且可以实时感知仓内生产区拥挤程度，及时进行资源优化调度，极大提高生产效率。5G 与 IoT 的结合，帮助对园区内的人员、资源、设备进行管理与协同；5G 还帮助园区智能识别车辆，并智能导引货车前往系统推荐的月台进行作业，让园区内的车辆更加高效有序。

此外，根据规划，京东物流将依托 5G 网络通信技术，通过 AI、IoT、自动驾驶、机器人等智能物流技术和产品融合应用，打造高智能、自决策、一体化的智能物流示范园区，加快人、机、车以及设备的一体化建设，例如智能驾驶、智能分拣以及人机交互过程的全面调度。

3．建立基于 5G 智能技术的 LoMir 平台

在不断实现场景化应用的同时，京东物流也在第一时间将积累的 5G 与智能物流的技术经验开放共享。京东物流在此次峰会上首次公布了"LoMir"5G 智能物流开放平台。LoMir 实现了 5G 网络通信技术及物联网平台与物流应用的深度融合创新，结合人工智能、大数据及增强现实等技术，面向智能园区、智能运配、智能揽件等多种智能物流应用场景，支持物流信息的高效自动感知、数据的精准采集，资源的优化调度，以及运营的智能决策，从而全面推动物流业务的数字化与智能化，实现物流产业降本增效和转型升级。

在全球化 4.0 的趋势之下，供应链领域同样呈现出"短链、智能、共生"三大特征，物流企业必须充分发挥和利用技术的力量，坚持创新。未来，京东物流还将充分发挥自身基础设施

优势，以 5G 技术为基础推动物流行业转型升级，驱动供应链深刻变革，共建资源共享、体系共生、生态共荣的供应链智能平台。

资料来源：探索、应用、开放，京东物流的"5G 三连跳"［EB/OL］．［2023-06-21］．https://baijiahao.baidu.com/s?id=1648718935067041029&wfr=spider&for=pc.

讨论题：

1．京东物流为其信息化建设做出哪些布局？
2．物流企业为何必须重视信息化建设？

物流管理信息系统规划依据企业资源情况、企业整体信息管理需求及当前计划环境对企业管理信息系统做出战略性安排。系统分析是信息系统开发工作中最重要的一个阶段，系统设计的主要目的就是为系统制定蓝图，在各种技术和实施方法中权衡利弊，精心设计，合理利用资源，通过给出新系统物理模型的方式描述如何实现在系统分析中规定的系统功能。

5.1 物流管理信息系统规划概述

物流管理信息系统建设是投资大、周期长、复杂程度高的社会技术工程。科学的规划可以减少盲目性，使系统具有良好的整体性、较高的适应性，建设具有良好的阶段性，以缩短系统开发周期，节约开发费用。物流管理信息系统规划主要是指物流信息系统的战略规划，是对物流企业总的信息系统建设的目标、战略及开发工作的一种综合性计划。

5.1.1 诺兰阶段模型

理查德·诺兰（Richard L. Nolan）是著名的信息技术领域"阶段理论"的创始人，诺兰于 20 世纪 80 年代初提出了企业 MIS 建设的阶段划分理论，通称"诺兰阶段模型"，把信息系统建设划分为初装阶段、蔓延阶段、控制阶段、集成阶段、数据管理阶段、成熟阶段等六个阶段，如图 5-1 所示。

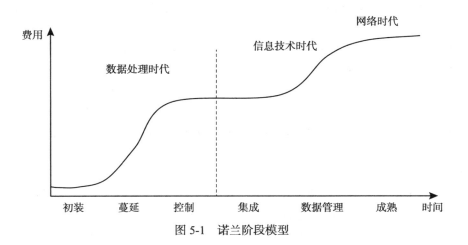

图 5-1 诺兰阶段模型

（1）初装阶段　组织购置第一台计算机并初步开发管理应用程序。在该阶段，计算机的作用被初步认识，个别人具有初步使用计算机的能力。一般而言，初装阶段大多发生在单位的财务、人事等数据处理量大的部门。

（2）蔓延阶段　随着计算机应用初见成效，信息系统从少数部门扩散到多数部门，并开发了大量的应用程序，使组织的事务处理效率有了提高。但这个阶段由于系统开发缺乏综合性，出现了数据冗余性、不一致性、难以共享等问题，只有少部分计算机的应用获得了实际的效益。

（3）控制阶段　各管理部门逐渐认识到了计算机信息系统的优越性，纷纷购置设备，开发支持自身管理的信息系统，使得硬件、软件投资和开发费用急剧增长。计算机预算高比例增长，但投资回收不理想。应用项目不断积累，要求加强组织协调，出现了由组织的领导和职能部门负责人参加的领导小组，对整个组织的系统建设进行统筹规划，特别是利用数据库技术解决数据共享问题。诺兰认为，第三阶段将是实现从以计算机管理为主到以数据管理为主转换的关键。

（4）集成阶段　在控制的基础上，对子系统中的硬件进行重新连接，建立集中式的数据库以及能充分利用和管理各种信息的系统。由于重新装备大量设备，预算费用又一次迅速增长。

（5）数据管理阶段　信息系统开始从支持单项应用发展到在逻辑数据库支持下的综合应用。组织开始全面考察和评估信息系统建设的各种成本和效益，全面分析和解决信息系统投资中各个领域的平衡与协调问题。

（6）成熟阶段　成熟的信息系统可以满足组织中各管理层（高、中、基层）的要求，从而真正实现信息资源的管理。

5.1.2　规划的主要内容

物流管理信息系统规划是物流管理信息系统生命周期的开始，是物流管理信息系统概念的形成时期，系统规划一般包括三年或更长时间的计划，也包括短期的计划。一般来说，物流管理信息系统规划包含以下主要内容：

（1）对企业物流现状分析　对企业物流现状分析包括对软硬件、通信设施、现有系统功能、应用环境、缺陷和需求的了解和评价；同时对于企业当前的组织结构、业务流程、企业文化等情况进行分析。

（2）物流管理信息系统的目标、约束　物流管理信息系统规划应该根据企业物流活动的战略目标和内外约束条件，确定系统的总目标和总体结构。根据总目标，进一步确立各个物流管理信息系统发展阶段和阶段目标，同时还给出衡量具体工作完成的标准，以及给企业带来的预期变革。

（3）对影响计划的物流信息技术发展的预测　物流管理信息系统规划一定程度上依赖于当前物流信息技术的发展，物流信息技术涵盖了物流管理信息系统数据采集、传输、存储和处理各个阶段。

（4）业务流程再造　对企业物流业务过程的现状、存在问题和不足进行分析，使过程在新的技术条件下重组。物流管理信息系统的引入往往需要改变原先的业务流程。业务流程再造必须根据自身特点，对业务流程进行根本性的再思考和再设计，往往需要站在比较高的层面上进行规划，因为其往往涉及组织机构的变革。

物流管理信息系统并不是一经制定就再也不发生变化。各种因素的变化都可能随时影响整个规划的适应性，因此，物流管理信息系统规划总要不断修改以适应变化的需要。

5.1.3 规划的步骤

明确了物流管理信息系统规划的主要内容后，需按照科学合理的步骤来进行，如图 5-2 所示。

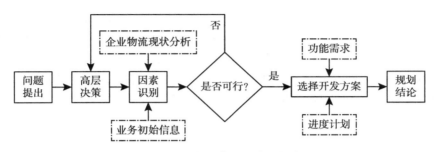

图 5-2 物流管理信息系统规划步骤

（1）问题提出　根据企业整体战略目标和物流业务发展方向，提出物流管理信息系统存在的问题。

（2）高层决策　物流管理信息系统规划必须得到企业高层领导的支持才能开展，该阶段由总经理和规划领导小组来明确系统应具有的功能、质量和服务范围、政策，同时应该成立具有专人负责的项目小组或部门来承担下一阶段各项工作。

（3）因素识别　以当前企业物流业务初始信息为基础，分析未来物流信息系统的目标、开发方法、功能结构、信息部门的情况、风险度和政策等；识别物流业务系统现存的设备、软件和质量；根据企业的财务状况、人力物力等方面的限制，定义系统的约束条件和政策。

（4）可行性研究　对未来物流信息系统从经济上、技术上和社会因素等方面进行可行性研究，分析系统开发的必要性与开发方案的可行性。

（5）选择开发方案　在选择开发方案时，要选择一些好处最大、企业需求最为紧迫的项目先进行开发。在确定优先开发的项目之后，还要确定总体开发顺序、开发策略和开发方法，估计项目成本和人员需求，依次编制项目的实施进度计划。

（6）规划结论　规划必须以报告的形式提交各方，通过不断与用户、系统开发小组以及企业领导交换意见，不断修改完善规划结论，最终定稿成文。物流管理信息系统规划结论大致包括以下几部分：企业概述及战略目标、物流流程分析、现有系统状况、拟解决问题、开发方案、进度计划和各方成员等。

5.1.4 规划的特点

物流管理信息系统规划是面向高层次的系统规划分析，一般具有以下八个特点：

1）全局性。着眼于解决有关系统发展长远的、全局的和关键性的问题，因此具有较强的不确定性，非结构化程度较高。

2）高层次。其工作环境是组织管理环境，高层管理人员是工作的主体。

3）宏观性。突出规划工作的战略性特征，工作的重点不在于解决项目开发中的具体业务问题，而是确定系统的战略目标、战略方案、总体结构方案和资源计划。

4）交叉性。系统规划是管理与技术相结合的过程，它是利用现代信息技术有效地支持管理决策的总体方案。

5）适应性。信息系统是为企业目标服务的，系统规划是企业规划的一部分，要求服从企业总体发展规划，并且随着环境的变化而变化。

6）全球化。企业战略要站在全球化的高度，物流管理信息系统也要相应地支持这一战略。

7）标准化。对物流管理信息系统来说，不仅要遵从相同的通信标准，而且还要遵从其他的很多标准才能确保物流有序进行，如商品的编码标准、货运的编码标准等。

8）实时化。对于在网络环境下信息传递实时性要求容易满足，但要实现所谓的精益物流，即保证材料和成品，以最小的成本按时送到指定的地点并不容易。

5.1.5 规划的目标

物流管理信息系统规划追求的目标是如何使物流信息在制订有关物流活动的组织计划和实施中对物流过程的控制起作用，以确保用最低的物流总成本实现系统对用户的服务承诺。物流管理信息系统规划的目标包括：

1）实现人、管理、技术的协调发展，改善系统内部交流方式，充分发挥系统功能，以提高信息处理和信息共享能力，做好对各级的决策支持。

2）提高办公自动化水平，合理调度资源，提高效率和降低成本。

3）做好业务跟踪监控安排，使作业决策及时准确。

4）针对规划对象的现实问题，解决方案力求直接可行。

5）规划成果对内外环境的变化应有较强的适应性。

5.1.6 规划的原则

在进行物流管理信息系统规划时应遵循以下原则：

1）战略性原则。企业的战略目标是系统规划的出发点，系统规划从企业目标出发，分析企业管理的信息需求，逐步导出物流管理信息系统的战略目标和总体结构。

2）整体性原则。物流管理信息系统的规划和实现是一个"自上向下规划，自下向上实现"的过程，如图5-3所示。采用自上而下的规划方法，可以保证系统结构的完整性和信息的一致性。

3）可靠性原则。系统在正常情况下是可靠运行的，在实际工作中就是要求系统的准确性和稳定性。

4）经济性原则。企业是逐利组织，追逐经济利益是其活动的最终目的，在系统的投入中要做到投入最小、效益最大。

5）易于操作性。物流管理信息系统必须是易于操作的。

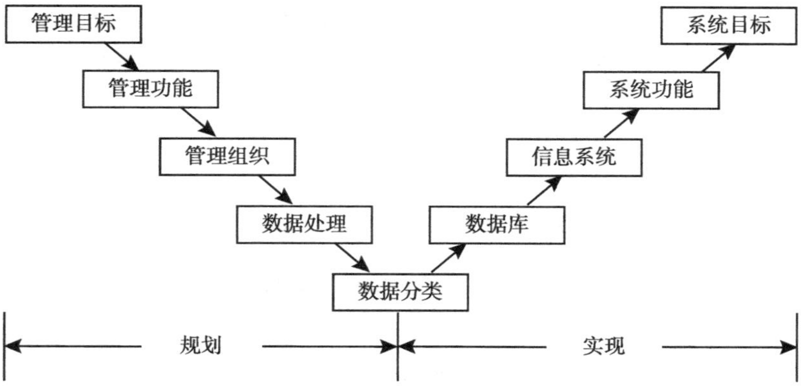

```
管理目标 →  管理功能 → 管理组织 → 数据处理 → 数据分类 ← 数据库 ← 信息系统 ← 系统功能 ← 系统目标
         规划                                              实现
```

图 5-3　物流管理信息系统的规划与实现

┊延伸阅读┊

顺丰速运公司管理信息系统战略规划目标

围绕公司战略环境、战略目标，顺丰速运公司提出通过建立一个完整的组织信息网络，逐步建设科学、高效的经营管理、业务体系和开放式的企业数字神经系统，包括以下三个方面：

1）加强公司内部经营管理能力（特别是市场开发能力）以支持公司业务流程化、管理职能化、决策目标化，加强业务、管理决策能力，逐步实现公司业务的"事前管理、事中监控、事后分析"的科学管理控制。

2）加强公司外部环境适应能力，管理信息系统不仅要支持电子商务、客户调研、外部管理与决策信息获取，还要与外部环境沟通，使全体员工都对企业所处行业的发展趋势和业内动态有一个客观的认识。

3）加强组织学习发展能力，将管理信息系统作为公司机体的数字神经系统。一方面，不仅将其用于支持公司日常经营管理和业务工作，而且还要根据企业内部经营管理创新和外部环境机会的变化，支持组织实施"企业再造"，使公司的管理机制和运作机制达到最佳状态。另一方面，作为组织中人与人、部门与部门之间全方面沟通联系渠道，支持组织学习、组织合作、组织分析，并逐步形成全面的现代学习型组织文化氛围。

资料来源：陈琳，李广梅，李子佳，等. 顺丰速运公司管理信息系统战略规划［EB/OL］．［2023-06-21］．https://ishare.iask.sina.com.cn/f/hkgTTOxLpy5.html.

5.2　物流管理信息系统规划方法

系统规划涉及的时间长，涉及的内外因素多，不确定性问题突出。科学的系统规划更多地取决于规划人员的远见卓识，取决于他们对环境及其发展趋势的理解，各种方法只能起到辅助作用。常用的规划方法有关键成功因素法、企业系统规划法、战略目标集转化法。

5.2.1　关键成功因素法

关键成功因素法是以关键因素为依据来确定系统信息需求的一种 MIS 总体规划的方法。在现行系统中，总存在着多个变量影响系统目标的实现，其中若干个因素是关键的和主要的（即成功变量）。通过对关键成功因素的识别，找出实现目标所需的关键信息集合，从而确定系统开发的优先次序。

1. 关键成功因素来源

（1）行业的特殊结构　航空物流企业和货代企业的关键成功因素如表 5-2 所示。

表 5-2　典型物流企业的关键成功因素

行业	航空物流企业	货代企业
关键成功因素法	航线覆盖面	货源
	地面运输能力	资金
	客户关系	网络
	提供增值服务的能力	一体化服务能力

（2）竞争策略、行业地位与地理位置　特定行业的竞争策略也会决定关键成功因素。

例如，对于具有相似目标的两家百货公司，一个享有极高声誉，它会将优质的客户服务、商品的新潮款式及质量控制作为竞争的关键成功因素；另一个以打折闻名，它将商品的定价、广告效果等作为竞争的关键成功因素。

另外，在同一行业中处于不同的地位，或者同一行业中位于不同地理位置的企业，都有不同的关键成功因素。例如，对于不同的物流企业，有的依赖于港航运输，它将以低价运输大宗货物为主，实时性要求不强；有的以航空运输为主，它的关键成功因素是为用户提供快速优质的运输服务。

（3）环境因素　这里的环境是广义的概念，包括国内生产总值、世界经济形势、国家行业政策等，这些因素将会导致许多企业的关键成功因素发生变化。

例如，我国的"十二五"规划纲要中明确提出"营造环境，推动服务业大发展"，要"大力发展现代物流业：加快建立社会化、专业化、信息化的现代物流服务体系，大力发展第三方物流，优先整合和利用现有物流资源，加强物流基础设施的建设和衔接，提高物流效率，降低物流成本。推动农产品、大宗矿产品、重要工业品等重点领域物流发展。优化物流业发展的区域布局，支持物流园区等物流功能集聚区有序发展。"

（4）暂时性因素　企业内部的变化常会引起企业暂时性的关键成功因素改变。例如，某企业的一些管理人员因对上级不满提出辞职，这时重建企业管理班子立即成为该企业的关键成功因素，直到重建工作结束。

2. 关键成功因素法的步骤

第一步，目标识别。确定企业或 MIS 的战略目标。

第二步，识别所有成功因素。主要是分析影响战略目标的各种因素和影响这些因素的因素。

第三步，确定关键成功因素。对识别出来的所有成功因素进行评价，并且根据企业的现状及目标确定其关键成功因素。

第四步，明确各关键成功因素的性能指标和评估指标。

5.2.2 企业系统规划法

企业系统规划法(Business System Planning,BSP)是为指导企业信息系统开发而建立起来的一种结构化方法。20 世纪 70 年代初,IBM 公司使用企业系统规划法进行企业内部信息系统开发。此规划方法在总的思路上是自上而下识别系统目标,识别企业过程、识别数据,然后再自下而上设计系统以支持目标。

企业系统规划法由四个主要步骤组成,它们是定义企业目标、企业过程、数据类以及信息系统结构。

(1)定义企业目标　定义企业目标的任务是识别企业的战略,主要工作是对当前组织的功能、应用环境和现状进行评价,从而识别组织的目标和战略。

(2)定义企业过程　企业过程是企业管理中一组逻辑上相关的决策和活动,定义企业过程就是对这些决策和活动进行识别和确定。关键资源是识别企业过程、构建系统结构的重要基础,关键资源一般具有垂直穿越各管理层次和平行穿越各职能部门的特点,在企业中,产品/服务往往用来定义关键资源。

(3)定义数据类　定义数据类是对企业过程所产生、控制和使用的与企业过程逻辑相关的数据集合进行分析。定义数据类包括数据类识别、数据类定义和过程关联三个步骤。

(4)定义信息系统的总体结构　该工作的主要目的是划分出信息系统的子系统,通过子系统的划分,表达出所分析过程之间的联系,以及数据对过程的支持,它尽可能把信息产生的过程和使用的过程划分在一个子系统中,从而减少子系统之间的信息交换。

5.2.3 战略目标集转化法

SST 是 1978 年由 William King 提出的一种确定管理信息系统战略目标的方法。它把整个战略目标看成是一个信息集合,由使命、目的、目标、战略和其他战略变量(如管理的复杂性、改变习惯以及重要的环境约束)等组成,战略规划就是将该集合转化为信息系统的目标与战略。战略目标集转化过程如图 5-4 所示。

图 5-4　战略目标集转化过程

战略目标集转化法的应用包括以下两个步骤:

(1)识别组织的战略集　先考察该组织是否有成文的战略式长期计划,如果没有,就要去构造这种战略集合,可以采取以下方法:

1)描绘出组织的关联集团。关联集团是与组织有利害关系者。

2)识别关联集团的目标。对每个关联集团目标制定的特性做定性描述,并且对这些要求被满足程度的直接和间接度量标准给予说明。

3)定义组织相对于每个关联集团的任务和战略。

（2）将组织战略集转化成系统战略集　系统战略集应包括系统目标、约束以及战略计划等。组织战略集向系统战略集的转化过程大致分为两步：①将组织战略集的元素与系统战略集的元素相对应；②提出整个管理信息系统的结构并选出方案。

5.3　基于 BSP 方法的物流管理信息系统规划

5.3.1　规划的前期工作

物流管理信息系统规划涉及较高的管理层次，要与多个管理部门接触，困难比较多。一般来说，基于 BSP 方法的物流管理信息系统规划的前期工作非常重要，主要包括规划的准备以及组织功能与结构调查两部分。

1. 规划的准备

总体规划的准备工作包括以下几方面的内容：

（1）确定总体规划的范围　一般要延伸到高层管理。

（2）成立总体规划小组　这个小组应有一定的权威，第一、二组组长应由本单位中具有工作实践经验，对管理人员有一定影响的人担任。总体规划小组设秘书一人、若干调查小组，其成员除专职系统分析员之外，还要有经验丰富的管理人员。顾问可聘请社会上有经验的信息系统专家，企业的所有报告、材料不应对他们保密。

（3）收集数据　主要有：①企业的一般情况，包括组织的环境、地位、特点，管理的基本目标，存在的主要问题，各种统计数字（人数、产值、产品、客户、合同等）；②现行信息系统的情况，包括概况、基本目标、技术力量、软硬件环境、通信条件、经费、近两年来系统运行状况、各类统计数字（如程序量、用户数等）。

（4）制订计划　画出总体规划工作的计划评审技术图或甘特图。

（5）准备好各种调查表和调查提纲　总体规划要进行大量调查，这次调查比系统分析阶段的调查内容要粗略一些，范围要广一些，因此被称为系统初步调查。为了做好这次调查，要事先准备好调查表和调查提纲。调查表包括目标调查表、业务调查表、信息调查表等；调查提纲包括职责、工作目标及主要指标、存在问题、改进工作的可能性与困难、对信息系统的需求和估价等。调查表和调查提纲应该事前发给调查对象。

（6）开好动员会　动员会实际上是总体规划工作的开始，这是很重要的一步。许多企业对总体规划不重视，认为是"虚"的，不过是几张报告，起不了什么作用。实际上并非如此，动员会可以向管理人员灌输总体规划的基本思想。总体规划所涉及的单位负责人都应出席动员会，由高层的领导开会动员。动员会包括以下内容：①宣布总体规划的业务领导，成立规划组；②规划组介绍规划范围、工作进度、收集到的情况，如国内外同类先进新系统的设想及关键问题，信息系统的情况，并介绍准备过程中收集到的情况，如国内外先进信息系统的情况。

2. 组织结构与功能的调查

组织结构是指组织内部各部门之间的上下级隶属关系。物流企业一般从担负商品流通职能的共性出发，分为业务经营部门、职能管理部门和行政事务部门。业务经营部门是指直接参加和负责组织商品流通经营业务活动的机构，承担着从组织商品购进到商品销售的全部业务工作；职能管理部门是为业务经营部门服务的机构，其职能是对经营业务进行指导和监督；行政事务部门是间接地服务于业务经营和职能管理部门的行政事务机构，为经营和管理工作提供事务性、人事管理、安全保卫和法律咨询等服务。

物流企业典型的组织类型包括顾问式、直线式、直线顾问式、矩阵式和事业部组织结构式。直线式物流企业的部分组织结构如图 5-5 所示。

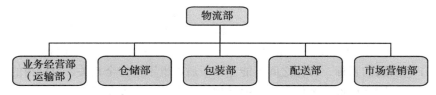

图 5-5　直线式物流企业的部分组织结构

在企业组织中，每个组织单元或者部门能够存在，必有其独特的功能，而企业的每个业务功能也是依靠一个或者几个组织单元完成的。组织结构图无法反映组织的业务职能和所承担工作的关系。为了满足这方面的需求，通常采用组织 / 功能关系表来反映组织各部分在承担业务时的关系。组织 / 功能关系表如表 5-3 所示，表中纵向表示各个组织的名称，横向表示业务或功能名，中间栏填写组织在执行功能中的作用。

表 5-3　组织 / 功能关系表

功能序号	业务	规划设计科	信息技术科	电子商务科	商场营销科	客户服务科	价格管理科
1	物流项目开发	×			*	×	√
2	联运业务处理					√	×
3	订单安排				√	√	
4	信息系统开发	×	*	*			
5	…						

功能序号	业务	定价管理科	运输管理科	仓储管理科	质量管理科	行政科	…
1	物流项目开发		√	√			
2	联运业务处理	√	*				
3	订单安排	*	×	×			
4	信息系统开发						
5	…						

注：1. * 表示该单位是这项业务的主要负责单位。
　　2. × 表示该单位是该业务的主要参与单位。
　　3. √ 表示该单位是该业务的一般参加单位（或有关单位）。
　　4. 空白表示该单位与对应业务无关。

5.3.2 定义企业目标

在企业确定进行信息系统规划项目后，首先要明确该项目的背景、目标、期望的成果以及该信息系统的远景。其次要调动项目小组成员的积极性，广泛收集相关资料，并结合需求对资料进行分析归纳。再次需要深入各级管理层，了解企业有关决策过程、组织职能和部门的主要活动和存在的主要问题，确定企业目标以及各级子目标。最后确保所获取的企业目标在企业各级管理部门中的定义一致，明确企业的发展方向，使信息系统能有效支持这些目标的实现。

一般来说，一个企业的目标包括若干个方面，每个方面又可以分为多个子目标，整个企业目标体系可以用一个目标树来表示。某医院的目标树如图5-6所示。在企业目标树建立时，各子目标要服从于它所属的目标，目标之间不能互相矛盾，也不应完全相关。目标树的归纳分析工作是十分重要的，因为评价一个信息系统的优劣，不在于它的设备是否先进，而在于它是否适合企业目标，是否能解决企业需要解决的问题。

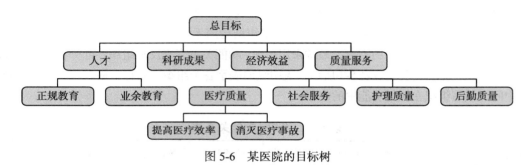

图 5-6　某医院的目标树

5.3.3 定义企业过程

整个企业的经营管理活动由许多业务过程组成。定义企业过程可以深刻了解企业如何完成其目标，并基于业务过程来构建企业信息系统，使其对企业发生的各种变革具有很好的适应性。一般来说，定义企业过程的目的和作用可归纳为：

1）使信息系统尽量地独立于组织机构。
2）帮助理解企业如何才能完成其总使命和目标。
3）为从操作控制过程中分离出战略计划和管理控制提供依据。
4）为定义所需要的信息结构、确定研究的范围、模块的分解和排列、开发的优先顺序提供依据。
5）为定义关键的数据需求提供帮助。

企业的任何活动均包含计划/控制、产品/服务和支持资源三个方面，因此企业所有的业务过程也都来源于这三个方面。业务流程定义过程如图5-7所示。从该图出发，企业过程大致可以分为如下四个阶段：

1. 识别计划/控制过程

在定义企业过程时，首先要识别计划/控制过程。分析研究前几个阶段收集到的有关计划和控制方面的资料，得到与企业计划和控制有关的业务过程。通过它可定义企业战略规划和管理控制方面的过程。一般来说，企业战略规划的过程是针对长远计划或发展规划的，管理控制的过程是面向操作计划、管理计划和资源计划层面的。一个企业在计划和控制方面的过程如表 5-4 所示。

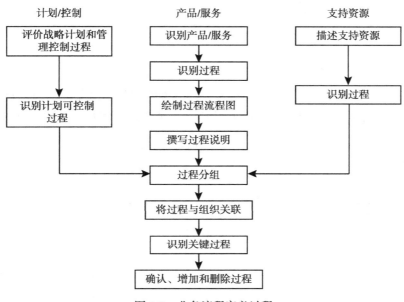

图 5-7 业务流程定义过程

表 5-4 计划和控制过程

战略计划	管理控制	战略计划	管理控制
经济预测	市场 / 产品预测	产品设计计划	预算
组织计划	工作资金计划	发展目标控制	测量和评价
人力资源开发	职工培训计划		

2. 识别产品 / 服务过程

识别产品 / 服务过程与前一过程稍有不同，任何一种产品都有其生命周期，一般经历产生、获取、服务、归宿四个阶段。对于每一个阶段，可以用一些过程进行管理。某企业的识别产品 / 服务过程如表 5-5 所示。

表 5-5 识别产品 / 服务过程

产生	获取	服务	归宿
市场计划	工程设计与开发	库存控制	销售
市场研究	产品说明	接受	订货服务
预测	工程记录	质量控制	运输

（续）

产生	获取	服务	归宿
材料定价	生产调度	包装储存	运输管理
材料需求	生产运行		
能力计划	购买		

3. 识别支持性资源过程

识别支持性资源的过程类似于产品/服务，从资源的生命周期出发列举企业过程。一般来说，企业的支持性资源包括材料、资金、人员和设备等。一个企业支持性资源过程如表 5-6 所示。

表 5-6 支持性资源过程

过程	支持性资源			
	材料	资金	人员	设备
产生	需求计划	财务计划 成本计划 投资计划	认识计划 工资管理	设备计划 设备更新
获取	材料收购 进库	资金接受 贷款	招聘 转业	设备采购 设备接受 基地
服务	库存控制 材料调配	成本核算 管理会计 银行业务	人员培训 人事管理	设备维修
归宿	材料回收 应付款项	分配管理 应付款项	终止合同 解雇 退休	设备折旧 设备报废

4. 汇总分析

对于从以上三个方面识别出来的过程进行汇总分析，以减少层次上的不一致和重叠，并把同类型的过程归类。在此基础上，可以把过程与组织之间的关系画在一张表上，形成企业过程与组织关系矩阵，如表 5-7 所示。这张表不仅表达了组织与过程之间的关系现状，还可以检验是否识别出所有的过程，判定分析人员是否理解企业过程，也是今后定义信息结构的模型。

表 5-7 企业过程与组织关系矩阵

组织	市场			销售			人员			财务		
	研究	预测	计划	地区管理	销售	订货服务	人员计划	培训	考勤	财务计划	成本计算	…
财务科	×		×		/		×		/	○	○	
技术科		/							/			

（续）

组织	市场			销售			人员			财务		…
	研究	预测	计划	地区管理	销售	订货服务	人员计划	培训	考勤	财务计划	成本计算	
销售科	○	○	○	○	○	○				/		
人事科				/	/		○	○	○	×		
…												

注：1. ○表示主要负责。
　　2. ×表示主要参加。
　　3. /表示一般参加。
　　4. 空白表示不参加。

对于企业的每一项业务过程，可以用业务流程图来描述，当然对于一些简单的业务过程也可以通过文字描述其处理过程。第 4 章中介绍了业务流程图的相关知识。

5.3.4　定义数据类

在规划过程中，把系统中密切相关的信息归成一类数据，称为数据类，如客户、产品、合同等都可称为数据类。识别数据类的目的在于了解企业目前的数据状况和数据要求，查明数据之间的关系，为定义信息结构提供基本依据。定义数据类的基本方法有实体法和功能法。

1. 实体法

与企业有关的可以独立考虑的事物都可以定义为实体，如客户、产品、材料、现金等。每个实体又可用四种类型数据来描述：

1）计划型数据——反映目标等计划值。
2）统计型数据——反映企业的综合状况。
3）文档型数据——反映实体的现状。
4）业务型数据——反映生命周期各阶段相关文档型数据的变化。

将实体和数据类按照数据的四种类型绘制在一个表内，就得到实体 / 数据类矩阵，如表 5-8 所示。

表 5-8　实体 / 数据类矩阵

实体	计划型数据	统计型数据	文档型数据	业务型数据
产品	生产计划 质量计划 新产品开发计划	产品质量汇总 产成品入库汇总	产品质量标准 成品质检报告	订货合同 提货单 产品检验单
客户	市场计划 销售计划	销售合同汇总 营销历史数据	客户档案 客户订货数据	发运记录
设备	设备计划 维修计划	设备历史数据	设备使用数据 设备维修数据	固定资产盈亏报表 设备购进记录

(续)

实体	计划型数据	统计型数据	文档型数据	业务型数据
材料	原材料需求计划 原材料采购计划	材料月消耗率 库存材料汇总表	原材料质量日报 用料计算表	材料采购记录 入库出库单据
资金	财务计划	资金负债表 业务财务报表	会计报表 产成品价格表	应收应付业务 采购借款单
人员	工资计划 培训计划	劳动生产率 职工人数统计	职工档案	认识调动记录 劳动定额通知
其他	工作计划	工伤事故统计	企业规章制度	样品调拨单

2. 过程（功能）法

另一种识别数据的方法是企业过程法，它利用以前识别的企业过程，分析每一个过程利用什么数据、产生什么数据，或者说每一过程的输入和输出数据是什么。它可以用输入—处理—输出图形象地表达，如图5-8所示。

在上述数据类都定义好之后，可以将实体数据类与企业业务过程（功能）联系起来，表达过程与数据类之间的联系。过程和数据类对应关系矩阵如表5-9所示，其中纵向代表数据，横向代表功能，每一个交叉格中的字母 C 代表该功能产生该数据，U 代表该功能使用该数据。

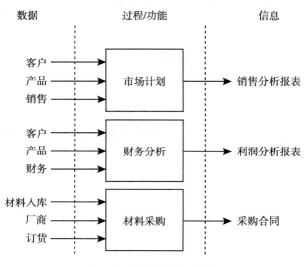

图 5-8　数据转化为信息

5.3.5　设计信息系统总体结构

有了过程/数据类对应关系矩阵之后，就可以定义信息系统的总体结构了。也就是说，根据过程/数据类对应关系矩阵（简称 U/C 矩阵）划分子系统，并确定它们之间的关系。具体过程包括以下三个步骤：

1）调整 U/C 矩阵，划分子系统。
2）确定子系统。
3）确定子系统之间的关系以及各子系统和整个系统之间的关系。

首先，将功能按功能组排列。其次，调换数据类的横向位置，使得矩阵中的符号 C 最靠近对角线。再次，画出功能组对应的方框，并给方框起一个名字，每个框就是一个子系统。将表5-9 的矩阵进行调整就可得到表 5-10 所示的子系统划分。

另外，可以用箭头将落在框外的 U 与子系统联系起来，表示子系统之间的数据流。这样就可以得到整个信息系统的总体结构，如表 5-11 所示。

表 5-9 过程和数据类对应关系矩阵

数据\过程	客户	产品	订货	成本	操作顺序	材料表	零件规格	材料库存	职工	成本库存	销售区域	财务	机器负荷	计划	工作令号	材料供应
经营计划				U								U		C		
财务计划				U					U			U		C		
资产规模												C		U		
产品预测	U	U									U					
产品设计	U	C				U	C									
产品工艺		U				C	C	U								
库存控制								C		C						
调度		U											U		U	U
生产能力计划					U								C		C	
材料需求		U				U							U			C
操作顺序					C								U		U	C
销售区管理	C	U	U								C					
销售	U	U	U													
订货服务	U	U	C													
发运	U	U	U							U						
通用会计	U		U						U							
成本会计		U		C					C							
人员计划									U							
人员考核									U							

表 5-10 子系统划分

	数据	计划	财务	产品	零件规格	材料表	材料库存	成本库存	工作令号	机器负荷	材料供应	操作顺序	客户	销售区域	订货	成本	职工
经营计划	经营计划	C	U													U	
	财务计划	C	U													U	U
	资产规模		C														
技术标准	产品预测	U											U	U			
	产品设计			C	C	U							U				
	产品工艺			U	C	C	U										
生产制造	库存控制						C	C			U						
	调度			U					C								
	生产能力计划			U		U			C	C	U						
	材料需求								U	U	C						
	操作顺序							U	U	U	U	C					
销售	销售区管理			U									C	U	U		
	销售			U									U	C	U		
	订货服务			U									U		C		
	发运			U				U							U		
财会	通用会计			U									U		U	C	U
	成本会计															C	
人事	人员计划															C	C
	人员考核															U	U

表 5-11 信息系统的总体结构

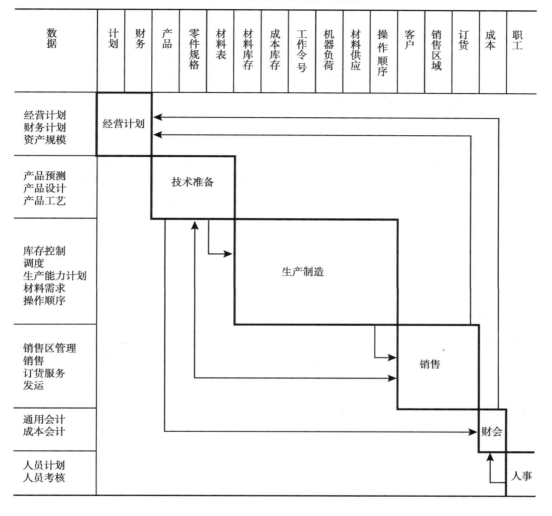

由于资源的限制,系统的开发总有先后次序,不可能同时进行。划分子系统之后,根据企业目标和技术约束确定子系统实现的优先顺序。一般来讲,对企业贡献大的、需求迫切的、容易开发的优先开发。确定子系统实施顺序应该遵循以下原则:

(1)系统需求程度与潜在效益评估 通过对管理人员、决策者的调查访问,进行定性评估。根据评估准则(如潜在效益、对企业的影响、迫切性等)针对每个子系统在管理人员和决策人员中用评分的办法进行评估,每个子系统的得分作为考虑优先顺序的参考。

(2)技术约束分析 对子系统之间的关联,可用表 5-11 进行分析。利用该表很容易看出每个子系统产生的数据有多少被其他子系统所共享。有较多子系统共享的数据应较早实现,当然也要考虑数据的重要性及关联的紧密程度。

5.3.6 BSP 方法的特点分析

BSP 方法是最早被提出的服务于企业战略规划的结构化方法。该方法从数据角度入手进行系统全面协调,大大推动了企业对信息技术的应用。总体来看,BSP 方法具有以下优点:BSP

方法是一种容易理解的信息系统规划技术，具有强大的数据结构规划能力；通过使用 BSP 方法，可以确定未来信息系统的总体结构；应用 BSP 方法能保证信息系统独立于企业的组织机构，使信息系统对环境变更具有适应性。

从今天的信息技术发展水平来看，BSP 方法显然也存在一定的历史局限性：

1）BSP 方法的实施需要大量的时间和财力支持。

2）不能将新技术与传统的数据处理系统进行有效集成。

3）高层管理人员的支持和参与是规划成败的关键。

4）强调目标但没有明显的目标确定过程，即必须先获取企业目标，才能得到信息系统目标。

基于以上对 BSP 方法的分析以及其优缺点的综合认识，可以归纳出 BSP 方法的适用范围：一方面，BSP 方法适合较大型信息系统的规划；另一方面，BSP 方法仅能用来建立信息系统蓝图，而不能进行详细设计。随着信息技术的发展，目前存在许多 BSP 的变形方法，都已取得了一定的应用效果。

5.4 组织安排与项目进度的制定

5.4.1 系统实施的组织安排

物流管理信息系统的建立是一项涉及多个学科领域、多项业务范围、多层次管理人员的系统工程。对现有的系统进行计算机化重建更是一项技术性极强的工作。严密的组织管理工作是系统开发顺利进行并取得成功的保证。它分为领导组织和工作组织两个方面。

1. 物流管理信息系统的领导组织

（1）物流管理信息系统开发领导小组　系统开发领导小组是领导整个系统开发工作的组织部门，负责对开发工作的规划、计划、资金预算等工作进行审核；协调各机构对物流管理信息系统数据流程、工作制度、数据标准等事项的需求；安排参加各阶段开发工作的人员及任务；组织召集各类人员对各阶段开发工作的方案文件、说明书等进行审核，并负责对系统开发实施后进行最终的验收和评审。在开发大型系统时，应将领导小组设为常设机构。

（2）物流管理信息系统项目负责人的作用　项目负责人是系统开发工作的总指挥，要对系统开发的全过程负责。项目负责人的责任是制订计划、掌控进度、协调平衡和权衡决策。目前，制订计划主要靠经验，因此项目负责人良好的掌控能力是很重要的。在系统开发过程中，项目负责人要保持各开发组、每个工作人员工作的同步。当工作中发生困难、异常、矛盾时，项目负责人必须进行取舍和裁定，还必须负责组织人员、分配工作、指挥人员。项目负责人要估计、发现、解决问题，还应主持和参与系统分析和设计。系统开发过程是一个随时间推进的过程，项目负责人要善于克服各种困难，排除干扰与阻力，掌握主动权。开发组人员开始和用户接触，就要给用户一种信任感与安全感，这样就为以后的工作开了个好头。对难点问题要组织攻关，保证系统的开发进度。物流管理信息系统的成功与否，还要取决于用户的合作程度。所以，项目负责人在开发过程中应该负责做好用户的工作，随时掌握用户的心理，控制用户的思想和情绪。

2. 物流管理信息系统的工作组织

工作组织应着眼于系统分析、系统设计、系统实施中的具体工作，如工作计划、编制预算、人员组织等。

（1）系统开发的人员组织工作　开发物流管理信息系统的组织和人员的结构是否合理，直接影响到系统开发的速度和质量。合理的开发机构一般根据开发工作的需要、工作性质的分类和职能设置，设立领导组、开发组、应用组、维护组及资料组。

（2）系统开发工作的组织　系统开发的组织工作要按照系统开发的总体规划、系统分析、系统设计、系统实施与评价的过程来进行。其任务就是合理地配置人、财、物等资源，高质量地按时完成各阶段的工作内容，保证整个系统开发工作的成功。

（3）系统开发方式的选择　物流管理信息系统开发有多种方式，各有其优点和不足。在选择时，应根据自身资源、技术力量、企业基础工作、外部环境等统筹考虑。系统开发不论采用什么方式必须有本企业领导和职能人员的参加，并在此过程中培养本企业的系统开发维护人员。

5.4.2　项目进度的制定

物流管理信息系统的开发过程因其周期长、成本高，所以需要全方位统筹开发过程中的资源配置，从而提升效率、节约时间、降低成本。在实践中广泛应用着各种计划，这些计划可按纵横两个方面分类。在纵向上，按照计划所跨越的时间，可分为战略规划、战术规划和战役性规划；在横向上，按计划所涉及的管理职能，可分为财务、人事、生产等方面的规划。这里仅就物流管理信息系统开发中的项目进度（时间）管理进行介绍。

时间是系统开发中最简单的因素，也是系统开发成功与否的关键因素。某些系统由于开发过程长期不能结束，大量的资金、人力、物力被闲置，从而导致失败。所以必须做好时间计划，使物流管理信息系统的开发在一定的时间内按照计划保质、保量地完成。项目进度计划主要是指工作进度计划，将计划中的每一项工作分配到项目小组或个人，按时间来排定进度。制订项目进度计划的方法主要有甘特图（Gantt Chart）法。

甘特图是表示项目中完成每项活动所需要的时间的条形图。它以亨利·L·甘特先生的名字命名，他制定了一个完整的用条形图表示进度的标志系统。某信息系统开发的甘特图如图 5-9 所示。其中，每项任务完成的标准，不是能否继续下一阶段任务，而是必须交付应交付的文档与通过评审。

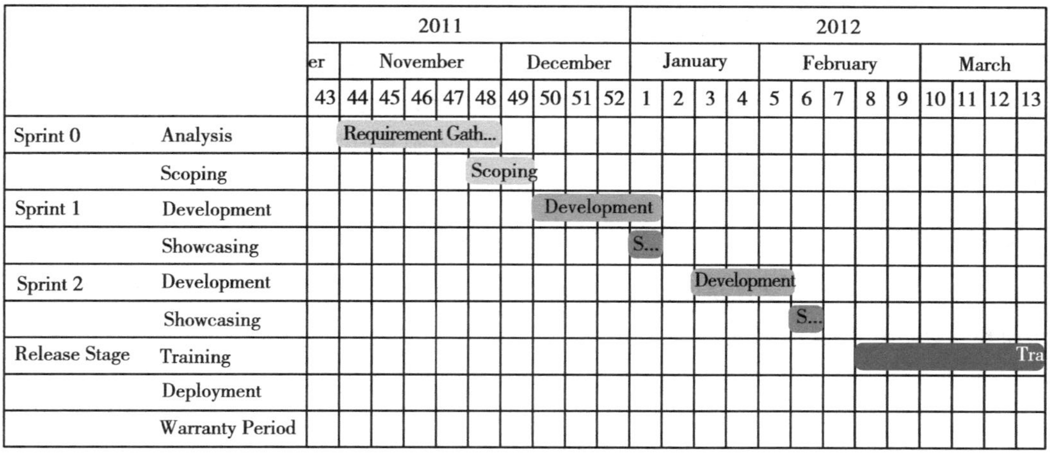

图 5-9　某信息系统开发的甘特图

> **延伸阅读**
>
> **宝供物流园区可视化管理系统**
>
> 物流园区是物流作业集中的地区，作为仓储、运输和配送的衔接地，是将多种物流设施和不同类型的物流企业在空间上集中布局的场所，也是一个有一定规模的和具有多种服务功能的物流企业的集结点。正是在这个集结点和衔接地上，目前缺乏有效的信息化和衔接工具，带动"车仓货"的有机协同。
>
> 宝供物流（简称宝供）在运营层面的工作主要为填补仓储物流园区"仓库四面墙以外"的系统园区，解决目前仓储物流园区管理上存在的协同问题，如司机和订单指令的信息传递协同、车辆到门和装卸资源的协同、装货进度和备货进度的协同等、订单分派、拼车操作分散及数据不集中、车辆报到随意及影响后端作业安排、车辆入园无序及司机满意度低、人工指挥现场车辆运作和装卸作业、现场作业进度很难实时掌握且有安全隐患、码头叉车等资源利用率低等。宝供的物流园区可视化管理系统项目从2016年3月1日启动，2016年主要完成项目需求调研和系统分析设计以及系统基础功能模块研发。2017年上半年完成系统优化设计与集成开发，2017年下半年完成系统硬件安装、测试培训和上线工作。该项目填补了企业在园区管理方面的系统应用空白，系统设计、研发和实施帮助企业成功获得某跨国公司合肥大仓项目竞标业务，2017年第二季度业务正式运营后，实现月均完成订单量超过6 000单，出库量达19 000吨。该项目凭借研发以NFC物联网技术、智能门禁技术、视频监控技术、移动互联网技术等为基础的物流园区可视化管理系统，实现了通过信息化手段，以"园区运营"为中心构建智慧园区一体化解决方案，从园区管理、园区服务质量、司机体验等方面，打造智慧园区的典范。方案通过资源精准推荐、过程精细管控、精准推送信息等服务，实现车辆数据完整收集、园区动态实时掌握、园区管理有据可依，轻松为客户提供全面园区管理者服务，提升园区运营效率。
>
> 资料来源：刘小卉. 物流管理信息系统[M]. 2版. 上海：复旦大学出版社，2021.

本章小结

本章主要讲述了物流管理信息系统的规划。物流管理信息系统的规划主要是指管理物流信息系统的战略规划，主要方法有关键成功因素法、企业系统规划法、战略目标集转化法。BSP方法是最早被提出的服务于企业战略规划的结构化方法，从数据角度入手进行系统全面协调，大大推动了企业对信息技术的应用。此外，物流管理信息系统的开发过程因其周期长、成本高，需要全方位统筹开发过程中的资源配置，从而提升效率、节约时间、降低成本。

关键术语

诺兰阶段模型　　关键成功因素法　　企业系统规划法　　战略目标集转化法
组织/功能关系表　　U/C矩阵

习题

1．选择题

（1）系统规划方法中不包括下列哪项？（　　）
　　A．企业系统规划法
　　B．关键成功因素法
　　C．战略目标集转化法
　　D．模型驱动的规划方法

（2）数据流程图中常用的符号包括？（　　）
　　A．数据存储、数据流
　　B．外部项、加工
　　C．外部项、处理逻辑、数据存储、数据流
　　D．加工、数据流

（3）目前，常见的物流信息系统的开发方法有（　　）。
　　A．结构化方法、原型法
　　B．结构化方法、面向对象的开发方法
　　C．结构化方法、原型法、面向对象的开发方法、CASE法
　　D．结构化方法、原型法、面向对象的方法

（4）下面哪项不是定义数据类的步骤？（　　）
　　A．数据类识别　　B．数据类定义
　　C．过程关联　　D．数据项定义

（5）系统可行性分析是指对系统的环境、背景等条件进一步明确，分析其开发的必要性和意义。下面哪一项不属于可行性分析的内容？（　　）
　　A．管理可行性
　　B．技术可行性
　　C．环境可行性
　　D．经济可行性

（6）物流管理信息系统的体系结构是指系统各个组成部分之间的相互关系，它是硬件、软件、算法和语言的综合性概念，当前物流管理信息系统主要采用的体系结构有三种，下列哪项不属于主要采用的体系结构？（　　）
　　A．C/S结构
　　B．B/S结构
　　C．C/S和B/S的混合结构
　　D．S/C结构

2．判断题

（1）物流管理信息系统的规划是系统长远发展的计划。　　　　　　　　　　　　（　　）
（2）目前，应用最广泛的信息系统规划方法是战略目标集转化法。　　　　　　　（　　）
（3）系统开发阶段主要的工作就是全力开发新的信息系统，不用关心现行系统的情况。（　　）
（4）系统设计阶段的任务是弄清楚系统的各种需求，并阐述这些需求。　　　　　（　　）
（5）物流管理信息系统的开发只能采用每种独立的方式开发，不可以两种或几种方式混合使用。
　　　　　　　　　　　　　　　　　　　　　　　　　　　　　　　　　　　　（　　）
（6）诺兰阶段模型把信息系统建设划分为初装阶段、蔓延阶段、控制阶段、集成阶段、数据管理阶段、成熟阶段等六个阶段。　　　　　　　　　　　　　　　　　　　　　　　（　　）
（7）组织战略集向系统战略集的转化过程大致分为两步：第一步是将组织战略集的元素识别对应的系统战略集的约束，第二步是提出整个管理信息系统的结构并选出方案。　　（　　）

3．简答题

（1）简述企业系统规划法的四个基本步骤。
（2）简述关键成功因素的来源。
（3）简述数据库设计的主要步骤。
（4）物流管理信息系统的规划方法有哪些？各种规划方法的基本思想是什么？

4．思考题

（1）诺兰阶段模型的引入对你理解物流管理信息系统具有哪些帮助？
（2）怎样才能使物流管理信息系统规划更为合理？

◆ 案例分析

国家电网与顺丰供应链深入物流信息化合作

2022年年初，顺丰供应链宣布将以科技赋能，与国家电网将深入物流信息化合作。自2019年起，顺丰供应链正式成为国家电网战略合作伙伴。在过去数年里，尽管受疫情影响，多地因自然灾害导致电力供应受到挑战，但双方始终突破创新，聚力合作。顺丰供应链凭借高质量的物流服务与强大的科技能力，为全国电网牢筑安全基础，加速建设自主可控、安全稳定、具有国网特色的现代智慧供应链体系。

国家电网是关系国家能源安全和国民经济命脉的特大型国有重点骨干企业，经营区域覆盖我国26个省（自治区、直辖市），供电范围占国土面积的88%，供电人口超过11亿。其服务范围广、应用场景复杂、电力物资品类多样，需要拥有资深专业的供应链服务商满足其高质量高时效的服务要求。顺丰供应链政企事业部负责人表示："国家电网是高效快捷的能源输送通道和优化配置平台，是能源电力可持续发展的关键环节，关系国家能源安全。作为民营企业代表，顺丰供应链非常荣幸能与国家电网深化战略合作，为全国人民与社会提供现代化电力服务而献力。"

1．不畏挑战，保障电力物资供应

针对国家电网基建施工地理位置局限性、物流场景多复杂以及电力物资具有价值高、异形多、重量大等挑战，顺丰供应链科学地增加了前置性勘线环节，并与专业团队全面评估难度与风险，制定详细操作流程，并模拟演练，以确保电力物资供应链服务按时按质地履约交付。

2020年年初，顺丰供应链凭借夯实的资源调度能力，助力国家电网从全国各地将大批保电保供物资及时运往湖北。2021年7月，河南郑州突发严重洪涝灾害，顺丰供应链随即参与国家电网的应急保障工作之中，为国家电网救灾抢修发挥了重要作用。事后，国家电网物资调配中心、河南电力公司还专门给顺丰供应链发来了感谢信。近年，国家电网现代智慧供应链建设步伐加快。顺丰供应链从一开始试承接国家电网西藏阿里的电网工程，而后到雄安新区电力新项目，再到与北京、河北、山东、福建、江苏、重庆等省市电力分公司的业务合作，双方在物流供应链方面携手并进，不断拓展升级。

2．科技创新，加速信息化建设

国家电网正在全力加快战略落地、落实"一体四翼"发展布局，构建现代智慧供应链"5E—中心"平台体系，为电网高质量发展提供有力的供应链服务支撑。作为国家电网战略合作伙伴，顺丰供应链的系统搭建和信息化管理能力深受国家电网的青睐与认可。

顺丰供应链整合科技资源优势，一方面为国家电网着手搭建电力物流服务平台（ELP），从订单管理、线路规划、执行结算等环节，实现基础的物流信息化。总体上分为"三步走"：从物流信息化开始，过渡到物流数字化，最后实现整体物流供应链智能化。

另一方面，顺丰供应链根据实际业务场景和沉淀的经验，与国家电网共同探讨相关课题，并与顺丰集团旗下科技团队一同向其阶段性提交相关咨询报告，以及发布研究性学术成果。这为国家电网在加速信息化建设进程中，奠定了坚实的基础。

"电力能源服务关乎民生大计，顺丰供应链将继续不遗余力地助力国家电网提升供应链资源整合，依托现代智慧供应链体系，数字化、智能化驱动电力物资可持续供应，保障国家能源安全。"顺丰供应链政企事业部负责人补充道："不仅如此，顺丰供应链定将作为供应链服务商的表率，肩负社会责任与使命，积累宝贵经验，为更多国家公共服务项目带来转型服务，增进民生福祉，创造美好生活！"

资料来源：国家电网与顺丰供应链深入物流信息化合作［EB/OL］.［2023-06-21］. https://baijiahao.baidu.com/s?id=1724250448233875587&wfr=spider&for=pc.

讨论题：

1．国家电网为何选择顺丰供应链合作？
2．顺丰供应链为国家电网解决了哪些物流问题？
3．顺丰供应链是如何帮助国家电网解决物流难题的？

第 6 章

物流管理信息系统分析

学习要点（表6-1）

表 6-1　第 6 章学习要点

知识要点	掌握程度	相关知识
物流管理信息系统分析概述	重点掌握	系统分析的步骤，包括五方面内容
	了解	系统分析的逻辑模型
物流管理信息系统的需求分析	熟悉	需求分析的初步调查内容包括用户需求分析、企业基本现状、企业的管理方式和基础数据管理情况、现行系统的运行状况
	了解	从技术、经济和管理三方面对系统进行可行性分析
	了解	详细调查的原则、内容和方法
物流管理信息系统组织结构与业务流程分析	了解	组织结构与业务功能图
	熟悉	业务流程分析的目的、任务和过程
	重点掌握	业务流程图
	熟悉	业务流程重组含义、过程和方法
物流管理信息系统数据流程分析	熟悉	数据流程分析的内容
	重点掌握	数据流程图和数据字典

🔵 引例

智能数据可视化分析助力传统零售转型智慧零售

传统零售的系统数据量大，却无法共享，更无法给企业提供全局化的数据分析；信息部耗时耗力也依旧跟不上业务部门的需求变化；报表间相互独立，即使发现数据异常也无法又快又灵活地获取相关数据，只能被动等待信息部门响应。这种情况下传统零售转型智能零售急需智能数据可视化分析。

智能数据可视化分析通过商务智能工具，综合各个业务系统、ERP平台上的数据，打破数据孤岛，建立数据共享平台，配以专业零售数据分析模型和智能分析功能，灵活满足不同部门和管理决策者的数据分析需求。比如，为企业高层提供各个门店关键数据的概览，帮助他们迅速掌握关键数据以及门店销售趋势；为中层管理者提供各自门店或部门的运营管理关键数据信息，快速发现问题，锁定问题，辅助决策等。

那么，智能数据可视化分析具体能给零售企业带来怎样的改变？

（1）打破数据孤岛现象，搭建数据共享平台　如果继续让各个业务系统、ERP平台上的数据各自为政，那么就无法提高整个企业的综合性数据分析能力，不利于零售企业及时把握市场变化，更不利于提升整个企业的运营管理效率与水平。智能数据可视化分析通过爬虫、对接、填报快速采集数据，由ETL完成数据转换，打破数据孤岛，让数据互认互通，形成一个数据共享平台。

（2）分析灵活自主，不需信息部协助　业务部门的需求变化太快，信息部门很难及时跟上。智能数据可视化分析通过合理的技术架构，使得系统具备分析灵活自主的特性，作为零售业务部门的用户可根据自身的分析需求，通过数据共享平台（数据中台）、零售方案来实现自主数据分析，又快又灵活，还不依赖信息部门。

（3）智能钻取，提升报表的灵活自主分析能力　智能钻取，双击即可立即突破分析模型限制，钻取到相关的数据分析报表、明细（可自由选择钻取路径）。该功能的加入不但丰富了报表的数据信息，更提升了灵活自主分析能力，让每个浏览者都能灵活自主地获取数据信息，辅助决策。

当零售数据分析采用智能数据可视化分析，不仅能够综合数据做智能可视化分析，而且能让零售业务部门拥有灵活自主的数据分析的能力。在由上及下提升整个零售企业智能化、可视化数据分析能力的同时，实现智能零售数据化运营管理。

资料来源：从传统零售转型智能零售，智能数据可视化分析帮了多大忙？[EB/OL]．[2023-06-21]．http://www.powerbi.com.cn/page103?article_id=1878．

讨论题：

通过智慧零售的案例，思考系统分析可以为物流管理信息系统提供什么价值？

完成了系统规划阶段的任务，接下来的工作就是回答"做什么"的问题，这就是系统分析要完成的工作。系统分析就是对现行系统运用系统的观点和方法进行全面、科学的分析和研究，在一定的限制条件下，优选出可能采取的方案，以达到系统预期的目标，最后完成新系统的逻辑方案设计。

系统分析是物流管理信息系统的关键环节,其主要任务是先进行系统综合业务初步调查和详细调查,然后根据调查中获得的原始资料,对组织内部整体管理状况和信息处理过程进行分析,确定用户的需求,并建立新系统的逻辑模型。换句话说,系统分析的目的就是根据用户需求和资源条件,以现状为基础,确定系统应对哪些信息做存储、变换与传递,具备哪些功能,从而明确系统应该做些什么。

6.1 物流管理信息系统分析概述

6.1.1 系统分析的目标和步骤

物流管理信息系统的开发就是要实现目标系统的物理模型,即建立一个物理系统。物理模型是由系统的逻辑模型实例化得来的。所谓逻辑模型,是指用图表、资料来定义系统。系统的逻辑模型只描述系统要完成的功能和要处理的信息,与物理模型相比,其忽略了实现的方法与细节。物理模型用来描述系统"怎么做"的问题,逻辑模型则用来描述系统"做什么"的问题。物流管理信息系统分析是要依靠现有模型生成目标系统逻辑模型,从而解决目标对象"做什么"的问题。

系统分析的一般步骤分为以下五个方面:

(1)现行系统的详细调查 集中一段时间和人力,对现行系统做全面、充分和详细的调查,弄清现行系统的边界、组织机构、人员分工、业务流程、各种计划,单据和报表的格式、种类及处理过程,企业资源及约束情况等,为系统开发做好原始资料的准备工作。

(2)组织结构与业务流程分析 在详细调查的基础上,用图表和文字对现行系统进行描述,详细了解各级组织的职能和有关人员的工作职责、决策内容对新系统的要求、业务流程各环节的处理业务及信息的来龙去脉。

(3)系统数据流程分析 在业务流程分析的基础上,分析数据的收集、传递、处理与存储过程,用数据流程图进行描述,建立数据字典。

(4)建立新系统的逻辑模型 在系统调查和系统分析的基础上建立新系统的逻辑模型,用一组图表工具表达和描述系统的逻辑模型,使系统的概貌清晰地呈现在用户面前,方便用户和分析人员对系统提出改进意见。

(5)提出系统分析报告 对系统分析阶段的工作进行总结,把用户的需求成文,完成系统分析报告,为下一步系统设计提供工作依据。

在运用上述步骤和方法进行系统分析时,调查研究将贯穿系统分析的全过程。调查与分析经常交替进行,系统分析深入的程度将是影响物流管理信息系统成败的关键问题。

┊延伸阅读┊

仓库管理信息系统的目标

一个完善的仓库管理信息系统应具备处理各类信息的能力。为了实现高效、精确的作业,并使管理者更直观地掌控作业过程,信息系统在商品入库时应能显示作业轨迹,在库存管理时能显示货位和货品情况。

仓库管理信息系统的目标包括：

（1）基本信息的记录　仓库管理系统就是对仓库进行管理，也就是管理货物的情况。这个记录非常重要，关系到最后的账目，所以一定要特别认真。首先对收入的货物要进行清点，最好可以清点两遍或者以上，这样可以防止出现错误。另外对输出的货物也要记录，这样在最后查账的时候才会有一个依据。而且仓库中平时会存有很多的货物，这些货物的保护也是仓库管理的目标之一。

（2）人机合作　货物不同，仓库管理的难度不同。随着经济和技术的发展，现在越来越多地用到计算机来管理仓库。但是美中不足的一点是，现在的计算机技术水平还不够高，所以仓库管理不能完全依靠它，更多的时候是需要人工管理的。所以想要做好仓库管理就必须实现人机统一，人机合作可以创造出更大的效益。

（3）做好定位管理　仓库中的货物是多且杂乱的，每天进出库的商品数以万计，所以要想找到一件特定的商品是非常困难的，即使有计算机的帮助也难免会出现差错，所以实现定位管理非常重要。要想使仓库管理水平更上一层楼，就必须可以随时知道商品的位置，这样出现突发情况也可以及时应对，可以在最大限度上减少损失。要做好定位管理还是比较困难的，这需要科技人员不断地努力研究，同时也需要仓库管理人员的积极配合。

除以上目标之外，仓库管理信息系统还要努力做到数据与数量一致。这个目标听起来很简单，但是做起来非常困难。因为如果想要实现数据与数量一致，就要实现以上所有目标。

资料来源：仓库管理系统的目标是什么？[EB/OL]．[2023-06-21]．http://www.behosoft.com/show-25-37-1.html.

6.1.2　系统分析的任务

简单地说，系统分析的任务是彻底搞清楚用户的要求，详细地了解现行系统的状况和存在的问题。用户精通业务，但往往缺乏足够的计算机知识，对计算机"能够做什么"和"不能够做什么"比较模糊。而且，用户虽然精通自己的业务，但不善于把业务过程明确地表达出来，不知道该给系统分析员介绍些什么。对一些具体业务，用户认为理所当然就该这样做或那样做。特别是对某些决策问题，往往根据的是个人的经验和直觉。

系统分析是系统设计的前提，如果把系统分析和系统设计看成要完成的某项任务，系统分析就是要解决"做什么"的问题。这个问题需要系统分析人员与用户密切协商，这是系统分析工作的特点之一。具体来说，系统分析的任务包括以下内容。

首先，根据现行物流管理信息系统与计算机信息系统各自的特点，认真调查和分析用户需求。所谓用户需求，是指目标系统必须满足的所有功能要求、性能要求、可靠性要求、安全保密要求以及开发费用、开发周期、可使用的资源等方面的限制。要弄清哪些工作交由计算机完成，哪些工作仍由人工完成，以及计算机可以提供哪些新功能。这样可以在逻辑上规定目标系统的功能，而不涉及具体的物理实现，也就解决了"做什么"的问题。

其次，确定初步的逻辑模型。逻辑模型包括业务流程图、数据流程图、数据字典和基本加工说明等。它们不仅在逻辑上表示目标系统所具备的各种功能，而且还表达了输入、输出、数据存储、数据流程和系统环境等。

最后，编写系统说明书。系统说明书是系统分析阶段的最后结果，它通过一组图表和文字描述目标系统的逻辑模型。

总之，系统分析阶段的任务是将目标系统的目标具体化为用户需求，再将用户需求转换为系统的逻辑模型，最后提交系统说明书。三者之间的关系如图 6-1 所示。

图 6-1　目标系统目标、用户需求和目标系统逻辑模型的关系

6.2　物流管理信息系统的需求分析

系统需求分析是指在系统开发工作展开之前，首先弄清楚对象生产、经营和管理过程的所有细节。需求分析可分为初步调查、可行性分析和详细调查三部分内容。其中，初步调查和详细调查是物流管理信息系统调查的两个阶段。实事求是地全面调查是分析与设计系统的前提，该阶段的工作质量对整个开发工作的成败起决定性作用。

6.2.1　系统调查的原则

系统调查必须有正确的方法。没有正确的原则指导，大规模的系统调查是很难进行的。系统调查的原则是指调查过程中应秉持的法则或标准，可分为以下五个方面：

（1）自顶向下全面开展　系统调查工作应该严格按照自顶向下的系统化观点全面展开。首先，从组织管理工作的最顶层开始，然后再调查第二层、第三层的管理工作，直至摸清组织的全部管理工作。这样做的目的是使调查者既不会被组织内部庞大的管理机构搞得不知所措、无从下手，又不会因调查工作量太大而顾此失彼。

（2）先熟悉业务再分析其改进的可能性　组织内部的每一个部门和每一项管理工作都是根据组织的具体情况和管理需求而设置的。一般来说，某个岗位的存在和业务范围的要求必然有其道理。因此，应该首先搞清这些工作的内容、环境和详细过程，然后再通过系统分析讨论其在新的物流管理信息系统支持下，有无优化、改进的可能性。

（3）工程化的工作方式　工程化的方法就是将每一步工作事先都计划好，对多个人的工作方法和调查所用的表格、图例都进行规范化处理，以使群体之间都能相互沟通、协调工作。

（4）全面调查与重点调查相结合　开发整个组织的物流管理信息系统，应该坚持全面调查和重点调查相结合的原则。尤其是在某时期内需要开发企业的某一个局部的信息系统，更应该在调查全面业务的同时，侧重该局部业务相关的分支。

（5）主动和用户沟通，保持积极友好的人际关系　系统调查是一项涉及组织内部管理工作的各个方面以及各种不同类型人的工作，所以调查者主动与被调查者在业务上的沟通是十分重要的。另外，创造一种积极、主动、友善的工作环境和人际关系是调查工作顺利开展的基础。

6.2.2　初步调查

物流管理信息系统的开发一般是从用户提出要求开始的。而对于这种开发要求是否具有可行性，需要在系统开发之前认真考虑。有经验的开发者追求更高效的开发过程，往往将系统调查分为初步调查和详细调查两个步骤。初步调查是指先投入少量人力对系统进行大致了解，然后再分析有无开发的可行性，最后再对系统进行详细调查。

初步调查包括以下内容：

1. 用户需求分析

初步调查的第一步就是从用户提出新系统开发的缘由以及用户对新系统的要求两方面入手，考察用户对新系统的需求，预期新系统要达到的目的。因为物流管理信息系统将会涉及组织管理工作的各个方面，故这里所说的用户是指由上至下各级管理人员。

在进行调查时，需要了解的内容有以下几点：

1）用户对新系统开发的需求状况和对新系统的期望目标。

2）用户是否愿意下大力气参与和配合系统开发，在新系统改革涉及用户业务范围和习惯做法时，用户是否有根据系统分析和整体优化的要求调整自己职权范围和工作习惯的心理准备。

3）上一层管理者有无参与开发工作，协调下一级管理部门业务和职能关系的愿望等。

延伸阅读

某啤酒销售有限公司的物流服务需求分析

（1）车辆要求　应配备自有车辆 50 台以上且车身符合啤酒配送要求。

（2）信息技术要求　有能力通过 BC 技术和 RFID 技术实现货物数据的录入和转换，能够用不同的标码技术打印出条码、价格标签；纸张凭证使用率要求低于 30%；仓储管理系统需要有收货管理、库存管理、订单管理、发货管理等功能；能为客户提供实时的运单跟踪查询信息；使用 EDI 技术与各系统保持良好沟通，确保运作水平的稳定性。

（3）运输服务要求　订单完成率≥99%，库存的流动和持有水平控制准确率>98%，并能提供库存差异的原因报告。产品破损率≤1%。

（4）准时准量配送要求　区域内实现 24 小时完成一批产品配送任务；可以提供全国或区域性分销中心的整车或零担运输。

（5）仓储要求　各应标物流公司需要在啤酒销售公司地区性销售公司所在地设有分销设施与安全性措施必要说明，仓库里应配备叉车、货架、拣货车等处理设施设备，并在全国或地区性配送中心装备仓储管理系统。

（6）安全要求　物流企业应有多套完整的安全处理对策，可以从容应对各种事故的发生。

（7）库房要求　高水准的设施内部保持系统，可以控制灰尘、防火、控制室温等，以及 24 小时的安全监控。

资料来源：某啤酒销售有限公司的物流服务需求分析［EB/OL］．［2023-06-21］．https://www.zhuangpeitu.com/article/70199864.html.

---

2. 现有企业的基本状况

现有企业的基本状况包括：企业的性质、企业内部的组织结构、物流生产过程、厂区各办公楼与车间（或连锁商店总店与分店之间）的布局、上级主管部门、横向协作部门、下设直属部门等（了解系统的对外信息流通渠道）。这些都与系统开发可行性研究、系统开发初步建议方案以及下一步详细调查直接相关，所以应该在初步调查中弄清楚。另外，还需要调查企业近期预计发生变化的可能性，如企业兼并、产品转向、厂址迁移、周围环境的变化等。

3. 管理方式和基础数据管理状况

对管理方式的调查包括企业整体管理状况的评估、组织职能机构与管理功能及重点职能部门（如计划、生产、财务、销售等）的大致管理方式，以及这些管理方式今后用计算机系统来辅助人的管理的可行性，可以预见的将要更改的管理方法及这些新方法将会对新系统及解决管理问题所带来的影响和新要求等。

对基础数据管理状况的调查包括：

1）基础数据管理工作是否完善。
2）相应的管理指标体系是否健全。
3）统计手段方法和程序是否合理。
4）用户对新系统的期望值有无实际的数据支持。如果没有的话，让企业增设这些管理数据指标和统计方法是否具有可行性。

基础数据管理工作是实现物流管理信息系统和各种定量化管理方法的基础，如果不牢靠，后续开发工作就无从做起。

4. 现行系统的运行状况

物流管理信息系统是一个人机结合的开放式系统，在决定是否开发新系统之前一定要了解一下现行系统（不论它是手工处理信息的系统还是计算机辅助人工处理的系统）的运行状况、特点、存在的问题、可利用的信息资源、可利用的技术力量和可利用的信息处理设备等。这部分调查是提出新系统开发设想方案及论证这个方案在技术上是否具有可行性的原始资料。

6.2.3 可行性分析

在物流管理信息系统的目标需求已经确定，对组织的基本情况也有所了解的情况下，系统开发人员就可以开始进行可行性分析了。可行性分析是指根据初步调查和总体方案，系统开发人员在考虑系统环境、资源等条件的基础上，判断所提出的信息系统项目是否有必要、有可能开始进行，即实际开发的可行性。

可行性分析主要从以下三个方面着手进行：

1. 技术可行性

技术可行性是指根据现有的技术条件，考虑能否达到提出的目标需求。技术可行性分析包括：

1）人员和技术力量的可行性，即有多少科技人员，其技术力量和开发能力如何，有没有系统开发的可行性。
2）基础管理的可行性，即现有的管理基础、管理技术、统计手段等能否满足新系统开发的目标需求。
3）组织系统开发方案的可行性，即合理地组织人、财、物和技术力量并实施的技术可行性。
4）计算机硬件的可行性，包括各种外围设备、通信设备、计算机设备的性能是否能满足系统开发的要求，以及这些设备的使用、维护及其充分发挥效益的可行性。

5）计算机软件的可行性，包括各种软件的功能能否满足系统开发的要求，软件系统是否安全可靠，该单位使用、掌握这些软件技术的可行性。

6）环境条件及运行技术方面的可行性。

2. 经济可行性

经济可行性主要是对开发项目的成本与效益做出评估，即新系统带来的经济效益是否超过开发和维护所需要的费用，判断一下该项目在经济上是否合适，包括费用和收益两个方面。

费用估计包括以下内容：

（1）设备费用　包括计算机硬件、软件、输入/输出设备、空调、电源及其他机房设施和设备购置、安装及调试的费用。

（2）开发费用　即系统开发所需要的劳务费及其他有关开支。

（3）运行费用　包括运行所需的各种材料费用（如电、纸张等费用）、设备的维护费用和其他与运行有关的费用。

（4）培训费用　包括用户管理人员、操作人员及维护人员培训等费用。

收益估计不像费用估计那样具体，因为应用系统的收益往往不以定量计算，收益估计可以从直接效益和间接效益两方面考虑。

3. 管理可行性

管理可行性主要包括管理人员对系统开发的态度和管理方面的基础工作等。能否得到管理层自上而下的支持以及组织内部对新系统的工作助力，是判断管理可行性的关键。

6.2.4　详细调查

详细调查的目的在于完整地掌握现行系统的现状，使开发人员弄清楚实际情况，发现组织中的问题，获得必要的资料。因此，调查的范围就不能局限于信息和数据流，还应该包括企业的生产、经营、管理等方面。具体地说，应详细调查这几个方面：组织目标的发展战略，组织机构和功能业务，管理模式和管理方法，决策方式和决策过程，业务流程与工作形式，数据、数据处理与数据流程，产品构成及其工艺流程，可用资源和限制条件，现有问题和改进意见等。

与系统规划阶段的现状调查和可行性分析相比，详细调查的特点是目标更加明确，范围更加集中，在了解情况和数据收集方面进行的工作更为广泛深入，对许多问题都要进行透彻的了解和研究。

1. 详细调查的原则

（1）真实性　真实性是指系统调查资料真实，能准确地反映现行系统状况，不依照调查者的意愿反映系统的优点或不足。

（2）全面性　任何系统都是由许多子系统有机地结合在一起而实现的。

（3）规范性　有一套循序渐进、逐层深入的调查步骤和层次分明、通俗易懂的规范化逻辑模型描述方法。

（4）启发性　需要调查人员的逐步引导和不断启发，尤其在考虑计算机处理的特殊性而进行的专门调查中，更应该善于按使用者能够理解的方式提出问题，打开使用者的思路。

2. 详细调查的内容

详细调查的主要内容大体上可以分为定性调查和定量调查。

（1）定性调查　定性调查主要是对现行系统的功能进行总结，包括对组织结构的调查、管理功能的调查、工作流程的调查、处理特点的调查和系统环境的调查等。

（2）定量调查　定量调查的目的是弄清数据流量的大小、时间分布、发生频率，掌握系统的信息特征，据此确定系统规模，估计系统建设工作量，为下一阶段的系统设计提供科学依据。

正因为现代物流企业的规模和形式各有不同，物流管理信息系统体现出其特殊性。由于物流的功能包括运输、库存、包装、装卸搬运、流通加工等，所以在进行详细调查时应包括上述几个方面的物流作业。而针对一个具体的物流系统，在对其进行需求分析之前，首先应分析该物流系统是在供应链中服务供应链的下游企业，还是独立于供应链的为社会大众服务的企业物流系统。例如，制造企业的物流系统和专门供应某一类企业的第三方物流系统，这两者的调查内容和方向是不同的。

3. 详细调查的方法

在系统需求分析的过程中，人们总结了一些非常有用的需求信息收集方法，使用这些方法可以使系统分析员获取准确、完整的信息。这些方法主要有：

（1）问卷调查法　通过问卷调查可以收集大量与系统相关的信息，而且这种方式的优点是不受系统相关者地理分布的影响，同时还可以借助网络、电子邮件、电话等方式辅助调查问卷的发放。但调查问卷收集的信息是比较具体的结构化信息，所以存在着很大的局限性，不能获得业务处理过程、工作细节和技术方面的信息。

（2）查阅现行系统报表、表格以及相关资料　该方法有助于系统分析员初步掌握系统的相关背景知识，为了解用户的业务过程和规则做准备。对于资料中不理解的地方，还可以在与用户面谈时提出。

与系统相关的资料一般包括各种报表、工作手册、与工作相关的规则和描述文件等。由于系统分析员一般拿到的是这些资料的复印件，在查阅这些资料时，还有助于识别出面谈中可能没有关注的商业规则、数据结构等，因此这是收集系统信息的重要过程。

（3）与用户面谈　与用户面谈是了解用户业务处理过程与规则的最有效的方法，但是比较耗费时间和资源。系统分析员在这个过程中将仔细了解商务过程与规则，在与用户面谈后采用描述业务过程的各种模型绘制现有业务流程，并对业务流程的处理细节做具体说明。

（4）观察业务过程　观察业务过程是了解业务处理程序的好方法。系统分析员可能对用户的某些业务过程没有清晰的认识，可通过观察业务过程快速地建立起相应的业务过程模型。在观察时，系统分析员还可以亲自体验用户的工作过程，这样可以加深对用户实际使用计算机系统处理业务的细节的认识，同时了解系统的难点。

（5）召开调查会　这是一种集中调查的方法，它把与系统相关的用户、技术人员、项目组成员集中在一起，以参加会议的形式快速有效地完成系统需求分析工作。该方法把系统需求调查的活动集中在一起，有利于缩短系统分析的时间，同时系统分析员也可以很好地全面了解系统各方面的需求。成功的调查会需要一个有经验的、受过专门训练的会议主持者，同时还需要与系统相关的用户、技术人员出席。

4. 详细调查中应注意的问题

在系统详细调查阶段应注意以下几个问题：

（1）调查前要做好计划和用户培训　根据系统需要明确调查任务的划分和规划，列出必要的调查大纲，规定每一步调查的内容、时间、地点、方式和方法等。对用户进行培训或发放说明材料，让用户了解调查过程、目的等，并参与调查的整个过程。

（2）调查要从系统的现状出发，避免先入为主　要结合组织的管理现状，了解实际问题，得到客观资料。

（3）调查与分析整理相结合　调查中出现的问题应及时反映并解决。

（4）分析与综合相结合　调查过程中要深入了解现行组织各部分的细节，而后根据相互之间的关系综合起来，对组织有一个完整的了解。

（5）规范调查图表　为便于开发者和用户对调查中得到的结果和问题进行交流和分析，调查中需要使用简单易懂的图表工具。

6.3 物流管理信息系统组织结构与业务流程分析

现行系统中信息的流动关系是以组织结构为背景的。在一个组织中，各部门之间存在着各种信息和物资的交换关系。物资由外界流入，经组织的某一部分加工或处理后，流向另一部分，最后流出系统，成为系统的最终产品。在物资流动的同时，反映物流变化的信息流也从组织的各个部分中产生，它们通过一定的渠道流向管理部门，经加工后再流向组织领导，组织领导按上下级关系给各基层单位下达各种命令（信息）。

6.3.1 物流组织的构成

1. 物流组织的管理层次

物流企业内部的组织机构，可纵向划分为若干个管理层次。管理层次就是指从企业经理到基层工作人员之间体现着领导隶属关系的管理环节，即经营管理工作可分为几级管理。物流企业组织机构的管理层次，一般可划分为三个层次，组成正三角形的层次结构，如图6-2所示。

图6-2　物流企业组织机构的管理层次

（1）最高管理层　以经理为首的领导班子，统一领导各个层次的经营管理活动。其主要职能是制定经营目标、方针和战略；制订利润的使用、分配方案；重大规章制定、修改和废止；指挥和协调各组织机构的工作和相互关系，确定它们的职责和权限。

（2）中间管理层　根据经营管理工作的需要设置的承上启下的中间层次的机构，主要有经营业务、职能管理和行政办事机构。

（3）基层管理层　经营管理工作的执行操作机构，是直接领导基层工作人员的管理层次，是企业中的最低管理层。

2. 组织结构图

根据企业的组织结构的调查，将企业的组织结构形成相应的组织结构图，其中包括组织中各级部门的职能、工作职责、决策内容、存在的问题以及对系统的要求等。另外，物流管理信息系统组织结构的构成离不开组织机构的构成关系，特别是作业操作系统，每个角色对应一个作业岗位，因此，组织结构分析是系统业务功能分析的首要工作。

组织结构图可以反映企业组织机构的部门配置状况以及它们之间的关系。组织结构图采用层次模块的形式绘制，图的结构为分层树形。物流组织的构成通常可用组织结构图来描述。组织结构图的结构如图 6-3 所示。

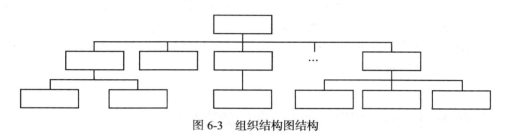

图 6-3　组织结构图结构

在图 6-3 中，矩形块表示机构的名称，一个矩形表示一个机构；最高层只有一个矩形块，用来表示组织的最高层的管理机构，通常用机构名称或机构总负责职务表示，如厂长、经理、校长等；同级别的机构在图中处于同一层次上，不同层次上的各管理机构通过连线来表明隶属关系。

某物流企业的组织结构如图 6-4 所示。

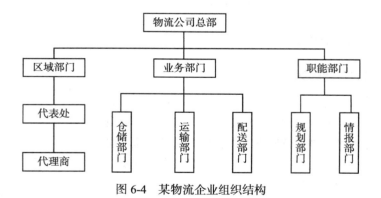

图 6-4　某物流企业组织结构

某中小型企业物流部门的组织结构如图 6-5 所示。

3. 业务功能图

业务功能图是以描述业务功能为主体的树形图，目的在于描述组织内部各部分的业务和功能。业务功能图全面、概括和明确的描述，对信息系统的分析和设计工作、子系统的划分、系统的改善等都起着重要作用。物流管理信息系统的业务功能图如图 6-6 所示。

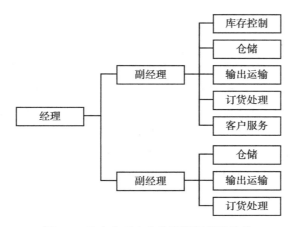

图 6-5　某中小型企业物流部门组织结构

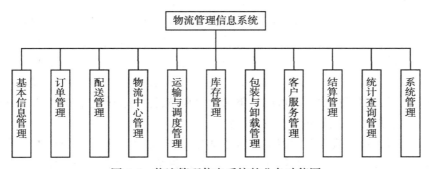

图 6-6　物流管理信息系统的业务功能图

6.3.2　业务流程分析

物流管理信息系统的流程分析主要分为业务流程分析和数据流程分析，其中业务流程分析包括原有流程分析、业务流程优化、确定新的业务流程和新系统的人机界面等内容。企业的各种活动都可以用不同的流程来表述，企业流程中包含物流管理信息系统建设所要涉及的基本内容，如人与组织、信息流、资金流和物流等。同时，企业物流管理信息系统的建设过程也是对企业流程的变革、优化和固化的过程，特别是在信息系统规划、分析和设计阶段，大量工作都是针对企业流程展开的。

在对物流管理信息系统进行分析的过程中，通常会收集大量的报表、单据、文件等资料，需要按照业务功能将业务处理过程中的每一个步骤用一个完整的图形表达出来，并在绘制业务流程图的过程中发现系统存在的问题，分析并改正问题，对业务处理过程进行优化。

1. 目的和任务

对现行系统的组织结构和功能进行分析时，需要将详细调查中有关某项业务流程的资料从业务流程的角度串起来，以便做进一步的分析。业务流程分析可以帮助系统分析人员了解该业务的具体处理过程，发现系统调查中的错误和疏漏，修改现行系统的不合理部分，优化业务处理流程并进行流程重组，为目标系统的开发打下基础。因此，绘制业务流程图是分析业务流程的重要步骤。

2. 业务流程分析过程

业务流程分析过程包括以下内容：

（1）原有流程的分析　　分析原有业务流程中各个处理过程是否具有存在的价值，哪些过程可以删除或合并，分析原有业务流程哪些过程不合理，并进行改进和优化。

（2）业务流程的优化　　按计算机信息处理的要求，分析哪些过程存在冗余信息处理，哪些活动可以变串行处理为并行处理，变事后监督为事前或事中监督，产生更为合理的业务流程。

（3）确定新的业务流程　　画出新系统的业务流程图。

（4）新系统的人机界面　　新的业务流程中人与机器的分工，即哪些工作可以由计算机自动完成，哪些必须有人的参与。

3. 业务流程图

对业务流程进行描述可以使用业务流程图，业务流程图（Transaction Flow Diagram，TFD）就是用一些规定的符号及连线来表示某个具体的业务过程。业务流程分析就是在业务功能的基础上将其细化，利用系统调查的资料，用完整的图形将业务处理过程中的所有处理步骤串联起来。

业务流程图的绘制一般是按照业务处理的实际过程和步骤进行的，即用图形方式来反映实际业务处理过程的"流水账"。这本"流水账"对于开发者理顺和优化业务过程是很有帮助的。业务流程图是一种用尽可能少、尽可能简单的图示来描述业务处理过程的方法，由于它的符号简单明了，所以非常易于阅读和理解业务流程。

（1）基本符号　　业务流程图的表述目前还没有统一，在不同的参考资料中会看到各种不同的符号表示的业务流程图。这里介绍业务流程图的几种基本符号，它们所代表的内容与业务系统最基本的功能一一对应，如图6-7所示。

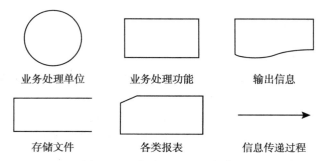

图 6-7　业务流程图的基本单元

这六个业务流程图的符号分别代表了物流管理信息系统中最基本的概念和处理功能，而对这些符号的注释则可直接用文字标示在图中。在图6-7中，圆圈表示业务处理单位；方框表示业务处理功能；报表符号表示输出信息（报表、报告、文件、图形等）；不封口的方框表示存储文件；卡片符号表示收集和统计的各类报表；矢量连线表示信息传递过程。

（2）绘制举例　　绘制业务流程图应根据实际管理业务，按照原系统中信息流动的过程，详细描述各个环节的处理业务、信息来源、处理方法、信息流经去向以及提供信息的形态（报告、单据等）。比如，数据处理产生的单据往往采用几联单的形式，弄清楚每一联的去向及使用情况，便于进一步分析各个业务活动之间的信息联系。

以某汽车配件公司的供应商管理为例进行说明。汽车配件公司的主要业务是从某配件厂购买配件，入库，然后再销售给顾客。该公司购买零部件配件的业务过程如下。

公司根据以往的销售情况来确定公司的采购意向。公司领导小组进行讨论确定采购意向，并形成采购意向表。采购部门根据形成的采购意向表，初步选出相应的供应商，主要是哪些供应商能够提供该配件，同时采购部门通过各种渠道获得这些供应商的相应信息，包括供应商的生产能力、物流能力、财务能力、质量控制能力等，从而形成一级供应商信息。这些信息形成后，采购部门的业务员将这些信息递交给采购经理，采购经理根据这些信息，按照一定的方法筛选供应商，从而形成二级供应商信息。然后采购部门和这些二级供应商接洽，要求这些二级供应商提供产品样品，采购部门以及技术相关部门对提供的产品进行选定，选出哪些样品是合格的，从而根据这些样品确定三级供应商。三级供应商还是一个比较宽广的范围，这些供应商的选定不仅仅表示他们能够提供合格的产品，同时也考察了他们的一些辅助信息。但是三级供应商需要经过公司领导审批，进而形成供应商档案。当公司选定供应商后，和这些供应商签订合同，同时要求供应商根据合同条款进行供货，配件公司收到货后，入库并由销售部门进行销售，销售部门通过销售形成销售情况表和质量反馈表；同时根据这些信息由企业的质量评估处进行产品质量评定，最终形成各个供应商的星级，从而指导企业和某些供应商建立长期的合作关系。

由上述过程得到的业务流程图如图 6-8 所示。

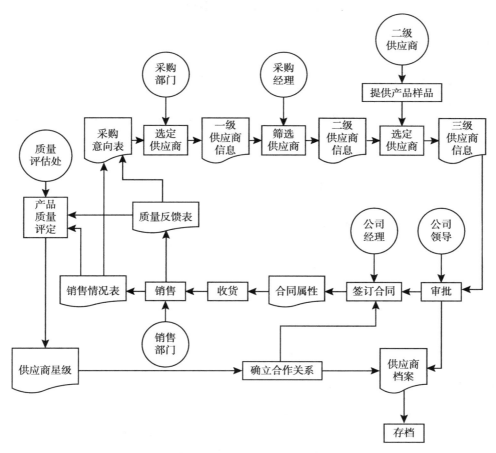

图 6-8　某汽车配件公司的业务流程图

6.3.3 业务流程重组

1. 业务流程重组的含义

业务流程管理理论实质上是有关企业流程优化、变革和重组的理论、方法、策略、技术和工具的理论总结。1990 年，美国麻省理工学院教授迈克尔·哈默（Michael Hammer）博士在《哈佛商业评论》上发表了《重组不是自动化，而是重新开始》一文，首先提出了业务流程重组（Business Process Reengineering，BPR）的概念。他在文中提出，业务流程重组是指将业务流程看作改造对象和焦点，以满足顾客需求为目标对现有流程进行全方位的再思考和再设计，从而实现各经营指标间的均衡协调。

BPR 的实质是以流程的视角来分析企业，实现企业流程创新，谋求适应快速变化的企业经营环境，提高企业竞争能力和发展能力。企业流程的创新包含着丰富的内涵，特别是在不同发展水平、不同条件和不同目标的情况下，有针对性地实施企业流程的变革。实施企业流程变革的方法一般分为全新设计法和系统改革法两类，前者从根本上抛弃旧流程，零起点设计新流程；后者继承逐步改善的思想，辨析理解现有流程，在现有流程的基础上，进行规范、优化和重组。

> **延伸阅读**
>
> **ERP 业务流程如何优化**

ERP 的实施和应用，是 20 世纪 90 年代初掀起的一股信息化热潮，曾一度是企业信息化的代名词。然而从实际情况看，很多企业的 ERP 实施和应用并没有达到预期的效果。其实，这与 ERP 业务流程有很大的关系。那么，企业在实施 ERP 前，如何优化其业务流程呢？

1. 层次分明

从流程的层次看，生产运营管理或 ERP 所涉及的主要是企业内的第三阶流程。具体来说，是第三阶流程中的"订单交付流程"。在其上，是处于第一阶的企业愿景和使命、第二阶的战略与目标管理，尤其是第二阶流程，是第三阶流程的指导和管理输入。在其下，是处于第四阶的部门内业务流程和处于第五阶的作业或系统使用手册，其中第四阶流程是第三阶流程的进一步细化。

2. 主线清晰

前文说过，生产运营管理和 ERP 主要涉及的是处于第三阶的订单交付流程。只要订单交付流程识别和定义清楚了，ERP 中的主要价值流、信息流、资金流和物流就识别清楚了。至于其他的，则是订单交付流程的外延和细化。

3. 流向有序

在流向上，企业的业务流程就好比城市道路，有主干道，有辅助道，有正向，有逆向。以销售业务为例，常规商品的销售订单处理是主干道路，赠品的销售订单处理是辅助道路，销售退货的订单处理则是逆向道路。在梳理业务流程时，只有把主干道路、辅助道路和逆向道路都梳理清楚了，业务运行才可能没有管理上的死角。

4. 要素明确

业务流程的要素明确，指的是必须清晰、完整地定义出业务流程的每一个作业、每一个作业的输入和输出、每一个作业与其他作业的先后关系、每一个作业所需的表单、每一个作业将会产生哪些报表、每一个作业将由哪个部门的哪一个岗位来完成、每一个作业完成的质量或验收标准如何，等等。

5．端到端

业务流程的端到端，指的是业务流程的设计必须以客户为中心，始于客户的痛点和不满意，终于客户的体验和满意。只有这样才可以说业务流程实现了价值闭环。当前，ERP 的实施和应用仍是很多企业信息化或数字化建设的主要工作内容，企业应该予以业务流程足够的重视。

资料来源：ERP 业务流程如何优化［EB/OL］.［2023-06-21］. https://baijiahao.baidu.com/s?id=1695273670539876690&wfr=spider&for=pc.

随着信息技术的飞速发展和企业流程变革手段的日益成熟，人们又提出了企业流程管理（Business Process Management，BPM）的观点。BPM 的概念发源于 IT 行业，原意是指通过图形化的流程模型描绘和控制信息的交换，对商业伙伴、内部应用、员工作业等活动进行协同与优化，使信息的流程无障碍并自动化。企业流程管理的实质就是构造卓越的流程，一般来说包含以下三个层面：

（1）规范流程　对于符合卓越流程观点的流程，如果原先没有规范，则将其规范化。

（2）优化流程　如果流程中有一些问题，比如存在冗余或消耗成本的环节，可以采用优化流程的方法对其进行优化。

（3）重组流程　对于一些积重难返、效益和效率很差、客户反映不好的流程，进行重组。

2．业务流程重组的过程

（1）项目启动　在此阶段，企业高层管理者要确定哪些流程需要重组，设定清晰的流程重组目标、成立 BPR 项目领导小组并制定详细的项目规划。一般选择关键流程作为需要改善的流程。

（2）流程诊断　对现有关键流程和子流程进行建模与分析，诊断现有流程，发现流程中的瓶颈，为业务流程重组定义基准。此阶段的工作可以分为两步：首先表述现有流程，其次分析现有流程。

（3）设计新流程　在分析原有流程的基础上，设计新的流程原型并且设计支持新流程的 IT 架构。此阶段的主要任务包括：定义新流程的概念模型、设计新流程原型和细节、设计与新流程相配套的人力资源结构、分析和设计新的物流管理信息系统。

（4）实施新流程　新的流程是否可靠、方便、完善，还有待这一阶段的检验。在此阶段，工作方式的变革容易产生一些困惑，需要通过管理层、项目组和员工之间的广泛沟通来消除矛盾。

（5）流程评估　业务流程重组结束后，就可以根据项目开始时设定的目标对当前流程进行评估，看新的流程是否达到了预期目标。

（6）持续改善　一次 BPR 项目的实施并不代表公司改革的任务完成，整个企业的绩效需要持续改善才能实现。

3．业务流程重组的常用方法

（1）取消不必要的工作　对流程图上的每一项工序都加以审查，确认其保留的必要性，凡可以取消者一律取消。

（2）合并必要的工作　对流程图上的操作及检验项目，考虑相互合并的可能性，凡能合并者，在保证质量、提高效率的前提下予以合并。

（3）重排必要工作的程序　对流程图上的作业序列进行宏观分析，考虑重新排列的必要性及可行性，有时仅仅通过重排就可以显著提高效率。

（4）简化所有必要的工作　简化包括对复杂的流程加以简化，还包括简化每道工序的内容。

6.4　物流管理信息系统数据流程分析

从信息的角度来看，组织运行的过程总是表现为信息的收集、加工、传递和利用的过程。数据是信息的载体，是组织运行过程的反映，也是信息系统处理的主要对象。在数据流程分析中，要根据业务流程调查的结果，抛开具体组织机构、信息载体、处理工具、物质、材料等，单从数据流动过程来考察实际业务中的数据处理模式。数据流程分析包括对数据的收集、传递、处理和存储等的分析。

6.4.1　数据流程分析的内容

数据流程分析是把数据在组织内部的流动情况抽象地独立出来，舍去具体组织机构的信息载体、处理工具、物资、材料等，单从数据流动过程来考察实际业务的数据处理模式。数据流程分析主要包括以下内容：

（1）围绕系统目标进行分析

1）从业务处理角度来看，为了满足正常的业务处理需求，应分析需要哪些信息，哪些信息是冗余的，哪些信息暂缺且有待进一步收集。

2）从管理角度来看，为了满足科学管理的需要，应当分析信息的精度如何，能否满足管理的需要；信息的及时性如何，信息处理的抽象层次如何，能否满足生产过程及时进行处理的要求；对于一些定量的分析（如预测、控制）能否提供信息支持等。

（2）信息环境分析　为了对数据进行分析，还需要了解信息与环境的关系。弄清信息是从现有组织结构中哪个部门出来的，目前用途如何，受周围哪些环境影响较大（如有的信息受具体统计人员的计算方法影响较大；有的信息受检测手段影响较大；有的信息受外界条件影响起伏变化较大），它的上一级（或称层次）信息结构是什么，下一级信息结构是什么等。

（3）围绕现行业务流程进行分析

1）分析现有报表的数据是否全面，是否满足管理需要，是否正确、全面地反映了业务的物质流动过程。

2）分析现有的业务流程有哪些弊病，需要做出哪些改进；根据这些改进，信息和信息流应该做出什么样的相应改进；对信息的收集、加工、处理有哪些新要求等。

3）根据业务流程，确定哪些信息是实际采集的初始信息，哪些信息是系统内部产生的，哪些是临时数据，哪些需要长期保存等。

（4）数据逻辑分析　逻辑分析主要是将各种各样的信息梳理出不同的层次，从而根据需要提出相应的处理方法和存储结构，以便计算机进行信息处理。

（5）数据汇总分析　在系统调查中获得了各种数据，这些数据涉及企业的各个过程，形式多样，来源和目的不明确。为了建立合理的数据流程，必须对这些数据进行汇总分析，通过归纳和筛选，确定每个流程中的实际数据流的内容。为此，在分析中要把调查研究中获得的资料，按业务过程分类编码，按处理过程的顺序整理。弄清各环节上每一项数据的处理方法和计算方法，把原始数据和最终处理结果单独列出。

（6）数据特征分析　分析各种单据、报表、账本的制作单位、报送单位、存放地点、发生频率和每个数据的类型、长度、取值范围等，以及整个业务流程的业务量和与之相对应的数据流量、时间要求、安全要求等。按照数据的来源、管理的职能与层次、共享程度、数据处理层次等特征进行分类。数据的分析与数据的调查不能截然分开，在分析过程中，还需要不断调查补充和完善。

总之，数据流程分析就是要发现和解决数据流程中存在的问题，包括数据流程不畅、数据处理过程不合理、前后数据不匹配等。这些问题可能是由于原系统管理混乱、数据处理流程本身有问题，也可能是调查分析有误造成的。通过数据流程分析，建立畅通高效的数据处理流程，这是新系统设计的基础。现有的数据流程分析多是通过分层的数据流程图来实现的。

6.4.2　数据流程图

数据流程分析是进行系统详细分析的主要内容，是建立数据库系统和设计功能模块的基础，它以业务流程图为依据，通过数据流程图来实现。

1. 数据流程图的概念

数据流程图（Data Flow Diagram，DFD）是对原系统进行数据流程分析和抽象的工具，也是描述系统逻辑模型的主要工具。它可以描述系统的主要功能、系统与外部环境间的输入和输出、数据传递、数据存储等信息。数据流程图根据业务流程图描述的业务流程顺序，将调查中获得的数据处理过程绘制成一套完整的数据流程图，一边整理绘图，一边核对相应的数据、报表和模型等。

数据流程图用少数符号综合反映信息在系统中的流动、处理和存储的逻辑关系，具有抽象性和概括性两个特点。

（1）抽象性　即数据流程图完全舍去了具体的物质，如组织结构、物质流、工作场所等，只将系统业务过程抽象成数据流动、数据处理和数据存储。

（2）概括性　即数据流程图把信息中的各种不同的业务处理过程联系起来，形成一个整体。

2. 数据流程图的符号

数据流程图由外部实体、处理过程、数据流和数据存储四种基本符号组成，如图6-9所示。

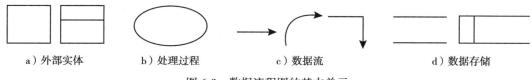

图6-9　数据流程图的基本单元

（1）外部实体　是指系统原始数据的提供者或者系统输出的接收者，通常是个人、公司或部门，用S表示。外部实体也可以是另外一个信息系统。外部实体在数据流程图中通常用正方形方框表示，框中写明外部实体名称。若想要区分多个不同外部实体，可在方框上加一横格，格内用小写字母标识。

（2）处理过程　是指对数据的逻辑处理功能，可以是人工处理，也可以是计算机处理。在数据流程图中通常用椭圆形表示。

（3）数据流　是指处理功能的输入和输出，一般用水平、曲线或垂直箭头表示，箭头指向数据的流动方向。箭头旁注明数据流名称。

（4）数据存储　表示数据保存的地方，是指数据存储的逻辑描述，由一个开口长方形表示，也可在长方条内写上数据存储的名字。为了区别和引用方便，左端加一小格，格内加字母 D/M/T。其中，D 表示永久的计算机文件，M 是指手册文件，T 是指一个临时的存储，处理后会被删除。

3. 数据流程图的绘制步骤

数据流程图一般分为多个层次。绘制数据流程图的基本思想是自顶向下、由外向里逐层分解，即按照业务流程图理出的业务流程顺序，将数据处理过程绘制成数据流程图。对于每个具体业务，再进一步细化，通过更详细的数据流程图描绘更具体的数据处理过程。

数据流程图的绘制分为以下三个步骤：

（1）绘制顶层数据流程图　顶层的数据流程图只有一张，它说明系统总的处理功能、输入和输出。根据系统的范围、目标和用户的需求，确定系统的界面。界面内作为分析的系统，界面外与系统有数据联系的人或事物，则被认为是外部实体。

（2）逐层分解，绘制低层次数据流程图　对顶层数据流程图中的处理过程进行逐步分解，可得到不同层次的数据流程图。数据流程图分多少层次，每层分解中一个功能分解为多少个低层次的功能，要根据实际情况而定。系统越复杂，包含范围越大，划分的层次就越多。

（3）合并数据流程图　把每一个分解后的最底层数据流程图进行合并，得到系统、完整的数据流程图。

4. 绘制数据流程图的原则和要素

绘制数据流程图的具体原则如下：

（1）内外分明　确定系统的外部实体，也就是确定系统与外部环境的分界线。因此，系统分析人员首先要识别不受系统控制却影响系统运行的外部因素有哪些，系统的数据输入来源与输出对象是什么。一旦把系统的外部实体确定下来，人工和自动化处理的界面也就基本确定了。

（2）逻辑简明　确定系统在正常运行时的输入和输出（数据流），对于错误和例外条件的输入与输出，一般仅在底层数据流程图上反映。这样在较高层的数据流程图中只反映主要的、正常的逻辑功能，使人一目了然，便于了解总体情况。

（3）注重数据处理的独立性　数据存储在系统中应起到邮政信箱的作用，数据处理与数据处理间应尽可能避免直接由数据流联系，而是通过数据存储发生联系。这样可以提高每个数据处理的独立性，减少系统复杂性。

（4）对系统的查询要求明确　这些查询中应该包括要求立即回答的查询。因此，要定义两种数据流，一种是外界向系统发送查询要求的数据流，另一种是系统响应后给出回答的数据流。

（5）数据流由左向右　设计流程图时，首先从左侧开始，标示外部实体。左侧的外部实体，通常是系统主要的数据输入来源；然后画出该外部实体产生的数据流和相应的数据处理，如果需要将数据保存，则标志数据存储。接收系统数据的外部实体一般画在数据流程图的右侧。

（6）反复修改或检查是否有遗漏或不符　在修改过程中要和物流系统的管理人员详细讨论，直到取得一致意见为止。

（7）尽量避免线条的交叉　必要的时候可以用重复的外部实体符号和重复的数据存储符号。数据流程图中各种符号布局要合理、整齐和清楚，分布要比较均匀。

（8）逐层扩展　根据第一张数据流程图，对其中每个数据处理，逐层向下扩展出详细的数据流程图，每一层数据流程图中的数据处理一般不超过七八个，上下层的数据流程要相互对应。

绘制数据流程图的要素，主要包括：

1）数据流符号。数据流符号表示数据信息传输。符号中箭头表示传输方向，数字表示数据流标号。在数据流程图中，数据流符号必须有箭头，也就是说必须指出数据信息的传输方向。通常情况下应在数据流符号中画单向箭头，因为在特定数据流动时，在时间、方向确定的情况下，同一个数据不会双向流动。

2）数据存储符号。数据存储符号代表数据存储的地点，在数据流程图中，数据通常情况下是有来源的，即从哪里来，又去哪里使用。所以，数据存储符号都应该有入有出。当箭头方向指向存储符号时表示"入"，否则表示"出"。

3）处理过程符号。对处理过程符号来说，它也有入有出。因为没入就没处理对象，处理行为就不存在。同样，没有出则处理没有意义。当箭头方向指向处理过程符号时表示"入"，否则表示"出"。一个处理过程符号进出数据流的数量，应根据题目具体问题具体分析，它们之间不一定是一对一的。

4）外部实体符号。外部实体符号就是管理者、操作员和用户。对管理者、操作员和用户来说，他们可以是信息的发出者，也可以是信息的接收者，还可以同时兼任。

5）符号之间的关系。对外部实体、数据流、数据存储和处理过程四种符号来说，各种符号之间的联系都必须通过处理过程符号。因为不经过处理，信息不可能从一个外部实体中或数据存储中自动被传递到另外的外部实体中或数据存储中。

5. 数据流程图绘制实例

某企业成品销售管理的数据流程图如图 6-10 所示。销售科负责成品销售及成品库存管理。该科计划员将合同记入合同台账，并定期根据合同台账查询库存台账，决定是否可以发货。如果可以发货，则填写出库单，交成品库保管员。保管员按出库单和车间送来的入库单填写库存台账。出库单的另外两联分别被送给计划员和财务科。计划员将合同执行情况登入合同台账；财务科根据财务记账联（原始凭证）登记记账凭证。销售科负责人定期进行销售统计并上报厂办。

6. 绘制数据流程图的注意事项

（1）数据处理与业务处理过程相对应　数据处理的内容、过程、产生的数据、数据的来源与去向要与业务流程图相对应。

（2）数据流程图的确定要和业务人员反复讨论　对于不合理的或者不满足业务处理要求的数据流程要及时修改，同时修改业务流程图和相应的数据字典。

（3）对数据流要进行分析和优化　按照信息处理的特点，决定信息处理的方式，并根据信息处理的要求进行数据处理的优化，并按照数据流分析的结果，优化业务过程，保持业务流与数据流的同步优化。

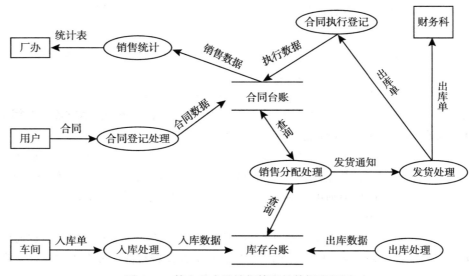

图 6-10 某企业成品销售管理的数据流程图

6.4.3 数据字典

数据字典（Data Dictionary，DD）是对数据流程图中的数据项、数据结构、数据流、处理逻辑、数据存储和外部实体进行定义与描述的工具，是数据分析和管理工具，同时也是系统设计阶段进行数据库设计的重要依据。

数据字典包括以下几部分内容：

1. 数据项

数据项又称为数据元素，是数据的最小组成单元，如表 6-2 所示。

2. 数据结构

用来描述数据项之间的关系，由若干数据项、数据结构，或数据与数据结构组成，如表 6-3 所示。

表 6-2 数据项示例

数据项编号	ROH101
数据项名称	原材料编号
别名	原材料编码
简述	某原材料的代码
类型及宽度	字符型，6 位
取值范围	"000001" ~ "999999"

表 6-3 数据结构示例

PO12-01：采购订单		
PO12-02：采购订单标识	PO12-03：供应商信息	PO12-04：商品信息
I1：采购订单编号	I4：供应商代码	I10：商品代码
I2：日期	I5：供应商名称	I11：商品名称
I3：采购组织	I6：供应商地址	I12：商品规格
	I7：电话	I13：订货数量
	I8：开户银行	
	I9：银行账号	

3. 数据流

数据流由一个或一组固定的数据项组成，包括数据项编号、数据项名称、简述、数据流来源、数据流去向、数据流组成、数据流量和高峰流量，如表 6-4 所示。

表 6-4 数据流示例

数据项编号	F02005
数据项名称	领料单
简述	生产用领料单
数据流来源	车间
数据流去向	原材料库存地
数据流组成	原材料编号＋原材料名称＋领用数量＋日期＋领用人
数据流量	5 份／时
高峰流量	15 份／时

4. 处理逻辑

仅对数据流程图中最底层的处理逻辑加以说明，包括处理逻辑编号、处理逻辑名称、简述、输入的数据流、处理、输出的数据流、处理频率，如表 6-5 所示。

表 6-5 处理逻辑示例

处理逻辑编号	P06013
处理逻辑名称	计算电费
简述	计算应缴纳的电费
输入的数据流	数据流电费价格，来源于数据存储文件价格表；数据流电量和用户类别，来源于处理逻辑"读电表数字处理"和数据存储"用户文件"
处理	根据数据流，检索用户文件，确定用户类别；再根据已确定的用户类别，检索数据存储价格表文件，以确定该用户的收费标准，得到价格；用单价和用电量相乘得到该用户应缴纳的电费
输出的数据流	数据流一是去向外部用户，二是写入数据存储用户电费账目文件
处理频率	每个用户每月处理一次

5. 数据存储

数据存储只描述数据的逻辑存储结构，如表 6-6 所示。

表 6-6 数据存储示例

数据存储编号	D09021
数据存储名称	库存账

（续）

简述	存放商品的库存量和单价
数据存储组成	商品编号 + 商品名称 + 单价 + 库存量 + 备注
关键字	商品编号
相关联的处理	P09

6. 外部实体

在数据字典中对外部实体的描述包括外部实体编号、外部实体名称、简述，以及外部实体产生的数据流（输入数据流）和系统传送给外部实体的数据流（输出数据流），如表 6-7 所示。

表 6-7 外部实体示例

外部实体编号	S01001
外部实体名称	用户
简述	购置本单位配件的用户
输入的数据流	D01019，D01037
输出的数据流	D01020

数据字典实际上是"关于系统数据的数据库"，在整个系统开发过程以及系统运行后的维护阶段，数据字典都是必不可少的工具。数据字典是所有人员工作的依据和统一的标准，编写数据字典是系统开发的一项重要的基础工作。在数据字典的建立、修正和补充过程中，始终要注意保证数据的一致性和完整性。

本章小结

本章主要介绍了物流管理信息系统生命周期中的系统分析阶段。首先，从总体上对系统分析阶段的目标、步骤和任务等内容做了简单的介绍；然后，从初步调查、可行性分析和详细调查三个层次介绍了物流管理信息系统的需求分析，以及系统调查的原则；接着，从物流组织的构成和业务功能图引出物流管理信息系统中业务流程分析及重组的内容；最后，详细介绍了物流管理信息系统数据流程分析，并对数据流程图和数据字典的概念、用法和作用等进行了讲解。

数据流程分析是系统分析的核心和重点。由于信息系统中的数据繁多，关系错综复杂，因此在调查和分析中，必须采用有效的调查分析方法和表达方式。数据流程图表达了各种数据的转换关系，而数据字典表示了数据的各种程度的细节及它们之间的层次关系。

关键术语

逻辑模型　需求分析　系统调查　可行性分析　组织结构图　业务功能图
业务流程图　业务流程重组　数据流程图　数据字典

习题

1．选择题

（1）系统调查的原则是指调查过程中应秉持的法则或标准。以下哪项不属于系统调查的原则。（　　）
A．自顶向下全面发展
B．工程化的工作方式
C．随机调查
D．保持良好的人际关系

（2）可行性分析是指根据初步调查和总体方案，系统开发人员在考虑系统环境、资源等条件的基础上，判断所提出的信息系统项目是否有必要、有可能开始进行（即实际开发）的可行性。下面哪一项不属于可行性分析的内容？（　　）
A．管理可行性　　B．技术可行性
C．环境可行性　　D．经济可行性

（3）详细调查的目的在于完整地掌握现行系统的现状，其原则不包括下面哪项？（　　）
A．真实性　　　　B．全面性
C．规范性　　　　D．一致性

（4）物流企业组织机构一般分为三个管理层次，下面哪一项的主要职能是制定经营目标、方针和战略？（　　）
A．营销部门经理　　B．最高管理层
C．中间管理层　　　D．基层管理层

（5）业务流程图的符号分别代表了物流管理信息系统中最基本的概念和处理功能，但是不包括以下哪项？（　　）
A．业务处理功能
B．审批功能
C．信息传递过程
D．存储文件

（6）下面哪项不是数据流程分析的主要内容？（　　）
A．数据对比分析
B．数据逻辑分析
C．数据汇总分析
D．数据特征分析

（7）数据流程图由四种基本符号组成，以下哪项不是？（　　）
A．外部实体　　B．信息传递
C．数据流　　　D．数据存储

（8）数据字典是数据分析和管理工具，它不包括以下哪项内容？（　　）
A．外部实体　　B．处理逻辑
C．存储文件　　D．数据存储

2．判断题

（1）物流管理信息系统分析是要依靠现有模型生成目标系统逻辑模型，从而解决目标对象"做什么"的问题。（　　）
（2）系统调查分为初步调查、可行性分析以及详细调查三个阶段。（　　）
（3）可行性分析分为技术可行性、经济可行性和管理可行性。（　　）
（4）组织结构图可以反映企业组织的部门配置状况以及它们之间的关系。（　　）
（5）业务流程图就是用一些规定的符号及连线来表示某个具体的业务过程。（　　）
（6）业务流程重组是指将业务流程看作改造对象和焦点，以满足顾客需求为目标对现有流程进行全方位的再思考和再设计，从而实现各经营指标间的均衡协调。（　　）
（7）数据流程图的基本符号有业务处理单位、业务处理功能、报表符号、存储文件、各类报表和信息传递过程。（　　）
（8）数据字典主要有数据项、数据结构、数据流、处理逻辑、数据存储和外部实体。（　　）

3. 简答题

（1）物流管理信息系统分析阶段的任务是什么？
（2）简述可行性分析的几个方面。
（3）详细调查的常用方法有哪些？
（4）组织结构图的作用是什么？
（5）业务功能图和业务流程图有什么区别？
（6）简述业务流程重组的含义和过程。
（7）简述数据流程图的概念和特点。
（8）数据字典包括哪些内容？

4. 思考题

（1）在物流管理信息系统需求分析中，初步调查、可行性分析和详细调查之间有什么关系？
（2）业务流程重组的应用条件有哪些？
（3）为什么说数据流程分析是系统分析的核心和重点？你如何理解？

◆ 案例分析

中外运物流管理信息系统

中国对外贸易运输（集团）总公司（以下简称"中外运"）成立于1950年，是以海、陆、空国际货运代理业务为主，集海上运输、航空运输、航空快递、铁路运输、国际多式联运、汽车运输、仓储、船舶经营和管理、船舶租赁、船务代理、综合物流为一体的国际化大型现代综合物流企业集团，是国资委直属管理的大型试点企业集团之一。

中外运自1998年开始，制定并实施了面向21世纪的企业发展战略，即《中国中外运集团战略发展纲要》，致力于把中外运从一个传统的外贸运输企业建成由多个物流主体组成的、按照统一的服务标准流程和规范体系运作的、国际化、综合性的大型物流企业集团。其主要从事海、陆、空国际货运代理、船务代理、水路运输（含集装箱班轮和大宗散杂货运输）、船舶经营与管理、租船、集装箱租赁、多式联运、航空货运、航空快递、陆路运输、仓储码头、综合物流等业务。此外，其还涉足进出口贸易、对外劳务出口、房地产开发、金融和投资等领域。

中外运和国内大多数物流企业一样，由于历史上的原因，做到今天基本上处于分散的状态。在每个业务阶段，环节上仍然存在着信息流通不畅、规范化的操作不到位、标准化不到位等一系列问题。中外运的信息化建设需要解决的主要问题分析如下。

业务模式的不断规范对信息化管理提出了更高要求。中外运以往的运作模式为：省市公司独立操作，集团做资产投资管理。因此，每一个法人实体都独立在市场上运作，信息系统相对独立。1998年，中外运集团提出了新的发展战略，目标是将中外运由传统的物流企业建设成为由多个物流主体组成的、国际化、综合性的大型物流企业集团。这需要做到人、财、物的统一。要实现这种统一，需要一个较完善的信息平台完成管理工作。

中外运采用了ES/1系统中的高级仓储管理（AWM）、第三方物流（TPL）功能，实现第三方物流运作，管理公司根据所提供的库存管理及配送等服务向委托人收取报酬。在高级仓储管理系统中，系统使用委托人收费设定（Client Billing Profile）及收费矩阵（Billing Matrix）来统计物品数目和交易量获得收费的服务费用。

中外运通过流程改造，将一些不合理的操作节省掉，按照成熟的流程来运作，提高了运作的效率，节省了资源。中软冠群公司的 ES/1 物流解决方案提供了标准的流程，具有强大的功能，能够配置复杂的业务操作，具体功能如下：

1．全能仓储管理子系统

很多公司为了提高生产量和及时响应客户需求面临着控制供应链的压力，主要体现在控制运输成本和制订先进的计划上。一些制造业客户首先把精力放在了与承运商协商运输费率以及优化模式上。由于客户要求改进供应链，所以公司最基本的办法就是将仓储管理由"推"的方式改为"拉"的方式，结果通常必须响应量少而频繁的运输。虽然它们现在发现当时工作使他们陷入困境，但是它们已经准备改变订单模式，将原来大批量每周运输改为小批量的每天运输，结果大多数公司出现不正常的紧张状态。

传统的仓储控制系统在大多数 ERP 软件包中比较简单，没有提供在订单快速增长环境下的管理工具，仓库已经变成最后的难点和供应链管理中最薄弱的环节。企业正在寻找解决此问题的方案。ES/1 供应链应用软件迎合了这种趋势。

ES/1 库存控制模块提供库存管理功能，而不仅仅只是基本的库存维护。ES/1 提供仓库分布计划、仓库地点及区域管理等功能，并对多方位、多重仓库进行有效管理。库存统计模块使用精确的预测工具使库存量控制在最低线。

ES/1 库存控制模块可以与所有订单模块（如分配、采购、任务单 MPS、MRP 以及项目管理）连接，反馈相应动态数据使这些模块能够运行，并反映仓库中各种物品的数量差额，由仓库用标准成本或其他计划成本来估价。

2．第三方物流管理子系统

第三方物流是指物流管理者为其管理的物料提供运输及仓储管理等功能，也就是为其物料的实际物主与其客户提供特定的服务。第三方物流从业者为委托人提供物流服务，包括自委托人的供应商处收货入仓、提供库位放置物品及拣货分派货品至委托人的客户处等，并根据所提供的服务向委托人收取报酬。

中外运物流部 2001 年从中软冠群引入 ES/1 管理软件，第一期先是面向生产企业库存管理，所以公司引进之后结合原有的业务进行了深度开发，使之能与中外运的主要客户生产企业全面对接，平滑地与客户的 ERP 结合。现在已经有六个作业点在使用，客户能在网上直接下订单，物流部也能实时地将数据传输给客户。

中外运物流管理信息系统带来的效益是"四个提高""两个下降"。

"四个提高"：一是运营效率提高，即空车率降低，收货、取货、送货、发货效率提高两三倍；二是服务质量提高，即大、中用户普遍增加，用户范围扩大，区域面积也扩大；三是管理质量提高，即引入高科学技术改进原有的传统方式，促进管理人员及员工观念更新，建立完善的规章制度；四是员工素质提高，即经过一定的培训，一线员工学会了应用信息系统，掌握了系统规模的管理模式、调度方式和程序。

"两个下降"：一是日常费用下降，即节省了人力、物力，财力；二是业务出错率下降，即由于加强了管理、规范了制度，日常错误率明显下降，减少了不必要的损失。

随着物流业的发展，国内物流企业面临着巨大的挑战。各个企业对物流的需求各不相同，中外运根据集团自身业务基础，结合中软冠群公司 ES/1 信息系统，在网络、运输、仓储、配送等方面发挥集团的优势，为各类客户提供物流服务，在信息系统的应用过程中，总结了以下经验：

1）要基于对客户的理解及深入研究，并不断地对自身信息系统进行完善，以确保集团的业务顺利发展。

2）高端的物流服务是为企业提供供应链流程设计与系统开发。中外运物流业务具有核心的作业网络、区域分拨中心，承担和实施物流服务。只有功能强大的网络综合管理，才能提高整体的服务能力；只有高度集中的管理中心，才能迅速反映市场的需求。这些都需要通过信息技术来实现。

中外运虽然提出了利用信息技术将不同层面的业务进行最大的融合，但困难之处在于物流业务模式仍在不断变化。在业务模式没有确定的情况下，很难做出一个成熟的信息平台。这要求中外运不断加强信息化建设，以满足市场不断增长的需求。

资料来源：中外运输物流信息系统案例［EB/OL］.［2023-06-21］. https://wenku.baidu.com/view/2f9f2d71854769eae009581b6bd97f192279bf98.html.

讨论题：

1. 你认为中外运在物流管理信息系统分析方面做了哪些工作？
2. 结合案例，谈谈中外运的管理方式与实施的物流管理信息系统是否匹配？如果不匹配，是否可以用系统分析的方法进行改进？
3. 中外运通过对物流管理信息系统的改进，达到了"四个提高"和"两个下降"。你认为，系统分析在其中起到了什么作用？

第 7 章

物流管理信息系统设计

学习要点（表7-1）

表7-1 第7章学习要点

知识要点	掌握程度	相关知识
物流管理信息系统设计概述	了解	系统设计的两个阶段任务
	了解	结构化系统设计方法
总体结构设计	了解	四种系统划分方法
	熟悉	模块结构图包括：模块、调用、数据、控制信息、转接符号
	熟悉	模块设计的两个策略
代码设计	了解	代码的作用和分类
	重点掌握	代码设计的原则和步骤
	了解	代码校验
数据库设计	熟悉	E-R 图设计的原则
	熟悉	概念结构向逻辑结构转换的规则
	熟悉	确定数据库的物理结构、评价数据库的物理结构
输入输出设计	熟悉	输入设计的原则和基本内容、输入数据的校验方法
	熟悉	输出设计的内容、选择输出方式、输出格式设计
	了解	数据输入界面设计、数据输出界面设计、用户界面的基本类型

引例

北京邮政 EMS 物流管理信息系统

北京市邮政速递物流有限公司（以下简称"北京邮政 EMS"）是经国家批准经营邮政速递业务的国有企业，也是国内最大的邮政特快专递国际互换处理中心。北京邮政 EMS 物流中心（以下简称"物流中心"）是北京邮政 EMS 下属的一个新兴单位，现有员工 200 多人，设有综合办公室、车队、1 个分拣中心（负责邮件中转）、8 个外地分点（负责北京市快递的揽收与投递）、客户服务中心、仓储、业务、财务等部门，主要经营特快专递、同城速递、普通邮件、代收货款、国内长途货运、电子商务等业务活动，涉及客户、电子商务网站、供应商、邮政投递网和综合计算机网、185 特服台等多方实体。北京邮政 EMS 联手 IT 系统集成商（汇杰国际有限公司，以下简称"汇杰"）打造其专属的物流管理信息系统。

1．物流管理信息系统设计的原则与重点

物流管理信息系统的设计除了满足实用、经济、标准、可扩充、易维护等一般性原则外，通过分析物流中心业务流程并结合邮件流动特点，确定系统设计的原则还应遵循：以邮件在各环节的流动为主线，以各种单据回购和财务款项核对为控制手段，通过灵活、快速、准确地向客户提供信息反馈来提高企业在物流行业中的竞争力。

物流管理信息系统设计的重点是通过建立一个分布数据集中共享的管理环境来实现数据共享，在物流中心各部门间、公司与各外地分点间、外地各分点间、公司与总局间、公司与各客户间搭建一个高效、可靠、安全的信息通道。

2．物流管理信息系统的主要功能

物流管理信息系统共分 9 个模块，分别是订单模块、仓储模块、生产管理模块、业务管理模块、财务管理模块、系统管理模块、决策分析模块、互联网访问模块、主监控台模块。这 9 个模块共包含 50 多项功能，涉及物流中心业务管理的方方面面。

（1）订单模块　订单模块主要被客户服务部门使用，包括订单的接收、分拣、出口、合拢、客户信息反馈等。该模块可以接收各种来源的订单，并通过统一的数据接口对订单进行处理，然后通过网络将订单的投递信息反馈给客户。

（2）仓储模块　仓储模块主要包括仓库的设定，产品档案的建立、购入、借入、退库、售出、借出、盘盈、盘亏及借入借出结算，接收提货要求并进行简单包装加工等，同时提供库存列表、流水分析、汇总分析（包括期初、期间、期末等）、供应商货物销售情况反馈等。

（3）生产管理模块　生产管理是管理物流管理信息系统的主要部分，包括分拣中心模块、分点管理模块及数据交换模块。分拣中心模块是各分点邮件的中转交换场所，该模块实现了一个限于分拣中心内部的邮件进出管理环境，主要包括中心自己揽收的邮件，分点转投邮件及各种退件的进口、出口、合拢，中心自己的监控，信息反馈等。分点管理模块除管理各分点邮件的进口、出口及合拢外，还实现了邮件最终投递到户及与之发生的交款、交费、投递监控及信息反馈等。数据交换模块实现了整个公司范围内生产数据的共享和一致。

（4）业务管理模块　该模块归物流中心业务及生产监控部门使用，主要包括对所发生业务进行建档，对各分点的各种业务的投递情况进行回购，并向客户进行信息反馈。该模块还具有生成揽收日报、投递日报、各分户账，以及公司整体运作监控等功能。

（5）财务管理模块　该模块主要建立应收、实收账款，并对其进行核对、收据管理；建立员工揽收工作量、投递工作量、取件工作量的绩效与提成分析；向客户对账及结算等。

（6）系统管理模块　该模块是完成系统相关信息的维护和设置，包括系统初始化、基础数据的维护、数据库的备份和恢复以及系统通用参数的设置，如职工档案管理、职工权限管理、公司组织管理、客户档案管理、供应商档案管理等。

（7）决策分析模块　该模块是通过灵活的图表等形式向企业领导提供公司揽收与投递的横向与纵向分析。

（8）互联网访问模块　该模块包括远程客户的下单与查单；对公司人事、库存、销售情况进行信息发布，以供公司相关人员进行远程查询。

（9）主监控台模块　该模块与数据交换模块（属于生产管理部分）一起共同实现了分布数据的集中共享，主要包括接收外地分点的生产数据，监控外地分点的拨号连接，进行系统操作的日志记录与分析。

3．物流管理信息系统的应用模式

系统应用模式是一种综合使用各种软硬件系统的应用结构和计算模式，物流中心系统采用以下两种模式来实现异地分布数据集中统一管理。

（1）基于数据库系统的 Client/Server 模式　数据库服务器是数据存储中心，可供局域网端用户和远程客户端用户使用。局域网端用户使用开发的应用系统，通过局域网快速调用数据库服务器中的数据，但不存储在桌面数据库中。

远程客户端用户使用开发的应用系统（如分点则采用数据交换模块），向中心数据服务器上传所有的生产数据来保证数据集中。当需要共享信息时，又通过相应模块（如分点采用数据交换模块）及通信网络调用数据库服务器的数据。异地数据可存储在本地桌面数据库系统中，以便进行内部分析、处理。

（2）基于数据库系统的 Browse/Server 模式　客户（包括散户和大宗用户）通过网上下单、网上查单部分应用该模式。客户通过互联网访问公司数据库系统，并查询自己订单的配送情况。该部分数据与业务系统的数据共享。

4．物流管理信息系统的实施效益

该系统自全面实施以来，取得了显著的经济与社会效益。主要体现在：

1）改善了企业内部经营，降低了运作成本。
2）改变邮件手工交接方式，不仅加快了邮件交接速度，而且使错误发生的概率明显降低。
3）可以及时向客户反馈其邮件投递信息。
4）各站点班长可以随时掌握各业务的进口、出口、投递、退转、留存情况。
5）财务结算效率大幅度提高。
6）平衡合拢准确率和速度明显提升。

资料来源：姜方桃，邱小平．物流信息系统［M］．西安：西安电子科技大学出版社，2019：30-32．

讨论题：

1．汇杰国际有限公司是从哪些角度设计物流信息系统的？
2．北京邮政 EMS 物流管理信息系统具有哪些功能？需进一步完善的功能是什么？
3．北京邮政 EMS 物流管理信息系统应用模式的优势在何处？

在系统分析阶段较好地解决了所要开发的系统"做什么"的问题，在系统设计阶段主要解决"怎么做"的问题。系统设计阶段在整个物流管理信息系统研制过程中起着十分重要的作用。它将系统分析阶段建立的新系统逻辑模型转化为系统的结构模型，并做好编程前的一切准备。

7.1 物流管理信息系统设计概述

在系统分析阶段已经完全弄清楚了系统的各种需求，下一步就要进入系统设计阶段。系统设计是开发物流管理信息系统的重要阶段，也是整个开发工作的核心。它将实现系统分析阶段所提出的逻辑模型并确定新系统的结构。一般来说，系统设计阶段就是从物流管理信息系统的总体目标出发，根据系统分析阶段对系统的逻辑功能的要求，并考虑到经济、技术和运行环境等方面的条件，确定系统的总体结构和系统各组成部分的技术方案，合理选择计算机和通信的软、硬件设备，提出系统的实施计划。

7.1.1 系统设计的基本任务

系统设计的基本任务整体上分为总体设计和详细设计两阶段，如图 7-1 所示。最后综合总体设计和详细设计的内容，编写系统设计说明书，从而完成系统设计阶段的全部任务。

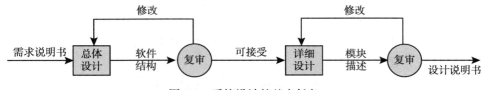

图 7-1 系统设计的基本任务

1. 总体设计

总体设计包括系统模块结构设计和系统物流配置方案设计。

（1）系统模块设计 该设计任务是划分子系统，然后确定子系统的模块结构，并画出模块结构图。在这个过程中，必须考虑以下几个问题：

1）如何将一个系统划分成多个子系统。
2）每个子系统如何划分成多个模块。
3）如何确定子系统之间、模块之间传送的数据及其调用关系。
4）如何评价并改进模块结构的质量。

（2）系统物流配置方案设计 在进行总体设计时，还要进行系统物理配置方案的具体设计，既要解决计算机软件和硬件系统的配置、通信网络系统的配置、机房设备的配置等问题、系统物理配置方案要经过用户单位和领导部门的同意才可实施。

从我国的实际情况来看，不少单位是先买计算机然后决定开发。这种不科学的、盲目的做法是不可取的，它会造成极大的浪费。因为计算机的更新换代是非常快的，如在开发初期的系统设计阶段和在开发中后期的系统实施阶段分别购买计算机设备，价格差别很大。因此，系统物理配置方法的设计虽然在系统设计的总体设计阶段进行，但是设备配置的具体实施可适当推后。

2. 详细设计

在总体设计的基础上，第二步进行的是详细设计，主要包括处理过程设计，以确定每个模块内部的详细执行过程，包括局部数据组织、控制流、每一步的具体加工要求等。一般来说，处理过程模块详细设计的难度已不太大，关键是要用一种合适的方式来描述每个模块的执行过程，常用的有程序流程图、N-S 图、PAD 图和 IPO 图等。除了处理过程设计，还有代码设计、界面设计、数据库设计和输入/输出设计等。

3. 编写系统设计说明书

系统设计阶段产生的结果是系统设计说明书，它主要由计算机系统配置报告、子系统模块结构图、模块说明书和其他详细设计内容组成。

7.1.2 系统设计的方法

系统设计一般采用结构化系统设计方法。

（1）结构化系统设计的特点　在系统设计中，采用结构化系统设计主要是将一个复杂的系统，用分解的方法自顶向下予以简化，采用图形表达工具、一些基本的设计原则与方法、一组评价标准和质量优化技术。它的基本思想就是自顶向下地将整个系统划分为若干个子系统，子系统再划分子系统，层层划分，然后再自顶而下地逐步设计。

（2）结构化系统设计的主要内容　在系统设计中，结构化系统设计的内容主要包括合理地进行模块分解和定义以及有效地将模块组织成一个整体。

（3）结构化系统设计的原理　系统设计中主要运用了层次化、模块化以及信息隐蔽三个原理。层次化、模块化原理是将系统根据实际结构关系分解成不同的层次，在不同的层次上再划分成多个相对独立的模块。信息隐蔽原理是指在一定规模和条件的限制下，把功能相关度大的模块划分在一个模块内，减少信息交换量，同时便于模块功能的更新。

7.2 总体结构设计

系统总体结构设计是根据系统分析和企业的实际情况，对新系统的总体结构形式和可利用的资源进行宏观上、总体上的大致设计。

7.2.1 系统划分

1. 系统划分的方法

常用的系统划分方法是一种以功能数据分析结构为主，面向数据流的设计方法。这种方法首先要复查和确认系统分析阶段所确认的数据流程图，然后对其进行精化，最终把数据流程图转换成模块层次结构。在系统分析阶段已用几个逻辑结构概括抽象出整个系统的逻辑功能。这里采用自顶而下的方法将其逐步扩展，使其具体化。扩展出的数据流程图，能使物流管理信息系统设计员在看到数据流程图中每一个处理逻辑后，在头脑中形成一个简单明确的印象和概念。

系统划分方法主要有：

1）功能划分法，即按业务处理功能划分，紧凑性非常好。
2）顺序划分法，即按业务先后顺序划分，紧凑性非常好。
3）数据拟合法，即按数据拟合的程度来划分。
4）过程划分法，即按业务处理过程划分。
5）时间划分法，即按业务处理时间划分。
6）环境划分法，即按实际环境和网络分布划分。

在实际操作中，常用混合划分法，基于功能和数据分析结果，综合考虑系统环境的真实情况。在使用该方法时，应主要考虑以下三个方面的内容：

1）功能分析结果，是指系统分析阶段中得到的业务功能一览表。
2）数据分析结果，是指系统分析阶段中得到的系统功能划分与数据资源分布情况，通常采用 U/C 矩阵来表示。
3）组织环境，是指企业组织的其他情况。例如，办公室、厂区的物理环境，开发工作的分段实施情况，设备和人力资源的限制等。

2. 系统划分的原则

从物流管理的角度划分子系统的方法，是我们划分物流管理信息系统的基础。但在实际工作中，我们往往还要根据用户的要求、地理位置的分布、设备的配置情况等重新进行划分。系统划分的一般原则有以下四点：

（1）子系统要具有相对独立性　子系统的划分必须能使子系统内部功能、信息等方面的凝聚性较好。在实际中我们都希望每个子系统或模块相对独立，尽量减少各种不必要的数据、调用和控制联系，接口简单、明确，并将联系比较密切、功能近似的模块相对集中地划入子系统内部，使子系统之间数据的依赖性尽量小，这样对于以后的搜索、查询、调试和调用、维护都比较方便。

（2）子系统划分的结果应使数据冗余最小　若忽视这个问题，则可能引起相关的功能数据分布在各个不同的子系统中，大量的原始数据需要调用，大量的中间结果需要保存和传递，大量的计算工作需要重复进行，从而使得程序结构紊乱，数据冗余。不但给软件编制工作带来很大的困难，而且也大大降低了系统的工作效率。

（3）子系统的设置应考虑今后管理发展的需要　为了适应现代管理的发展，对于原系统的某些缺陷，在新系统的研制过程中应设法将它补上。只有这样才能使系统实现以后不但能够更准确、更合理地完成现存系统的业务，而且可以支持更高层次、更深一步的管理决策。

（4）子系统的划分应便于系统分阶段实现　系统的开发是一项较大的工程，它的实现一般都要分期分步进行。所以，子系统的划分应该考虑到这种需求，适应这种分期分步的实施。另外，子系统的划分还必须兼顾组织结构的要求，以便系统实现后能够符合实际情况和用户的习惯，能够更好地运行。

7.2.2　模块化设计

1. 模块结构图

（1）模块化的概念　把一个物流管理信息系统设计成若干模块的方法称为模块化。其基本思想是将系统设计成由相对独立、单一功能的模块组成的结构，从而简化研制工作，防止错误蔓延，提高系统的可靠性。在这种模块结构图中，模块支点的调用关系非常明确、简单。每个模块可以单独地被理解、编写、调试、查错与修改。模块结构整体上具有较高的正确性、可理解性与可维护性。

（2）模块结构图的表示　模块结构图是用于描述系统模块结构的图形工具，它不仅描述了系统的子系统结构与分层的模块结构，还清楚地表示了每个模块的功能，而且直观地反映了模块内联系和模块间联系。

模块结构图的基本符号如图 7-2 所示。

1）模块。模块是组成目标系统逻辑模型和物理模型的基本单位，它的特点是可以组合、分解和更换。系统中任何一个处理功能都可以看作一个模块。根据模块功能具体化程度的不同，可以分为逻辑模块和物理模块。在系统逻辑模型中定义的处

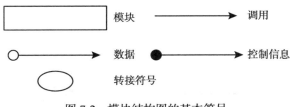

图 7-2　模块结构图的基本符号

理功能可视为逻辑模块。物理模块是逻辑模块的具体化，可以是一个计算机程序、子程序或若干条程序语句，也可以是人工过程的某项具体工作。

一个模块应具备以下四个要素：

①输入和输出。模块的输入来源和输出去向都是同一个调用者，即一个模块从调用者那里取得输入，进行加工后再把输出返回调用者。

②处理功能，是指模块把输入转换成输出所做的工作。

③内部数据，是指仅供该模块本身引用的数据。

④程序代码，是指用来实现模块功能的程序。

前两个要素是模块的外部特性，即反映了模块的外貌。后两个要素是模块的内部特性。在结构化设计中，主要考虑的是模块的外部特性，其内部特性只做必要了解，具体的实现将在系统实施阶段完成。

2）调用。在模块结构图中，用连接两个模块的箭头表示调用。箭头总是由调用模块指向被调用模块，但是应该理解成被调用模块执行后又返回到调用模块。

一个模块是否调用一个从属模块，决定于调用模块内部的判断条件，则该调用称为模块间的判断调用，采用菱形符号表示。如果一个模块通过其内部的循环功能循环调用一个或多个从属模块，则该调用成为循环调用，用弧形箭头表示。模块间的调用关系如图 7-3 所示。

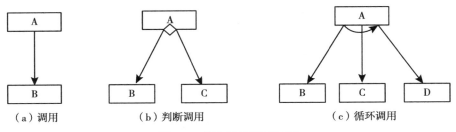

图 7-3　模块间的调用关系

3）数据。当一个模块调用另一个模块时，调用模块可以把数据传送到被调用模块处理，而被调用模块又可以将处理的结果数据送回调用模块。在模块之间传送的数据，使用与调用箭头平行的带空心圆的箭头表示，并在旁边标上数据名。

模块结构图的画法示意如图 7-4 所示。图 7-4（a）表示模块 A 调用 B 时，A 将数据 X、Y 传送给 B，B 将处理结果数据 Z 返回给 A。

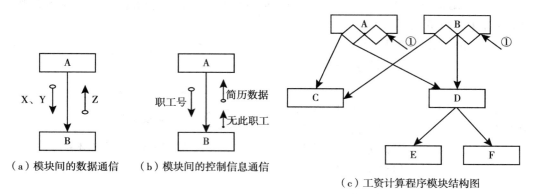

（a）模块间的数据通信　（b）模块间的控制信息通信

（c）工资计算程序模块结构图

图 7-4　模块结构图的画法示意

4）控制信息。为了指导程序下一步的执行，模块间有时还必须传送某些控制信息。例如，数据输入完成后给出的结束标志，以及文件读到末尾产生的文件结束标志等。控制信息与数据的主要区别是前者只反映数据的某种状态，不必进行处理。在模块结构图中，用带实心圆的箭头表示控制信息。例如，图 7-4（b）表示有误的职工号的控制信息。

5）转接符号。当模块结构图在一张图上画下，需要转接到另外一张纸上，或者为了避免图上线条交叉时，都可以使用转接符号，图 7-4（c）是工资计算程序模块结构图，在①处转接。

在画模块结构图时，通常将输入、输出模块分别画在左、右两边，计算或其他模块放在中间。为了便于理解系统的整个结构，尽量将整个模块结构图画在一张纸上。

一个软件系统具有过程性（处理动作的顺序）和层次性（系统的各组成部分的管辖范围）特征。模块结构图描述的是系统的层次性，而通常的"框图"描述的则是系统的过程性。在系统设计阶段，关心的是系统的层次结构，只有到了具体编程时，才要考虑系统的过程性。

一个计算工资的模块结构图如图 7-5 所示。

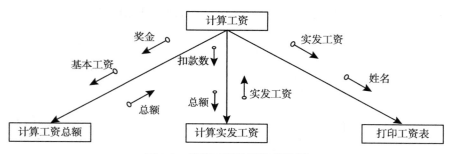

图 7-5　计算工资的模块结构图

2. 模块设计

在系统分析阶段，采用结构化分析方法得到了由数据流程图、数据字典和加工说明等组成的系统逻辑模型。总体设计阶段就需要从数据流程图（DFD）等内容导出初始的模块结构图。首先，要分析数据流程图的类型，对不同类型的数据流程图，采用不用的方法将其转换为初始的模块结构图。然后在初始模块结构图的基础上，再进行相应的修改和优化。从数据流程图导出模块结构图分为以变换为中心和以事务为中心两种策略。

（1）以变换为中心的策略　以变换为中心的策略是指从 SA 阶段产生的数据流程图入手，利用适当的设计原则和策略，将其转换成模块结构图。

以变换为中心的策略首先在数据流程图中找出它的主要功能（即中心变换部分），还要找出实现这项功能所需要的主要输入数据流和经变换后产生的主要输出数据流；然后以其中心变换部分为上层模块，以数据传送部分作为下层模块，逐层扩展而产生一个完善的系统结构。

以变换为中心的策略的实施步骤为：首先确定数据流程图的中心变换的位置，然后绘制模块结构图（包括建立模块结构图的最高层模块、画出初始的结构图、对初始图进行优化）。

上述策略具体步骤不再赘述，感兴趣的读者可查阅软件工程方面的相关资料。下面仅给出实例，图 7-6 在给定的数据流程图上分别确定出转换中心、输入部分、输出部分所在区域，转换后得到的模块结构图如图 7-7 所示。

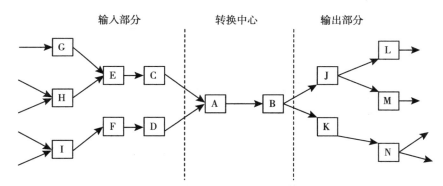

图 7-6　转换中心确定后的数据流程图

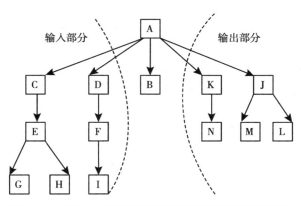

图 7-7　由图 7-6 的数据流程图转换得到的模块结构图

（2）以事务为中心的策略　以事务为中心的策略的基本思想是首先把一个复杂的数据流程图分割成若干较小的数据流程图，每一个小的数据流程图只反映同一种类型事务处理模块的功能，这些小的数据流程图比较简单，可采用以变换为中心的策略生成若干较小的模块结构图。此外，以事务为中心的策略可以再把这些小的结构图合并起来，形成一幅较大的结构图来描述整个系统。

以事务为中心的策略的实施步骤为：首先分析数据流程图，确定它的事务中心，然后绘制出事务中心所对应的模块结构图。

数据流程图的事务中心应具有以下功能：获得原始的事务记录；分析每一个事务，从而确定事务类型；为每个事务选择相应的逻辑处理路径；确保每个事务得到完全的处理。

事务中心具有分析事务类型和调度的功能，它对每个事务起着分派和控制作用，如果在系统中存在多种类型的事务处理，就必须找出系统的事务处理中心和事务。如果某处理逻辑能根据输入的数据流确定事务类型，而且产生不同的操作路径，那么这个处理逻辑就可被确定为这些事务的事务中心。在数据结构图中，事务中心表现为数据结构图的最高层模块。

上述策略的具体步骤不再赘述，感兴趣的读者可查阅软件工程方面的相关资料。下面仅给出实例。

在图 7-8 中，"确定事务类型"处理逻辑就是系统的事务中心，可以据此产生较高层的模块结构图。由事务中心进行转换得出模块结构图，在给定的数据流程图上分别确定出转换中心、输入部分、输出部分区域。转换后得到的模块结构图如图 7-9 所示。

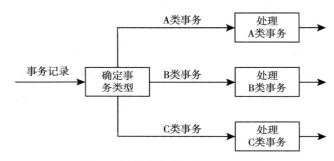

图 7-8　以事务为中心的数据流程图

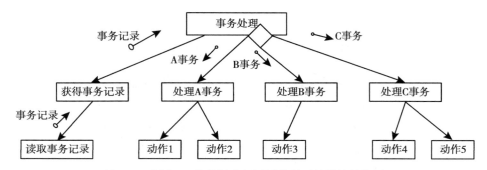

图 7-9　由图 7-8 的数据流程图转换得到的模块结构图

3. HIPO 图

上面已经详细介绍了模块结构图的概念、使用方法以及两种基本的数据流程图转换分析方法。但是，模块结构图主要关心的是模块的外部属性，即上下级模块、同级模块之间的数据传递和调用关系，并不关心模块的内部。也就是只关心它是什么，它能做什么的问题，而不关心它是如何去做的。

针对模块结构图的上述不足，20世纪70年代中期IBM公司推出了HIPO（Hierarchy plus Input-Process-Output，HIPO）图。HIPO图由模块结构图和IPO图两部分构成，前者描述了整个系统的设计结构以及各类模块之间的关系，后者描述了某个特定模块内部的处理过程和输入/输出关系。

换句话说，IPO图是对每个模块进行详细设计的工具，它是输入-加工-输出（Input-Process-Output）图的简称，在系统的模块结构图的形成过程中，产生了大量的模块，在进行详细设计时开发者应为每一个模块写一份说明。IPO图的主体是算法说明部分，该部分可采用结构化语言、判定表、判定树，也可用N-S图、问题分析图和过程设计语言等工具进行描述，要准确而简明地描述模块执行的细节。

在IPO图中，输入、输出数据来源于数据字典。局部数据项是指个别模块内部使用的数据，与系统的其他部分无关，仅由本模块定义、存储和使用。开发人员不仅可以利用IPO图进行模块设计，而且还可以利用它评价总体设计。用户和管理人员可利用IPO图编写、修改和维护程序。因此，IPO图是系统设计阶段的一种重要文档资料。

某销售管理系统的HIPO图示例如图7-10所示，其中确定能否供货模块的IPO图如图7-11所示。

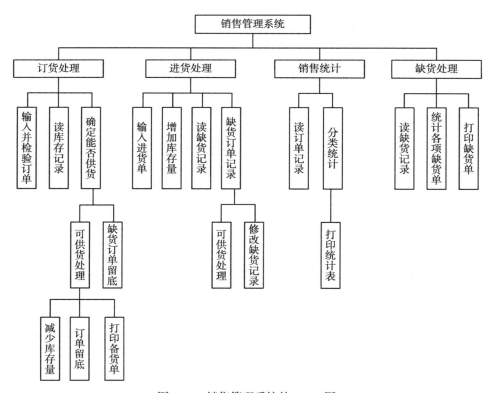

图7-10　销售管理系统的HIPO图

系统名称：销售管理系统	设计人
模块名：确定能否供货	日期
模块编号	
上层调用模块：订货处理	下层调用模块：可供货处理 　　　　　　　缺货订单留底
文件名	
输入数据：订单订货量 X 　　　　　相应货物库存量 Y	输出数据
处理：IF Y-X>0 THEN（调用"可供货处理"） 　　　　ELSE（调用"缺货订单留底"） 　　　　END IF	
注释：	

图 7-11　确定能否订货模块的 IPO 图

7.3　代码设计

在完成相应的总体设计（模块化设计）之后，下面就要进入详细设计阶段了。详细设计包括代码设计、数据库设计、输入/输出设计等内容。其中代码设计最为重要，它是详细设计阶段其他工作的基础。

7.3.1　代码的分类

1. 代码的作用

代码是以数字或字符来代表各种客观实体，代码设计问题是一个科学管理的问题。设计出一个好的代码方案对于系统的开发工作是一件极为有利的事情。它可以使很多机器处理（如某些统计、查询等）变得十分方便，还把一些现阶段计算机很难处理的工作变成很简单的处理。简单地说，代码有如下作用：

1）识别。识别是代码的通用特征，一个代码只能唯一地表示一个分类对象，任何代码都必须具备这种基本特性。

2）分类。有些代码是具有分类作用的，比如为学生设计的专业代码，那么此代码就可以将学生按专业分类。

3）排序与索引。代码有时可以设计成具有排序和检索的特点，方便对对象的查询。

4）专用含义。当客观上需要采用一些专用符号时，代码可设计成能提供一定的专门含义，如数学运算的程序、分类对象的技术参数及性能指标等。

2. 代码的分类

代码的种类有很多，这里介绍几种常用的编码方式。

（1）顺序码　顺序码可分为数字顺序码和字母顺序码。顺序码是最简单的代码形式，一般适用于编码对象数目较少的情况。例如，某企业物流管理信息系统中，对 5 个产品仓库的代码可采用如下的数字顺序码，如表 7-2 所示。

表 7-2　数字分组顺序代码示例

编码对象	仓库 1	仓库 2	仓库 3	仓库 4	仓库 5
代码	001	002	003	004	005

顺序编码一般用于项目较少、项目内容长且一般不变化的编码，亦可作为其他码分类中细分类的一种补充手段。

（2）区间码　区间码将数据项分成若干组，每一区间代表一个组，码中数字的值和位置都有一定的意义，如电话号码、邮政编码等。

区间码又分为以下几种类型：

1）多面码。一个数据项可能具有多方面的特性。如果在码的结构中，为这些特性各规定一个位置，就形成多面码。例如，对于金属材料，可以做出规定：代码 2342 表示材料为黄铜的 $\Phi1.5$ 方形头镀铬螺钉，具体规定如表 7-3 所示。

表 7-3　多面码

材料	螺钉直径	螺钉头形状	表面处理
1- 不锈钢	1-Φ0.5	1- 圆头	1- 未处理
2- 黄铜	2-Φ1.0	2- 平头	2- 镀铬
3- 钢	3-Φ1.5	3- 六角形状	3- 镀锌
		4- 方形头	4- 上漆

2）上下关联码。在会计计算中，用最左边代表核算种类，下一位代表会计核算项目。比如会计科目代码"11010101"，它的意义如表 7-4 所示。

表 7-4　上下关联码

一级科目	二级科目	三级科目
1101	01	01
交易性金融资产	本金	股票

3）十进位码。相当于图书分类中的十进位分类码。十进位码在信息处理上准确度高，在信息的排序、分类、检索等方面易于操作。但这种码的长度与它的分类属性有关，有时可能会出现很长的码，同时这种码的维修也较困难。

（3）助记码　助记码用文字、数字来描述，也可用文字与数字的结合来描述。例如，用 TV-C-20 代表 20 英寸彩色电视机。

助记码适用于数据项较少的情况，否则容易联想出错。

7.3.2 代码设计的主要步骤

1. 代码的设计原则

创造代码的目的是便于使用信息。因此,编码应在考虑计算机处理信息使用方便的同时,兼顾手工处理信息的要求。代码设计的好坏直接影响系统设计的质量。在设计代码时,一般遵循以下原则:

1)唯一性。在一个物流管理信息系统的编码体系中,每一个代码仅代表唯一的实体或属性。

2)适用性和可扩充性。代码应尽量反映编码对象的特点,代码结构要合理。在设计代码时,应考虑物流管理信息系统的发展和变化,预留一定的空间,以便增加新的代码。

3)标准化和规范化。凡是能够采用国家标准和行业标准的要坚决采用,在一个代码体系中,代码结构、类型和编写格式必须规范统一。

4)一致性。设计的代码在逻辑上必须能满足用户的需要,在结构上应当与处理的方法一致。

2. 代码设计的步骤

在系统开发中,系统开发人员应该掌握代码设计的任务、对象、规则及设计步骤,以便协调和控制整个系统开发。在代码设计过程中,可以按照下面的设计步骤进行:

1)确定编码的对象。在充分调查的基础上,确定编码对象所属的子系统,确定需要编码的项目以及编码的名称。

2)考察是否要有标准代码。如果有国家标准局、某个部门对某些事物已规定了标准代码,那么应遵循这些标准代码。如果没有标准代码,那么在代码设计时要参考国际标准化组织、其他部门、其他单位的编码标准,设计出便于今后标准化的代码。

3)确定代码的使用范围。代码使用范围不只限于特定部门,它应该在一个企业的各部门均能适用,还可以在外单位使用。

4)确定代码使用期限。根据代码性质确定使用期限,一般来说,代码的使用若无特殊情况变动,均视作永久性使用。

5)决定编码方法。根据编码的目的、使用范围和时间等特性,进行综合判断,选定合适的代码种类及校验方式。

6)编写代码表。

7)编写相应的代码使用、管理、维护制度,保证代码的规范使用。

7.3.3 代码的校验

为了保证正确的输入,有意识地在编码设计中的原代码的基础上,通过事先规定的数学方法计算出校验码(1位或2位),附加在原代码后面,使其变成代码的一个组成部分。

利用代码的校验位,一般可以检查出以下错误:

1)移位错误。例如,1234 记录为 1243。

2)双重移位错误。例如,1234 记录为 1423。

3)抄写错误。例如,1234 记录为 1235。

4）其他错误。例如，1234 记录为 2234。

一般来说，校验码的生成过程如下：对原代码的每一位加权求和；用加权和除以模得到余数，用模除以余数，得到校验码。

例 7-1：假如存在原代码为 12345，设定权因子为 13579，模为 9，计算出校验码。

解：

计算加权和：$1\times1+2\times3+3\times5+4\times7+5\times9=95$

计算余数：$95\div9=10$ 余 5

计算校验码：$9\div5=1$ 余 4

得到带校验码的代码：123454。这样就完成了代码校验码的生成过程。接下来就是校验码的校验过程，是前一过程的逆过程。

例 7-2：假如存在待校验代码为 123459，设定权因子为 13579，模为 9，校验该校验码是否正确。

解：

计算加权和：$1\times1+2\times3+3\times5+4\times7+5\times9+9\times1=104$

注意：这里待校验代码的最后一位乘以的是 1（对待最后一位校验码均是如此），这是在校验过程中比较特殊的地方。

计算余数：$104\div9=11$ 余 5

根据余数是否为 0 来判断待校验代码是否错误。

若为 0，则说明该校验码一般是正确的；而不为 0，则说明该校验码肯定错误。

但是要注意：当余数为 0 的时候不能判定该代码一定正确。因为通过上述的计算过程可以很容易地看出，存在多个代码同时满足余数为 0 的情况。这说明对于校验码的校验，侧重点在于余数不为零则该校验码一定错误。因此，对于本例的结论是该校验码错误。

7.4 数据库设计

物流管理信息系统的主要任务是通过大量的数据获得管理所需要的信息，这就必须存储和管理大量的数据。因此建立一个良好的数据组织结构和数据库，使整个系统都可以迅速、方便、准确地调用和管理所需的数据，是衡量物流管理信息系统开发工作好坏的主要指标之一。

一个好的数据结构和数据库应该充分反映物流发展变化的状况，充分满足组织的各级管理要求。同时还应该使得后继系统具有开发工作方便、快捷，系统开销（如占用空间、网络传输额度、磁盘或光盘读写次数等）小，易于管理和维护等特点。

根据规范设计法，数据库设计包含六个阶段：需求分析、概念结构设计、逻辑结构设计、物理结构设计、数据库实施、数据库运行维护。本节重点介绍概念结构设计、逻辑结构设计和物理结构设计。

7.4.1 概念结构设计

概念结构设计属于概念设计阶段，是整个数据库设计的关键，它通过对用户需求进行综合、归纳与抽象，形成一个独立于具体数据库管理系统（DBMS）的概念模型。概念结构设计的目标是产生反映物流企业组织信息需求的数据库概念结构，即概念模型。概念模型不依赖于计算机系统和具体数据库管理系统的模式，但能表达用户的需求。概念模型独立于其他软件与硬件，它是一个符合用户要求的趋于理想化的物流信息结构。

概念模型设计的常用方法有实体分析和属性综合两种，分别成自顶向下法（E-R 模型）和自底向上法。自顶向下法的设计思路是逐步求精的，先明确实体，再明确实体间联系，最后明确实体属性。自底向上法则从属性分析开始，通过底层属性组成高层实体及联系的设计技术。这是一种基于统计分析推导的方法，即通过对数据元素与应用任务联系的定性定量统计分析技术来推导出相应的物流信息结构。其处理过程可以分为属性分类、实体构成、联系的确定等相对独立的步骤。

知识链接

数据库设计方法有四种：经验设计法、规范设计法、计算机辅助设计法和自动化设计法。经验设计法取决于设计者的经验和能力，越发不适应物流管理信息管理发展的需要。为了改变这种状况，人们提出了规范设计法。规范设计法中比较著名的有新奥尔良（New Orleans）方法，它将数据库设计分为四个阶段：需求分析、概念设计、逻辑设计和物理设计。

规范设计法本质上仍然是手工设计法，其基本思想是过程迭代和逐步求精。计算机辅助数据库设计，目前还是在数据库设计的某些过程中模拟某一规范设计方法，并以人的知识或经验为主导，通过人机交互方式实现设计中的某些部分。

本小节主要介绍概念模型设计中最著名的 E-R 模型。

E-R 模型是直接从现实世界中抽象出实体类型及实体间联系，然后用实体联系图（E-R 图）表示的数据模型。

1. E-R 图

E-R 模型的构成成分是实体集、属性和联系集（一对一、一对多和多对多），可用 E-R 图来表示。其方法如下：

1）用矩阵框表示实体集，矩形框内写上实体名。

2）用圆或椭圆表示实体的属性，圆内写上属性名，并用无向线与其实体集相连。

3）用菱形表示实体间的联系，联系以适当含义命名，名字写在菱形框中，用无向连线将参加相应联系的实体矩形框分别与菱形相连，并在连线上标明联系的类型，即 $1:1$、$1:M$ 或 $N:M$。

一对一关系（$1:1$）。对于实体集 A 中的每个实体，实体集 B 中至多有一个实体与它有联系，反之亦然。这种关系即 $1:1$。

一对多关系（$1:M$）。对于实体集 A 中的每个实体，实体集 B 中有 M（$M \geq 0$）个实体同它有关系；反之，对于实体集 B 中的每个实体，实体集 A 中至多有一个实体同它联系。这种关系即 $1:M$。

多对多关系（$N:M$）。对于实体集 A 中的每个实体，实体集 B 中有 N（$N \geq 0$）个实体同它有关系；反之，对于实体集 B 中的每个实体，实体集 A 中有 M（$M \geq 0$）个实体同它有关系，把这种关系定义为 $N:M$。

E-R 图示例如图 7-12 所示。

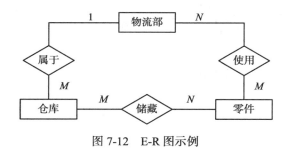

图 7-12　E-R 图示例

2. 设计 E-R 模型应当遵循的原则

1）相对原则。实体、属性和联系是对同一对象抽象过程的不同解释与分析，不同的人或不同情况下抽象的结果也会不同。

2）一致原则。同一对象在组成业务系统的各子系统中的抽象结果必须保持一致。

3）简单原则。现实世界中的事务，能够作为属性对待的，尽量作为属性处理，以简化 E-R 模型。属性与实体之间并没有绝对的界限，但是作为某个实体的属性，它应当满足两个条件：一是不再需要进一步描述，即它是不可分割的数据项；二是不能再与其他实体发生联系。

7.4.2　逻辑结构设计

逻辑结构设计的主要目标是把概念设计中建立的概念模型，转换为与选定的数据库管理系统所支持的数据模型相符的模式。该模式要满足用户对数据库数据的应用和将来发展的要求。逻辑结构设计还要解决数据的完整性、一致性、安全性和有效性问题。E-R 图向关系模型转换，主要是对实体和实体之间的联系进行转换。

1. 实体的转换原则

将 E-R 图中的一个实体转换为关系模型中的一个关系，实体属性就是关系的属性，实体的关键字就是关系的关键字。

2. 实体集间的联系转换规则

（1）一对一转换　在一对一的转换中，联系可以与任意一端的实体集所对应的关系合并，在被合并关系中增加属性，这个新增的属性为联系本身的属性和与联系相关的另一个实体集的关键字。1∶1 联系转换如图 7-13 所示。

（2）一对多转换　一对多的转换方法，可以在 M 端实体中增加新属性，新属性由联系对应的 1 端实体中的关键字和联系本身的属性构成，新增属性后原来关系的关键字不变，1∶M 联系转换如图 7-14 所示。

（3）多对多转换　在多对多的转换中，与该联系相连的各实体集的关键字以及联系本身的属性均转换成新关系的属性，新关系的关键字由两个相连的实体关键字组成。

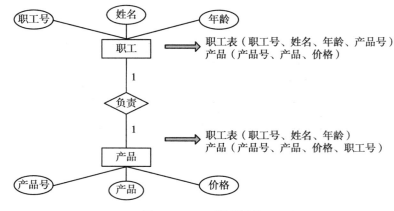

图 7-13　1∶1 联系转换

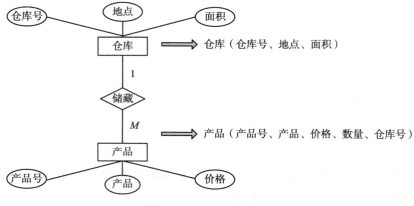

图 7-14　1∶M 联系转换

7.4.3　物理结构设计

数据库最终是要存储在物理设备上的。数据库在物理设备上的存储结构与存取方法为数据库的物理结构，它依赖于给定的计算机系统。为一个给定的逻辑数据模型选取一个最适合应用环境的物理结构的过程，就是数据库的物理结构设计。

数据库的物理结构设计通常可分为两个方面：确定数据库的物理结构，包括存储结构和存取方法；评价数据库的物理结构，评价的重点是时间和空间效率。

1. 确定数据库的存储结构

确定数据库的存储结构，主要是指确定数据的存放位置和组织形式。这里的数据主要是指关系、索引、日志、数据库备份等，它们通常以文件的形式加以组织，存放在磁盘、磁带等外存设备上。在确定数据库的存储结构前，应该首先对给定的数据库管理系统有充分的了解，明确数据库管理系统所能提供的物理环境等，还应该了解用户对处理频率和响应时间的要求。具体确定数据库的存储结构时，应该考虑如下原则：

1）减少访问冲突。

2）分散热点数据。
3）保证关键数据的快速访问，缓解系统的瓶颈。

2. 确定数据的存取方法

数据通常以文件的形式存放在外存设备上。数据的存取就是指向文件中写入数据（存）或者从文件中读出数据（取）。常用的数据存取方法有顺序存取、随机存取和索引存取等。

索引是一种用来帮助提高数据库中数据存取效率的辅助数据结构。确定数据的存取方法主要是指确定如何建立索引。例如，应该在哪些关系的哪些属性上建立索引，建立多少个索引合适，是否建立聚簇索引（Clustered Index）等。

数据库物理设计过程中需要在时间效率、空间效率、维护代价和各种用户要求之间进行权衡，其结果可能产生多种方案，数据库设计人员必须对这些方案进行细致的评价，从中选出一个较优的方案作为数据库的物理结构。

3. 评价数据库的物理结构

评价数据库物理结构的方法完全依赖于所选用的数据库管理系统，主要是从定量估算各种方案的存储空间、存取时间和维护代价入手，分析其优缺点，对估算结果进行权衡、比较，选择出一个较优的、合理的物理结构。如果该结构不符合用户需求，则需要修改设计。

7.5 输入输出设计

物流管理信息系统输入/输出（I/O）设计是一个在系统设计中很容易被忽视的环节，但它又是一个十分重要的环节，它对于用户和今后系统使用的方便和安全可靠性来说都是十分重要的。一个好的输入设计可以为用户带来良好的工作环境，一个好的输出设计可以为管理者提供简洁明了、有效、实用的管理和控制信息。

基于输出信息决定输入的内容和处理方式是输入/输出设计过程中需要遵循的基本原则。因为所有的系统用户都要使用系统的输出信息，输出设计的目标就是要准确及时地反馈生产和管理部门所需要的各种有用信息。那么系统输入就要以输出的数据为依据，进行输入的设计。否则，系统输出的数据或信息就成了"无本之木"。所以，一般先进行输出设计，再进行输入设计。

7.5.1 输入设计

输入设计的工作是依据功能模块的具体要求，分析各种数据输入的方式和适用范围、用户界面和输入校验方式等。例如，哪种输入方式更符合用户的需要，现在的数据输入方式是否满足要求，输入速度是否能完成数据量的要求，是否需要改变输入方式，是否需要增加输入设备等。

1. 输入设计的原则

1）最小值。在保证满足处理要求的前提下使输入量最小。输入量越小，出错机会越少，花费时间越少，数据一致性越好。

2）简单性。输入过程应尽量简单，以减少错误的发生。

3）早检验。对输入数据的检验应尽量接近原数据发生点，使错误能及时得到改正。

4）少转换。输入数据应尽量用其输入所需形式记录，以免数据转换介质时发生错误。

2. 输入设计的基本内容

1）确定输入数据内容。包括确定输入数据项名称、数据内容、精度、数值范围等。

2）确定数据的输入方式。数据的输入方式与数据产生地点、发生时间、处理的紧急程度有关。如果产生地点远离计算机房，产生时间是随机的，又要求立即处理，则应采用联机终端输入。对于数据产生后不必立即处理的，可采用脱机输入。

3）确定输入数据的记录格式。记录格式是人和计算机之间的界面，其对输入的准确性、效率等都有重要的影响。所以输入数据的记录格式必须简单、符合习惯、清楚。

4）输入数据的正确性校验。对输入的数据进行必要的校验，是保证输入正确、减少差错的重要工作。

5）确定输入设备。数据的类型和数据输入所处的环境，以及应用要求是不同的，所以输入设备的确定要根据所输入数据的特点、数据输入所处的环境以及应用要求，并根据设备本身的特性来确定输入设备。

3. 输入数据的校验方法

1）重复校验：由多名录入人员录入相同的数据文件并进行比较。

2）视觉校验：对输入的数据，在屏幕上校验之后再做处理。

3）分批汇总校验：对重要数据进行分批汇总校验。

4）控制总数校验：对所有数据项的值求和进行校验。

5）数据类型校验：考查所输入的数据是否为正确的数据类型。

6）格式校验：校验数据项位数和位置是否符合定义。

7）逻辑校验：检查数据项的值是否合乎逻辑。

8）界限校验：检查数据是否在规定的范围内。

9）记录统计校验：统计记录个数，检查数据的记录有无遗漏和重复。

10）代码自身校验：利用校验码本身特性进行校验。

上述方法可以根据实际需要综合运用。至于错误的纠正，原则上是一旦发现立即改正，尽可能使差错在进入数据处理之前就得到纠正。

7.5.2 输出设计

1. 输出设计的内容

输出设计在系统设计中占有重要的地位，因为输出是向用户提供信息处理结果的唯一手段，也是评价物流管理信息系统的重要依据之一。

确定输出内容首先应确定输出信息使用方面的要求，包括使用者的名称、使用目的或用途、输出频率、份数、有效期与保存方法等。其次要确定输出信息内容设计，包括输出项目、位数及数据形式（文字、数字）等。

确定输出内容的原则是首先满足上级部门的要求。凡是上级需要的输出文件和报表，应优先给予保证。对于本单位管理需要的输出,应根据不同管理层次和业务性质,提供详细程度不同、内容有别的报表数据。所有输出必须给予说明,目的是让用户了解系统是如何满足他们的信息要求的,同时也让系统开发人员了解如何实现这些要求以及为了实现这些输出,需要怎样的输入。

2. 选择输出方式

选择输出方式是指实现输出要采用哪些设备和介质。目前可供选择的输出设备和介质主要有终端显示器、打印机、磁盘机、绘图仪、磁带机等。输出方式的选择应根据信息的用途和信息量的大小、软硬件资源的能力和用户的要求来考虑。例如,需要上报和保存的报表应该用打印输出,而一些内容不多又不必保存的信息,就可以采用显示输出。对于信息处理过程中产生的中间输出,就可以采用磁盘输出或磁带输出等。

3. 输出格式设计

不同的输出方式,其格式是有区别的。以下是显示输出和打印输出中几种常用格式的设计。

(1)简单组列式 把若干组有关的输出数据,按一定的顺序要求,在进行简单的组织之后,显示在屏幕或打印纸上。这种输出格式的输出程序设计简单,输出内容直观、排列简单紧凑,非常适合数据项不多,而数据量比较大的场合,即作为核对、查阅用的输出格式。例如,在显示或打印库存数据的输出中,可以采用的格式如表 7-5 所示。

表 7-5 简单组列式输出格式示例——库存数据单

货物编号	入库时间	数目	经手人
000275	2013.10.11	3600	高盛
000567	2013.12.05	4400	李海
…	…	…	…

(2)表格式 是按上级机关规定或自选设计格式的传统图文表格,可以用作显示或打印输出,是目前用得最多的输出格式之一。用作显示和打印输出的表格,可能由于输出内容的多少或受到显示器大小的限制在格式上有所不同。但表格的结构总的来说是有规律可循的,它可以分为表头、表体和表尾三个部分,如表 7-6 所示。

表 7-6 表格式输出格式示例——客户资料管理

客户编号	客户名称	地 址	联系部门	联系人	职 务	账 号	电 话

第 页(共 页)　　　　　　　制表人:　　　　　　　时间:

其中,表头由标题、表头线和栏目构成,表体由若干行间线与行构成,而表尾由表底线和表尾说明构成。设计时,应根据输出数据项目的属性确定每个栏目的长度和每页的行数,同时考虑版面的效果,才能设计出美观实用的表格。

7.5.3 I/O 用户界面设计

I/O 用户界面是系统的重要组成部分。I/O 用户界面设计（特别是数据输入界面设计）对用户使用系统的效率有显著影响。尤其是在输入的数据量大时，主要考虑提高输入速度和减少出错率。输出界面的设计，要考虑屏幕显示的各种形式，数据显示界面包括屏幕查询、文件浏览、图形显示和报告等。

1. 数据输入界面设计

数据输入界面设计是系统的一个重要组成部分，一个好的输入界面应该尽可能方便而有效地进行数据输入。为此，可以从以下几个方面提高输入的效率：

（1）尽量减少输入工作量　具体做法：①对相同内容输入设置默认值（缺省值），可避免重复输入。②自动填入已输入过的内容或者需要重复输入的内容。③列表选择或单击选择，不需要从键盘输入数据，但必须事先准备好一个有限的备选集。

（2）输入屏幕与输入格式匹配　即数据输入的屏幕显示可按照数据使用频率、重要性、次序等来组织，屏幕显示应该尽量与输入格式相匹配。输入表格的设计也应以操作简便为主要原则。

（3）数据输入的一般规则　①确定输入。只有当用户按输入确认键时，才确定输入，这有助于在输入过程中可以及时纠正发现的错误。②交互动作。对于初级用户，不习惯输入数据在表项之间自动跳转，应该设计为输入数据后按 Enter 键，再跳转到下一个表项，也便于用户查错。③确定删除。为了避免错误删除造成的损失，应该在输入删除命令后，经二次确认，才真正执行删除操作。④提供反馈。输入数据或删除数据，以及输入出错，都应该显示相应的反馈信息，以便用户进行下一步的操作。

2. 数据输出界面设计

首先应该了解数据显示的要求，选择适当的显示内容和显示的形式。

（1）显示内容选择的原则　显示内容只选择必需的数据；联系紧密的数据应该一起显示；显示的数据应与用户执行的任务有关；每一屏数据的数量，包括标题、工具栏、数据等不超过整个屏幕的 30%。

（2）安排显示结构的规则　按照某种逻辑结构分组，还可以根据使用频率、操作顺序或者功能来分组；数据安排要方便用户使用，要提供明了的提示帮助信息。关键词、识别符应安排在显示屏的左上角；显示的数据应该便于用户理解，尽量少使用代码和缩写等。

3. 用户界面的基本类型

一般来说，用户界面设计的内容可以分为菜单方式、会话方式、操作提示方式，以及操作权限管理等基本类型。

:延伸阅读:

高校学生管理系统数据库的设计

1．系统需求分析

（1）系统功能分析　本系统的应用对象是普通高等学校（简称高校），因此在进行需求分析时主要考虑高校的具体需求，并将设计目标确定为为高校提供基本的管理功能。本系统可基本实现课程信息和学生信息的录入、修改、删除等功能，扩充的功能包括与成绩相关的信息处理。同时，可根据学校教学管理制度，设定或自定义审核操作的规则。系统其他方面的需求有：安全保密性、可恢复性、可扩充性、可维护性等。该系统主要包括以下几个模块：

1）学生管理：学生信息查询、插入、删除、修改等。
2）教师管理：教师信息查询、插入、删除、修改等。
3）课程管理：选课信息查询、插入、删除、修改等。
4）成绩管理：学生对成绩的查询，管理人员对成绩的修改等。
5）系统管理：如数据安全管理（含备份与恢复）、操作员管理、管理学生和老师的权限等。

（2）系统数据流程图　它表达了数据与处理的关系，作为直观了解系统运行机理的手段，它并不具体描述各类数据的细节，只有通过数据字典进一步细化才能具体而确切地了解系统的需求。高校学生管理数据流程图如图7-15所示。

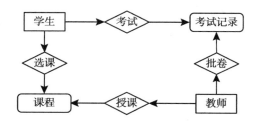

图7-15　高校学生管理系统数据流程图

（3）系统功能模块图　功能模块图以模块化的形式表达整个数据库系统，可以从宏观上反映系统的功能。高校学生管理系统功能模块图如图7-16所示。

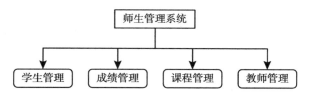

图7-16　高校学生管理系统功能模块图

2．系统概念结构设计

（1）系统局部E-R图　对所设计系统的需求做进一步的分析，可以产生概念结构设计的E-R模型。由于这个系统并不复杂，因此可采用自顶向下的设计方法。自顶向下设计的关键是确定系统的核心活动。确定了核心活动之后，系统就有了可扩展的余地。高校学生管理系统局部E-R图如图7-17所示。

（2）系统E-R图　系统E-R图通常是根据数据流程图以及局部E-R图，来整合整个系统的设计架构图。

3．系统逻辑结构设计

该阶段的目的是将E-R图中的实体、属性和联系转换成为"关系模式"。

1个学生可以选多门课程，1门课程肯定有多个学生，因此它们之间是多对多的关系，需要有一张中间表，就是选课记录表。

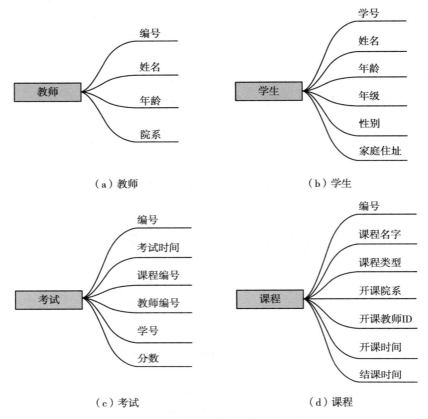

图 7-17　高校学生管理系统局部 E-R 图

1 个学生可以有多场考试记录，但一条考试记录理论上只能记录一位学生的考试信息。因此它们之间是 1 对多的关系。如果我们抽象的不是考试记录，而是考试（比如期末考试，包括场地、时间、科目等信息），考试是与学生无关的，即使某位学生缺考，毫不影响考试本身的安排。此时学生与考试是多对多的关系，1 名学生可以参加多门课程考试，1 门课程考试可以有多名学生参加。这种情况下学生与考试之间需要建立一张中间表，就是考试记录表。教师与考试记录之间的关系与此类似。高校学生管理系统关系模式如图 7-18 所示。

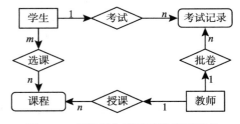

图 7-18　高校学生管理系统关系模式

伪代码：① student（id,name,age,grade,sex,home）;
② teacher（id,teacher_name,age,school）;
③ test（id, time, course_id, student_id,teacher_id, score）;
④ course（id, course_name, type, school, teacher_id, start_time, end_time）;
⑤ selected_course（id, student_id, course_id, create_time, progress）。

事实上，学生和教师之间是多对多的关系，他们之间发生的数据交流必须要通过中间表记录，此处就是恰好把考试记录放在了中间表里。

1门课程只能有1位老师讲授，1位老师可以讲授多门课程，因此它们之间是1对多的关系。

4．系统数据库设计

（1）初始化表　根据表 7-7~ 表 7-11 中的字段及其属性，确定表字段的数据类型、宽度及备注信息。

表 7-7　学生信息表的表结构

列名	数据类型	宽度	是否外键	空否	备注
id	int	20		Not null	学号
name	varchar	20		Not null	姓名
age	int				年龄
grade	varchar	20		Not null	年级
sex	varchar	20			性别
home	varchar	20			家庭住址

表 7-8　选课教师信息表结构

列名	数据类型	宽度	是否外键	空否	备注
id	int	20		Not null	教师编号
teacher_name	varchar	20		Not null	教师姓名
age	int				年龄
school	varchar	20		null	院系

表 7-9　考试记录表结构

列名	数据类型	宽度	是否外键	空否	备注
id	int	20		Not null	编号
time	date				考试时间
course_id	int		是	Not null	课程编号
student_id	int		是	Not null	学生编号
teacher_id	int		是	Not null	教师编号
score	int			null	分数

表 7-10　课程表结构

列名	数据类型	宽度	是否外键	空否	备注
id	int			Not null	课程编号
course_id	varchar	20		Not null	课程名称
type	varchar	20			类型（必修）
school	varchar	20			开课学院

（续）

列名	数据类型	宽度	是否外键	空否	备注
teacher_id	int		是	Not null	教师编号
start_time	date			Not null	开课时间
end_time	date			Not null	结课时间

表7-11 选课记录表

列名	数据类型	宽度	是否外键	空否	备注
id	int			Not null	编号
student_id	int		是	Not null	学生编号
course_id	int		是	Not null	课程编号
create_time	date			null	选课时间
status	varchar			null	课程状态（结课）

（2）规范化处理 根据数据库设计的三大范式优化表结构，验证数据表是否满足三大范式，以使数据库系统可以提供更优良的性能。

1NF：第一范式就是数据库中的每一列都是不可分割的基本数据项。

2NF：第二范式是在第一范式的基础上建立起来的，即满足第二范式必须先满足第一范式，第二范式要求数据库的每个实例或行必须可以被唯一地区分，即表中要有一列属性可以将实体完全区分，这个属性就是主键。

3NF：满足第三范式必须先满足第二范式，第三范式就是属性不依赖于其他非主属性，也就是说，如果存在非主属性对于码的传递函数依赖，则不符合第三范式。

上述表中加粗的属性是表的主键。经过对初始关系模式的规范化处理，可以看出上述关系模式中不存在部分函数依赖和传递函数依赖，已经达到3NF。

资料来源：学生管理系统数据库设计［EB/OL］.［2023-06-21］. https://blog.csdn.net/weixin_44517209/article/details/118463164.

本章小结

本章主要讲述了开发物流管理信息系统的设计内容。首先从系统设计的基本任务和方法对物流管理信息系统设计做总体概述。系统设计的基本任务通常可以分为总体设计和详细设计，总体设计将系统划分成模块，决定每个模块的功能，明确模块之间的调用关系，详细设计包括处理过程设计、代码设计、数据库设计、输入/输出设计等。然后介绍了系统划分方法和原则以及物流管理信息系统总体结构设计。主要的设计方法是结构化系统设计方法。模块化设计的目的是建立一套完整的功能模块处理体系作为系统实施阶段的依据。模块化设计中数据流程图导出模块结构图分为以变换为中心和以事务为中心两种策略。接下来从代码的分类、代码设计的原则、代码设计的步骤和代码校验对代码设计内容进行介绍。然后重点介绍数据库设计六个阶段中的概念结构设计、逻辑结构设计和物理结构设计。最后介绍输入/输出设计相关内容。基于输出信息决定输入的内容和处理方式是输入/输出设计过程中需要遵循的基本原则。

关键术语

总体设计　　详细设计　　模块结构图　　HIPO图　　代码设计　　顺序码　　区间码　　助记码　　概念结构设计　　逻辑结构设计　　物理结构设计　　输入/输出设计

习题

1. 选择题

（1）系统设计的基本任务总体上可以分为哪两个子阶段？（　　）
　A. 总体设计和详细设计
　B. 总体设计和系统物流配置方案
　C. 系统模块设计和详细设计
　D. 详细设计和系统物流配置方案

（2）下列哪一项不是系统划分方法？（　　）
　A. 功能划分法
　B. 顺序划分法
　C. 渠道划分法
　D. 过程划分法

（3）描述模块内部特性的要素有哪些？（　　）
　A. 输入/输出和处理功能
　B. 内部数据和程序代码
　C. 处理功能和程序代码
　D. 内部数据和处理功能

（4）代码的分类不包括下列哪项？（　　）
　A. 顺序码　　　　B. 八进位码
　C. 区间码　　　　D. 上下关联码

（5）下列哪一项用于项目较少、项目内容长且一般不变化的编码，亦可作为其他码分类中细分类的一种补充手段？（　　）
　A. 顺序码　　　　B. 助记码
　C. 十进位码　　　D. 上下关联码

（6）输入/输出设计过程中遵循的基本原则是由什么决定什么的？（　　）
　A. 输出　输入　　B. 输入　输出
　C. 输出　分析　　D. 输出　设计

（7）下列哪项属于概念模型设计的常用方法？（　　）
　A. 自底向上　　　B. 实体分析
　C. 属性分析　　　D. 自顶向下

（8）I/O用户界面的设计特别是数据哪方面的设计对用户使用系统的效率有显著影响？（　　）
　A. 输出界面　　　B. 输入/输出界面
　C. 输入界面　　　D. 数据显示界面

2. 判断题

（1）系统设计是从物流管理信息系统的逻辑模型出发，以系统分析报告为依据，逐步加入物理内容，从抽象又回到具体。（　　）

（2）系统设计中主要包含和运用了层次化、模块化以及信息隐蔽三个结构化原理。（　　）

（3）在实际操作中，常用混合划分法，基于功能和数据分析结果，综合考虑系统环境的真实情况。（　　）

（4）控制信息与数据的主要区别是前者只反映数据的某种状态。（　　）

（5）助记码有信息处理准确度高，对信息的排序、分类、检索等易于操作的特点。（　　）

（6）自底向上法的设计思路是逐步求精的，先明确实体，再明确实体间联系，最后明确实体中属性。   （ ）
（7）根据规范设计法，数据库设计包含六个阶段：需求分析、概念结构设计、逻辑结构设计、物理结构设计、数据库实施、数据库运行维护。   （ ）
（8）数据字典由数据项、数据结构、数据流以及处理逻辑组成。   （ ）

3．简答题

（1）简述系统设计的基本任务。
（2）系统划分的原则有哪些？
（3）简述模块化设计中从数据流程图导出模块结构图的两种策略。
（4）简述代码设计的原则和基本步骤。
（5）结合实际例子，解释代码的校验。
（6）结合实际例子，解释逻辑结构设计中实体转换原则与实体集间转换规则。
（7）在数据库设计中，为什么一般先进行输出设计，再进行输入设计？
（8）输入和输出设计的内容是什么？

4．思考题

（1）试以商场物流管理为例，设计一个包含产品入仓信息、基本情况、人员基本信息以及有关代码对照信息的数据库，提出你的设想方案，并说明其特点。
（2）结合本章所学内容，拟定一个物流管理信息系统应用项目，说明如何进行系统设计以及设计过程中应该注意的问题。

■ 案例分析

某厂库存管理信息系统的分析与设计

一、问题的提出

1．开发背景

某厂是我国的一家老加工企业，随着经济的发展，该厂的生产任务日益繁重，从而对库存管理的要求也更加严格。在传统的手工管理时期，一种物品由进货到发货，要经过若干环节，且由于物品的规格型号繁多，业务人员素质较低等因素，造成物品供应效率低下，严重地影响了企业的正常生产。同时由于库房与管理部门之间的信息交流困难，造成库存严重积压，极大地影响了企业的资金周转速度，另外也使得物资管理、数据汇总成了一大难题。随着信息技术的发展，该厂为了提高库存周转率，加快资金周转速度，决定开发库存管理信息系统。

2．项目目标

充分利用现有的设备，采用 VB6.0 为开发工具，利用 ACCESS 数据库建立一个高效、准确、操作方便，具有专业的查询、更新及统计功能的微机管理信息系统，以满足工作人员进行综合的、模糊的查询及更新要求，从而更加方便地管理库存物品。该系统的开发与建立会在极大限度上提高管理人员、工作人员的工作效率。

二、对现有系统进行需求调查

需求调查是物流管理信息系统分析与设计的基础。要开发并实施一个完整的物流管理信息系统，必须首先理解用户的需求，并形成系统需求说明书。在此基础上才能进行系统分析、系统设计和程序编码等工作。该厂在需求调查过程中发放了八种不同种类的调查表，要求相关人员逐条逐项地填写，从而对其现行系统的业务流程进行了详细的调查。

1．现行系统业务流程

通过大量的调查，了解到当前该厂的业务流程如下：各车间向商品供应部门提出对某种商品的需求计划，仓库将相应的商品发放给各车间，一般要经过计划、库房管理等流程。各业务流程图如图7-19所示。

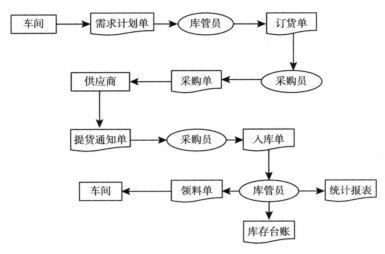

图 7-19　业务流程图

2．现行系统存在的问题

由于采用的是手工管理，账目繁多，且几个仓库之间距离较远，库管员、计划员和有关领导相互之间的信息交流困难，使得物资供应效率低下，影响生产。同时每月生产月末报表会耗费大量的人力，手工处理还容易造成失误，从而影响了数据的准确率，造成了不必要的损失。因此，该厂必须建立相应的库存管理信息系统，使其能根据市场情况，及时合理地采购所需商品，同时又能科学地对商品进行管理，统筹安排人力、物力、财力，有效改善当前管理的混乱状况。

根据对该厂的库存管理情况所做的调查和参考有关资料，发现目前该厂在库存管理方面存在着如下问题：①不能及时获得库存信息；②库存信息不够准确；③无法及时了解车间对库存商品的需求情况。

3．企业库存管理系统的特点

因为传统企业库存管理存在以上的问题难以适应现代库存管理要求，所以现代企业库存管理系统要具有以下特点：①科学的库存管理流程；②商品代码化管理；③库存异常报警。

三、系统分析

系统分析的任务是在全面调查的基础上，通过对现行管理业务的分析，提出系统的目标要求和功能分析的总体逻辑模型。

根据系统调查阶段的数据资料，并依据用户的要求，确定该厂物流管理信息系统的基本功能和工作过程如下：首先车间科室提出需求计划，库房管理员根据库存情况，决定是否需要购货，如不需要购货则通知车间前来取货，否则库房管理员通知采购员购货，当货物到达后进行入库处理并通知车间前来取货。

四、系统设计

1．系统功能结构设计

库存管理信息系统的目标是保障企业生产所需的所有商品供给，并通过有效的管理，提高库存周转率，降低资金占用。我们根据系统分析结果，得出本系统的功能结构如图7-20所示。

计划管理的主要功能是根据各生产部门上报的生产、维修及工程用料计划与已有的采购合同计划和库存情况等信息建立数据库，并及时根据生产计划的变更，修改商品计划，生成商品采购清单。

库存管理模块中的各子模块都由数据录入、修改、删除、查询等模块构成。其中数据录入模块包括对商品库存文件的数据录入、商品购入文件的数据录入、商品出库文件的录入；数据修改是对上述三种文件中的数据

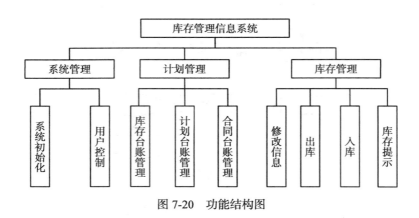

图7-20 功能结构图

进行修改；数据删除同数据修改基本上是一样的，只不过这里是将记录从相应的数据库文件中删除。

2．代码设计

为了和工作人员以往的商品管理方式一致，商品信息编码以数字表示。根据行业标准，所有商品分为19大类（两位数字），每大类又分为若干小类（两位数字），在小类中根据商品规格型号的不同以卡号（四位数字）再进行区分。

此外，为了使数据录入、商品信息管理、信息查询、统计方便、快速，我们还需要根据商品的去向和来源进行统计用信息编码和部门编码。

3．数据库设计

数据库是数据库应用程序的核心。数据库设计是建立一个应用程序最重要的步骤之一。数据库设计一般要在需求分析和数据分析的基础上进行概念设计、逻辑设计和物理设计。

（1）概念设计　经过对该厂的调查我们了解到系统中的实体类型有：供应商、商品、领用单位等。这些实体之间的相互关系有：供应商与商品之间存在"供应"联系，是多对多的；商品与领用单位之间存在"出库"联系，也是多对多的。

每个实体的属性：一是供应商，如供应商编号、名称、地址、电话、传真、银行账号；二是商品，如商品编号、名称、类别、规格、单价、单位、库存量、存放位置、用途；三是车间，如车间编号、名称、联系人、电话。

库存管理的E-R图，如图7-21所示。

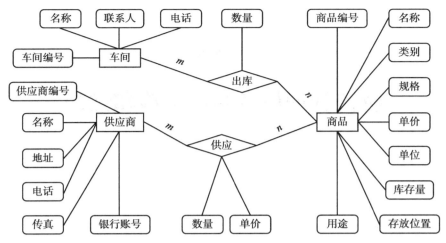

图 7-21 库存管理 E-R 图

（2）逻辑设计　逻辑设计的任务是根据数据库管理系统（DBMS）的特征把概念结构转换为相应的逻辑结构。概念设计所得到的 E-R 模型，是独立于 DBMS 的，这里的转换就是把表示概念结构的 E-R 图转换成关系模型的逻辑结构。将图 7-21 转换为规范的关系模式可得到库存管理系统流程图如图 7-22 所示。

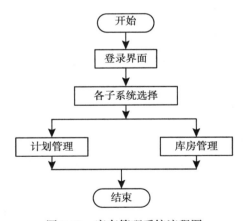

图 7-22 库存管理系统流程图

（3）物理设计　物理设计的目的是根据具体 DBMS 的特征，确定数据库的物理结构（存储结构）。关系数据库的物理设计任务包括：①确定所有数据库文件的名称及其所含字段的名称、类型和宽度；②确定各数据库文件需要建立的索引，在什么字段上建立索引等。

资料来源：××厂库存管理信息系统的分析与设计［EB/OL］．［2023-06-21］．https://www.docin.com/p-311148087.html.

讨论题：

1．结合案例，分析系统设计在开发物流管理信息系统中的作用。现有的系统设计有何缺点以及如何改进？
2．根据所提出的方案，画出相应的数据流程图。

第 8 章

物流管理信息系统实施和维护

学习要点（表8-1）

表 8-1　第 8 章学习要点

知识要点	掌握程度	相关知识
物流管理信息系统实施概述	了解	物流管理信息系统实施的任务和流程；影响系统实施的管理因素和技术因素
系统设计开发	了解	物流管理信息系统的开发包括软硬件的购置和程序的设计
	重点掌握	程序设计的方法包括结构化的生命周期法和快速原型法；程序设计的基本要求和步骤
系统测试和切换	熟悉	系统测试的目的和原则
	重点掌握	静态测试法和动态测试法，黑盒测试法和百合测试法
	熟悉	系统测试的步骤，切换的三种方式：直接切换、并行切换和分段切换
系统维护	了解	系统维护的目的和需要考虑的因素
	熟悉	系统维护的三个内容：程序维护、代码维护和数据库维护
系统评价	熟悉	系统评价的目的是通过对系统运行过程和绩效的审查，检查系统是否达到预期目标，并提出今后系统改进和扩展的方向
	熟悉	系统评价的指标包括经济指标、性能指标和管理指标
系统安全保障机制	熟悉	信息安全的保护机制
	了解	信息系统的安全控制四个方面的措施：人员及制度、硬件设备、软件和数据

引例

2019年上半年物流行业的十大黑科技

5G、人工智能、IoT、AR、无人驾驶……当技术革命大潮涌来,越来越多的物流企业选择拥抱新的科学技术。下面介绍2019年物流行业的十大创新"黑科技"。

1．菜鸟网络：上线"智能供应链大脑"

对多渠道销售的品牌商尤其是食品品牌商来说,供应链管理是企业的命脉所在。一个CEO要做决策,往往需要把每个渠道的数据做深入的分析和比对,才能看出不同渠道的商品库存和销售情况。2月21日,菜鸟打造的"智能供应链大脑"正式上线。该系统最大的特点是可视化、智能,可以打通品牌商在多个平台的数据,并进行实时监控与分析,为品牌打造"看得见的供应链"。通过"智能供应链大脑",可使全盘供应链信息在手机上一览无余。

2．京东物流：建设首个5G智能物流示范园区

3月11日,京东物流上线了全球首套机器视觉批量入库系统,即秒收系统。相比传统的繁重人工操作方式,秒收系统使作业效率提升了10倍以上。不过,最值得行业关注的是其将率先建设5G智能物流示范园区的行动。根据设计思路,京东物流5G智能物流园区会逐步达到一体化、自决策、高智能的目标,促进人、机、车、设备的一体化建设,如自动驾驶、自动分拣以及人机交互的全面统筹协调,实现5G技术在智能物流领域的广泛运用。

3．顺丰科技：发布人工智能系统"慧眼神瞳"

3月7日,顺丰科技对外发布"慧眼神瞳",这标志着顺丰科技人工智能计算机视觉成果在业务场景的正式落地。"慧眼神瞳"是利用各种视频和图像进行自动化分析的人工智能系统。监控摄像头是目前快递企业各业务场景中的标配,其中蕴含丰富的数据资源,但是如果数据没有经过分析和汇总,就发挥不了更大的价值。"慧眼神瞳"就是通过人工智能的高科技手段自动分析这些数据资源,并将其转化为企业管理决策依据。

4．G7公司：发布智能挂车"数字货舱"V9版

3月18日,物联网科技公司G7全新发布了智能挂车"数字货舱"V9版,并搭载了业界首创的"量方"功能。"量方"功能,采用了传感器+AI算法,对舱内货物进行高精度扫描+三维图像建模,最终自动计算出货舱容积占用百分比,实现精准装载。不仅如此,货舱在装载过程中"哪里空""哪里满",都将以全3D方式呈现。通过对货舱空间更合理地利用,时刻保证车辆的真正满载。

5．美团闪购：推出国内首个全自动"无人微仓"

6月17日,美团闪购正式对外发布面向商超、生鲜等零售行业的全新解决方案：无人微仓。该解决方案通过微型前置仓的形式自动化完成零售到家场景订单的拣选和打包问题,从商品推荐、线上下单、智能货架拣货、AGV机器人运输、自动核验、打包到配送实现全自动流程化,完成对商户服务的整体闭环,提升效率、降低成本。该解决方案使经营效率将会得到极大的提升,拣货效率是传统模式的7倍,用机械臂代替人工,多订单并行在高峰时段优势更加明显,空间利用率达到传统模式的4倍,这得益于无人化流程使得货架高度间距进一步优化,支持24小时不间断运行。

6．百度公司：完成全球首次自动驾驶物流闭环

1月9日,CES2019国际消费电子展正式开幕。百度公司Apollo自动驾驶车队用接力的方

式，从长沙出发，乘坐飞机跨越太平洋后，在当天将一个 Apollo 标识的包裹由无人货运车送到美国拉斯维加斯。百度官方表示，这是全球首次自动驾驶物流闭环，也是在 2019 CES 前夕，百度为大家带来的一次自动驾驶成果展示。此外，百度公司还发布了全球首个最全面的智能驾驶商业化解决方案——Apollo Enterprise。据了解，Apollo Enterprise 是提供给全球汽车企业、供应商和出行服务商的一套加速实现智能化、网联化、共享化的，量产、定制、安全的自动驾驶和车联网解决方案。

7．DHL 公司：发布国内首个智能无人机物流解决方案

5 月 16 日，DHL 公司发布了国内首个全自动智能无人机物流解决方案。无人机配送服务航线从 DHL 公司位于广东省东莞市的寮步服务中心到松山湖片区，全程飞行距离约 8 公里，飞行时长 8 分钟，使用亿航开发的最先进的智能无人机——亿航天鹰（Falcon）物流无人机进行派送。DHL 公司的无人机使用模式采用的是设置无人机站点，物流配送人员将物品放入站点后，无人机负责偏远地区该类站点与站点之间的物流配送。由快递人员与最终客户在站点进行货物的派送与签收。

8．Geek+ 公司：展示全新机器人穿梭系统

4 月，在世界级物流盛会 LogiMAT 开展第一天，Geek+ 公司首次公开发布了最新的机器人穿梭系统（Geek Robot Shuttle System），并进行了实际场景动态展示。该系统通过搬运标准货箱或纸箱进行拣选，通过 AI 算法进行智能路径规划，高精度导航，机器人同步支持自动充电功能。据介绍，RoboShuttle 具有极高的柔性，可根据业务需求灵活配置机器人数量，机器人本体稳定性高且易于维护。

9．旷视科技：发布核心产品"河图（Hetu）"

1 月 16 日，旷视科技发布了旷视机器人战略的核心产品——"河图（Hetu）"。这是一套致力于机器人与物流、制造业务快速集成，一站式解决规划、仿真、实施、运营全流程的操作系统。它就像机器人网络的大脑，如果把机器人协同工作的场景比作一场交响乐，那么河图便是乐队的指挥家，能够指挥各类机器人协作演奏业务的交响乐。

10．波士顿动力：物流机器人 Handle 亮相

Handle 是一款专为物流设计的移动操纵机器人，主要用于仓库内的货运搬运工作。同时，波士顿动力也放出了其工作视频，Handle 可以搬运 13.6kg 的箱子。堆叠箱子的深度可达 1.2m、高度可达 1.6m。Handle 机器人身上的视觉系统能够帮寻找货箱和可以用来装载货箱的运货盘。

除了以上十个行业代表，2019 年还有很多值得关注的创新案例，比如说德邦快递的防暴力分拣系统、机械臂、无人机、无人车等黑科技，福特公司与 Agility Robotics 合作研发了更灵活的 Digit 人形机器人，亚马逊公司发布了新型机器人 Pegasus，科纳普公司开发了最新 OSR 穿梭车 Evo+ 系统……这一切都在昭示着一个新物流时代的到来。

资料来源：2019 年上半年，物流行业的十大"黑科技"[EB/OL]．[2023-06-21]．https://www.chuji56.com/article-item-75.html．

讨论题：

1．延伸阅读，思考众多物流行业热衷于应用黑科技的原因。

2．结合案例，讨论物流企业开发新系统解决了原有系统的什么问题？

物流管理信息系统实施阶段将工作重点从创造转入实践，是物流管理信息系统开发的最后阶段。系统实施阶段的主要工作包括系统硬件的购置与安装、程序的编写（购买）与调试、系统操作人员的培训、系统有关数据的准备和录入、系统的调试和转换。新的系统规模越大，实施阶段的任务就越复杂。为此，在系统正式实施开始之前，就要制订出周密的计划，并且要严格监督计划的执行，以保证系统实施工作的顺利进行。本章主要介绍物流管理信息系统实施的任务、步骤，系统的开发、测试以及切换等内容。

8.1 物流管理信息系统实施概述

物流管理信息系统实施是在系统设计的基础上进行的，是将系统设计的结果付诸实践的阶段。它包括计算机系统硬件、软件和附属设备等的建设工作，程序的编制与测试，人员的培训，组织系统测试和调试，实现系统的转换等。如果说物流管理信息系统的建立如同建造一座大厦，那么系统分析和设计就是绘制大厦的蓝图，而系统实施则是应用人力、物力和财力，将图纸上的大厦变为一座实物。

8.1.1 物流管理信息系统实施的任务

系统实施阶段的主要任务是将新系统的物理模型变成可运行的计算机可执行模型，它包括购置硬件、购置软件、程序设计、数据收集与录入、人员培训、系统测试、系统调试和系统转换等各项工作。

系统实施阶段的成果主要有系统全套文档，包括系统的软件设计说明书、测试分析报告、源程序清单、用户使用说明书和系统验收报告。因此，系统实施的主要活动包括：编制程序，调试和测试程序，系统转换，培训和编写文档等。

系统实施的内容及流程如图 8-1 所示。

8.1.2 物流管理信息系统实施的影响因素

由于物流管理信息系统的复杂性，有很多因素都会对系统的实施造成影响。这些影响因素包括管理因素和技术因素。

1. 管理因素

物流管理信息系统的实施涉及开发人员、测试人员和各级管理人员，同时还涉及大量的物质、设备和资金。在系统实施的过程中，如果没有强有力的管理措施来协调各类人员和物资，系统实施工作就无法顺利地进行。系统开发方和企业要各尽其职，开发方应专注于物流管理信息系统的开发工作，并做好相关的数据保密工作。企业则应该配合系统开发方提供相应的信息，对人员进行培训，促进系统实施工作的顺利进行。

（1）设备管理　系统实施的顺利与否同系统所使用的设备密切相关。一方面，好的硬件设备能使系统运行更加高效；另一方面，原有设备对新系统的适应性也直接影响到新系统的实施效果和实施过程所消耗的时间。

（2）资金管理　在整个系统的实施过程中，从软硬件的购置、人员的培训，到系统的调试和转换,都需要大量的资金支持。若资金不能按时或按量投入,则可能会影响到系统实施的进度和质量。

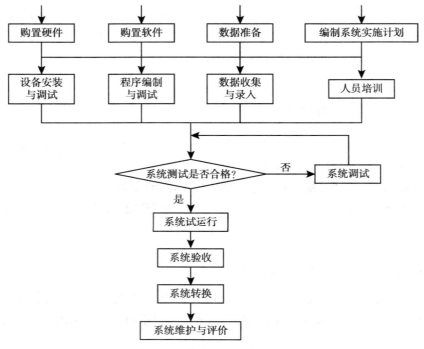

图 8-1　系统实施的内容及流程

(3) 信息管理　系统实施过程中会涉及各种信息,这些信息既包括用户的需求信息也包括企业内部的数据信息。在系统实施阶段一定要充分考虑到这类信息的价值。如用户的操作习惯和企业数据的保密程度等,都应在程序设计和数据收集的过程中做好相关的处理工作,只有这样才能保证系统能够真正满足用户需求。另外,由于物流管理信息系统可能涉及企业以外的供应链上其他合作伙伴的信息,故对信息收集的完整性、可靠性和安全性等会有更高的要求。

(4) 人员管理　系统的实施涉及的人员包括系统开发人员、系统测试人员、企业管理者、系统操作用户等。对系统开发和测试人员的管理应强调让他们按照进度安排进行系统开发工作,并遵守相关的保密协议。对操作用户的管理主要集中在用户培训和思想教育上,保证新系统能被操作用户所接受和使用。而企业的管理者应该积极支持系统的实施,配合开发人员的工作。只有各方面的管理工作都到位,才能保证新系统的顺利实施和高效运行。

2. 技术因素

影响物流管理信息系统实施的技术因素主要包括三个方面:数据整理及规范化、软硬件及网络环境的建设、开发技术的选择和使用。

(1) 数据整理及规范化　物流管理信息系统的成功实施依赖于企业准确、全面、规范化的基础数据。系统的硬件、软件是可以购置的,而企业的基础数据只有靠企业自己去整理和规范化,是系统能否正常运行的源头因素。物流管理信息系统犹如一个数据加工厂,没有高质量的数据原材料，很难得到高质量业务解决方案的产品。

（2）软硬件及网络环境的建设　建设物流管理信息系统的软硬件及网络环境也是一项技术很高、工作量大的任务。它是物流管理信息系统运行的基础设施和平台。如果它不能很好地工作，物流管理信息系统运行的稳定性也无从保证，因此它是企业应用的前提和基石。

（3）开发技术的选择和使用　系统实施的关键任务是通过开发人员编程得到最终的物流管理信息系统应用程序。根据系统的设计文档，如何快速开发物流管理信息系统，实现预定的功能和性能，并且有可扩充性和易维护性、符合开发系统的标准是系统实施面临的主要技术问题。

物流管理信息系统实施的影响因素如表8-2所示。

表 8-2　物流管理信息系统实施的影响因素

分类	影响因素
管理因素	设备管理
	资金管理
	信息管理
	人员管理
技术因素	数据整理及规范化
	软硬件及网络环境的建设
	开发技术的选择和使用

8.2　系统设计开发

物流管理信息系统的开发包括购置支撑系统的硬件、软件和程序设计三方面内容。其中程序设计将是本节的重点内容。

8.2.1　购置硬件

按总体设计方案购置和安装计算机网络系统，具体包括计算机主机、输入/输出设备、存储设备、辅助设备和通信设备等。

┊知识链接┊

软件定义网络

软件定义网络（Software Defined Network，SDN）是由美国斯坦福大学Clean-Slate课题研究组提出的一种新型网络创新架构，可通过软件编程的形式定义和控制网络。由于其具有控制平面和转发平面分离及开放性可编程的特点，被认为是网络领域的一场革命，为新型互联网体系结构研究提供了新的实验途径，也极大地推动了下一代互联网的发展。

传统网络世界是水平标准和开放的，每个网元可以和周边网元进行互联。而在计算机的世界里，不仅水平是标准和开放的，同时垂直也是标准和开放的，从下到上有硬件、驱动、操作系统、编程平台、应用软件等，编程者可以很容易地创造各种应用。从某个角度和计算机对比，在垂直方向上，网络是"相对封闭"和"没有框架"的，在垂直方向创造应用、部署业务是相对困难的。但SDN将在整个网络（不仅仅是网元）的垂直方向变得开放、标准化、可编程，从而让人们更容易、更有效地使用网络资源。

因此，SDN技术能够有效降低设备负载，协助网络运营商更好地控制基础设施，降低整体运营成本，成为最具前途的网络技术之一。

物流管理信息系统是以电子计算机及网络通信技术为基础的，它们对环境有一定的要求，其中包括清洁、温度、湿度、电源、各种热噪声等多种因素。环境对系统的可靠性是十分重要的。所以，为信息系统购置硬件设备是系统实施过程中非常基础和重要的一环。

设备购置需要考虑的因素包括性能（如可靠性、稳定性）、价格、售后服务和商家信誉等。购置的设备还要有灵活性和应变能力，从而适应信息技术的发展变更。

:延伸阅读:

常见的数据库系统软件

1. DB2

DB2 是 IBM 出口的一系列关系型数据库管理系统，分别在不同的操作系统平台上服务。虽然 DB2 产品是基于 UNIX 的系统和个人计算机操作系统，在基于 UNIX 系统和微软在 Windows 系统下的 Access 方面，DB2 追赶了 Oracle 的数据库产品。

DB2 主要应用于大型应用系统，具有较好的可伸缩性，可支持从大型机到单用户环境，应用于 OS/2、Windows 等平台下。DB2 提供了高层次的数据利用性、完整性、安全性、可恢复性，以及小规模到大规模应用程序的执行能力，具有与平台无关的基本功能和 SQL 命令。DB2 采用了数据分级技术，能使大型机数据很方便地下载到 LAN 数据库服务器，使得客户机/服务器用户和基于 LAN 的应用程序可以访问大型机数据，并使数据库本地化及远程连接透明化。它以拥有一个非常完备的查询优化器而著称，其外部连接改善了查询性能，并支持多任务并行查询。DB2 具有很好的网络支持能力，每个子系统可以连接十几万个分布式用户，可同时激活上千个活动线程，对大型分布式应用系统尤为适用。

2. Oracle

Oracle Database，又名 Oracle RDBMS，简称 Oracle，是甲骨文公司的一款关系数据库管理系统，到目前仍在数据库市场上占有主要份额。劳伦斯·埃里森和他的朋友在1977年建立了软件开发实验室咨询公司（Software Development Laboratories，SDL）。

Oracle 数据库是一种大型数据库系统，一般应用于商业和政府部门，它的功能很强大，能够处理大批量的数据，也常用于网络方面。不过，一般的中小型企业都比较喜欢用 MySQL、SQL Server 等数据库系统，因为它们的操作很简单，功能也非常齐全。

3. Informix

Informix 是 IBM 公司出品的关系数据库管理系统（RDBMS）家族。作为一个集成解决方案，它的定位是作为 IBM 在线事务处理（OLTP）旗舰级数据服务系统。IBM 对 Informix 和 DB2 都有长远的规划，两个数据库产品互相吸取对方的技术优势。

4. Sybase

Sybase 是美国 Sybase 公司研制的一种关系型数据库系统，是一种典型的 UNIX 或 Windows NT 平台上，客户机/服务器环境下的大型数据库系统。Sybase 提供了一套应用程序编程接口，可以与非 Sybase 数据源及服务器集成，允许在多个数据库之间复制数据，适于创建多层应用。系统具有完备的触发器、存储过程、规则以及完整性定义，支持优化查询，具有较好的数据安全性。Sybase 通常与 Sybase SQL Anywhere 用于客户机/服务器环境，前者作为服务器数据库，后者为客户机数据库，采用该公司研制的 PowerBuilder 开发工具，在我国大中型系统中具有广泛的应用。

5．SQL Server

SQL Server 是一种关系数据库管理系统。它最初是由 Microsoft、Sybase 和 Ashton-Tate 三家公司共同开发的，于 1988 年推出了第一个 OS/2 版本。在 Windows NT 推出后，Microsoft 与 Sybase 在 SQL Server 的开发上分道扬镳，Microsoft 将 SQL Server 移植到 Windows NT 系统上，专注于开发推广 SQL Server 的 Windows NT 版本；Sybase 则较专注于 SQL Server 在 UNIX 操作系统上的应用。

资料来源：数据库类型［EB/OL］.［2023-06-21］. http://wenku.baidu.com/view/d5a89cc6bb4cf7ec4afed098.html.

8.2.2　购置软件

软件购置的重点是操作系统软件和数据库软件的选购。

1）常用的服务器操作系统有 Linux 操作系统和 Windows 操作系统。两者的比较如表 8-3 所示。

表 8-3　Linux 操作系统与 Windows 操作系统的比较

操作系统类型	Linux	Windows
优点	免费；开放的源代码，可任意修改源代码，没有隐藏的 bug；较强的兼容性、安全性和稳定性	易于安装和运行；可选用的软件较丰富
缺点	兼容性较差；维护成本相对偏高	安全问题频繁；价格较昂贵
支持的数据库	Oracle，DB2，Sybase，Informix，Progress	Oracle，DB2，Sybase，SQL server，Access，FoxPro

2）操作系统选好后，可以进行数据库管理系统的选择。对于大型物流管理系统，在选择数据库管理系统时需要认真考虑的指标包括安全性、兼容性和操作性。

3）对于使用物流信息系统的普通个人计算机，当系统是基于 C/S 模式时，有时需要安装相应开发工具的客户端软件。如果物流系统集成了地理信息技术、全球定位系统、虚拟现实技术等技术时，也需要购买相应的配套软件。

│延伸阅读│

软件架构与 Layers 架构模式

软件架构（Software Architecture）是一系列相关的抽象模式，用于指导大型软件系统各个方面的设计。软件架构是一个系统草图，它描述的对象是直接构成系统的抽象组件。各个组件之间的连接则明确和相对细致地描述组件之间的通信。根据 Linda Rising 的《Pattern Almanac》一书，已知的架构模式有七十多种，其中较为经典的包括 Layers、Bridge、Facade、Interpreter、Mediator 等。本书只介绍 Layers 架构模式。

在收集到用户对软件的要求之后，架构设计就开始了。架构设计的一个主要目的，就是把系统划分成很多"板块"。划分的方式通常有两种，一种是横向划分，一种是纵向划分。

横向划分将系统按照商业目的划分。比如，一个书店的管理系统可以划分为进货、销售、库存管理、员工管理等。

纵向划分则不同，它按照抽象层次的高低，将系统划分成"层"，或叫 Layer。比如，一个公司的内网管理系统通常可以划分为下面的几个 Layer：

1）网页，也就是用户界面，负责显示数据、接受用户输入。

2）领域层，包括 JavalBean 或者 COM 对象、B2B 服务等，封装了必要的商业逻辑，负责根据商业逻辑决定显示什么数据，以及如何根据用户输入的数据进行计算。

3）数据库，负责存储数据，按照查询要求提供所存储的数据。

4）操作系统层，比如 Windows NT 或者 Solaris 等。

5）硬件层，比如 SUN E450 服务器等。

有人把这种 Layer 称为 Tier，但是 Tier 多带有物理含义。不同的 Tier 往往位于不同的计算机上，由网络连接起来，而 Layer 是纯粹逻辑的概念，与物理划分无关。

Layers 架构模式的好处：任何一层的变化都可以很好地局限于这一层，而不会影响到其他各层；更容易容纳新的技术和变化，Layers 架构模式容许任何一层变更所使用的技术。

资料来源：姜方桃，邱小平. 物流信息系统[M]. 西安：西安电子科技大学出版社，2019：202.

8.2.3 程序设计

程序设计是指程序设计人员依据系统设计中对各个功能模块的功能描述，如输入输出的格式、数据库的格式以及模块的处理功能等，运用相应的程序设计语言所编制的应用程序。程序编制的依据是结构图、判断树、判断表、模块说明书及系统流程图等。

1. 程序设计方法

程序设计的方法与系统分析和设计的方法是配套的。一般来说，软件生存周期包括软件定义、软件开发、软件使用与维护三个部分，并可进一步细分为可行性研究、需求分析、概要设计、详细设计、实现、组装测试、确认测试、使用、维护和退役等阶段。然而，软件开发各个阶段之间的关系不完全是顺序的、线性的，相反，可能是带有反馈的迭代过程。按照软件生命周期各个阶段的过渡和执行时间的特点，程序设计方法主要可以分为如下两大类：

（1）结构化生命周期法程序设计　生命周期法是广泛应用的系统开发方法，它将信息系统比作生物的一个生命周期，有开始、中间及结束等不同阶段，对应每个阶段都有特定的工作内容，完成上一个阶段的目标才可以进入下一个阶段，这种方法在复杂的大中型项目开发中被普遍采用。

生命周期法把系统生命周期分为以下五个阶段：

1）阶段一：项目定义。本阶段的主要工作是论证建设新的信息系统的必要性，并提出初步设想，参考原有旧系统提出新系统相比于旧系统改造后的系统目标、制订系统建设的初步计划。所有这些内容都以"项目扩建书"的形式，书面提交相关管理部门审批。

2）阶段二：系统分析。系统分析人员可以对原有旧系统进行详细的调查，观察其运行过程并对其存在的问题进行分析，找出解决这些问题的各种方案，评价每种方案的可行性，提出可行性报告和用户需求报告，明确用户的基本需求；如果用户首次使用软件系统，系统分析人员需通过与用户交谈，收集用户需要的各种报告、表格和文档，或者发放调查问卷等多种形式，分析并确定用户有哪些信息需求必须被满足。这样后续工作才能顺利展开，用户说明书才会更有价值。

3）阶段三：编程。把设计分析阶段完成的规格说明书转换成软件的程序代码的过程，系统分析与设计人员要与程序员一道共同完成程序设计文档的编写，程序员再写出相应的程序代码，规范的文档是设计人员与编程人员沟通的主要工具。

4）阶段四：安装。本阶段包括测试、培训和转换三项主要任务。测试用来验证新系统技术上和业务功能上的正确性；培训要对系统维护人员和最终使用该系统的直接用户分别进行；转换要求对旧系统向新系统过渡列出一个详尽的转换计划，确保转换的平稳性与安全性。

5）阶段五：实施与评价。本阶段包括用户使用、评价和系统维护等内容。当系统投入使用后，用户与系统技术专家要对系统进行全面评审，以确定新系统是否达到了预想的目标，是否需要进行修正和改进；同时在系统使用的过程中，为改正错误和提高系统的效率，需要制订详细的计划不断对系统进行评价维护。

生命周期法的特点：非常强调计划性，排斥不确定性，对于不确定的工作也要求排出严格的计划，比如修改计划；强调分工，从设计到生产各个阶段都有详细的划分；强调合作，要求所有工作人员的构思、创意和设计都必须有可以与他人交流的书面或其他形式的文档记载，以确保项目顺利由多人合作完成；强调标准化和规范化，排斥个性化和自由发挥。

生命周期法的主要缺点是过于耗费资源，搜集资料书写各种文档的工作量极大，耗费大量人力物力和时间。生命周期法同时缺乏灵活性，这种方法对如何修改系统分析和系统设计的结果规定了相应的程序。

（2）快速原型法程序设计　快速原型法程序设计的基本思想是1997年开始提出的，它试图改进结构化生命周期系统开发方法的缺点，由用户与系统分析设计人员合作，在短期内确定用户的基本需求，开发出一个功能完善、实验性、简易的应用软件基本框架。先运行这个原型，再不断评价和改进原型，使之逐步完善。其开发过程是一个分析、设计、编程、运行、评价多次重复和不断改进的过程。快速原型法程序设计目前有两大类：抛弃型原型和进化型原型。

快速原型法开发方法流程图如图8-2所示，快速原型法的开发方法可以归纳为如下几个阶段：

1）阶段一：识别基本需求。系统开发人员向用户了解用户对信息系统的基本要求，即应该确定基本功能项、人机交互界面形式等。

2）阶段二：开发初始原型。在对系统有了基本了解的基础上，系统开发人员应争取尽快建造一个具有这些基本功能的系统原型。

3）阶段三：用户和开发人员评审。用户和开发人员一起对刚完成的或经过若干次修改后的系统进

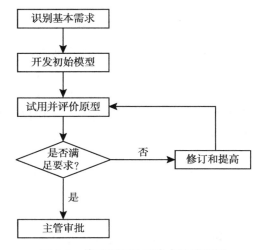

图 8-2　快速原型法开发方法流程图

行评审，提出不足和完善意见。

4）阶段四：**修改系统原型**。开发人员根据用户的意见对原始系统进行修改、扩充和完善。开发人员在对原始系统进行修改后，要不断与用户一起对完成的系统进行评审，如果不满足要求，则要进行下一轮循环，如此反复地进行修改、评审，直到用户满意为止。

5）阶段五：**投入使用**。如果经用户评审，系统符合要求，则可根据开发原始系统的目的，或者作为最终的信息系统投入正常运行，或者是把该系统作为初步设计的基础。

快速原型法的适用范围是比较有限的，对于小型、简单、处理过程比较明确、没有大量运算和逻辑处理进程的系统比较适用。其最大优点是能够提高用户的满意度，尤其是最终用户的满意度；周期短、成本低也是快速原型法很显著的优点。

快速原型法存在以下不足使其不能代替经过仔细需求分析和结构化设计的开发方法，不能代替有严谨正规文档的传统生命周期法。

首先，使用快速原型法开发时，测试和文档工作常常容易被忽略。开发者总是倾向于把测试工作简单地推给用户，使测试工作进行得不彻底，将给系统留下隐患，源于开发者对系统的使用者生疏或业务不了解，开发者也容易忽略正式文档的编写，他们认为编写文档太费事，系统又不太容易改变，即使做了文档又很快地失效。由于缺乏有效完整的文档，使系统运行后很难进行正常的维护。

其次，快速原型法的另一个缺点是运行的效率可能会比较低。最原始的原型结构不一定合理，以此为模板多次改进后的最终系统可能会保留这种结构的不合理性。用户一般都意识不到重新进行编码的必要性，而满足于系统已经具有了所需要的功能。当系统运行于大数据量或者多用户环境中时，运行的效率往往会降低。这种结构不合理的系统通常也是难以维护的。正确的方法是将其重新编写，但这要付出额外的代价。

综上，快速原型法不适合开发大的系统。除非进行了彻底的需求分析，否则，人们至今尚不知道应该如何生成大系统的原型。如果能把大系统分解成一系列的小系统，就可以用快速原型法对每个小系统进行有效的开发，但是这种分解工作是十分困难的，一般也需要先进行彻底的需求分析。对于批处理系统和含有复杂的逻辑处理功能的系统以及含有大量计算的小系统，也不宜采用快速原型法进行开发。

2．程序设计的基本要求

一般认为衡量程序质量的指标如下：

（1）**可靠性** 这是对程序的最低要求，即程序必须能够实现系统的功能，满足系统设计时的要求。可靠性指标包括两方面的内容：一方面是程序或系统的安全可靠性，如数据存取的安全可靠性、通信的安全可靠性、操作权限的安全可靠性，这些工作一般都要靠系统分析和设计时严格定义；另一方面是程序运行的可靠性，这一点只能靠系统调试时严格把关来保证。

（2）**规范性** 规范性即系统的划分、程序的书写、变量的命名等都应该按照统一的规范进行。这对今后程序的阅读、修改和维护都是十分重要的。

（3）**可维护性** 程序的设计必须要考虑到将来为完善系统可能做出的修改，应尽量避免在维护程序时出现"牵一发而动全身"的连锁反应。一个规范性、可读性、结构划分都很好的程序模块，其可维护性也是比较好的。

（4）**可读性** 程序的设计要尽量简明，没有太多繁杂的技巧，能使他人容易读懂，以方便维护和检测人员查找错误或更新程序。

（5）效率高　程序设计时不仅要考虑系统的正常工作，还要尽量使用最高效的算法让系统能高效率地工作。

（6）实用性　实用性是指从用户的角度来审查系统各部分都非常方便实用。系统最终是要交由用户来操作的，因此，在程序设计时必须充分考虑用户的需求和操作习惯，尽可能地方便用户。

为了提高程序设计质量，必须考虑到以下要求：

（1）程序内部文档化的要求　程序的内部文档是指程序内部带有的说明材料。内部文档可以用注释语句书写，程序中的注释是程序设计者和阅读者进行交流的重要工具，正确的注释有助于阅读者对程序的理解。另外，修改程序时也要对注释做出相应的修改，注释要适当，是对程序段进行的，而不是对每个语句都做注释。

（2）数据说明的格式要求　数据说明的次序应标准化，如按数据结构和数据类型确定说明次序，但对多个变量在一个语句中说明时，应该按字母顺序排列，以避免遗漏或重复。如果在程序设计时使用了一个复杂的数据结构，则需要用注释说明程序设计语言实现这个数据结构的方法和特点。

（3）语句构造要求　在书写程序时要使用简单清晰的语句构造：不要为了节省空间，而把多个语句写在同一行；尽量避免复杂的条件判断测试；尽量减少对"非"条件测试；尽量少使用嵌套；尽量使用括号，这样可以使逻辑表达式或算术表达式的运算次序清晰直观。

（4）输入输出要求　主要有：输入数据要有完善的检验措施；输入格式设计要简单、直观，布局合理；明确提示交互输入请求；输出报表要易读、易懂，符合使用者的要求和习惯。

（5）程序运行要求　主要有：编程前要优化算法；仔细研究循环条件及嵌套，检查是否有语句从内向外移；尽量避免使用多维数组；尽量避免使用指针和复杂的数据结构；不混合使用不同的数据类型。

3. 程序设计的步骤

程序设计的步骤（见图 8-3）如下：

1）理解设计要求。首先应仔细阅读系统设计说明书，明确程序所要完成的任务、功能和目标以及相关环境。

2）选择编程工具，熟悉开发环境，包括计算机的性能、操作系统、程序设计语言与数据库管理系统。

3）编写程序。采用程序设计语言，按其规定的语法规则把确定的流程描写出来。

4）调试程序。编写完毕后，要对程序的正确性进行测试。程序执行中常见的错误有语法错误和逻辑错误。

5）编写程序使用说明书。说明执行该程序需要使用的设备，输入、输出的安排，操作的步骤，以及出现意外情况的应对措施等，为系统管理员和使用人员提供好的参考，确保程序有条不紊地运行。

图 8-3　程序设计的步骤

8.3　系统测试和切换

系统测试是保证系统质量和可靠性的重要环节。在程序设计的过程中，错误是在所难免的。这些错误主要包括编程时的语法错误，算法或逻辑上的错误，近似算法错误，输入错误，数据结构在实践中的缺陷和系统说明书的缺陷所造成的错误等。系统测试就是为了发现错误而进行系统实验的过程。

8.3.1　系统测试的目的和原则

1. 系统测试的目的

测试就是为了发现程序中的错误而执行程序的过程。好的测试方案是能够发现迄今为止尚未发现的错误的测试方案。成功的测试是发现了至今尚未发现的错误的测试。

总之，系统测试的目的就是发现错误。应该把查出新错误的测试看作成功的测试，没有发现错误的测试看作失败的测试。

2. 系统测试的原则

为了保证系统测试的有效性，在测试过程中应该遵循以下原则：
1）确定预期输出是测试情况必不可少的一部分。
2）程序员应避免测试自己的程序。
3）测试用例的设计和选择、预期结果的定义要有利于错误的检测。
4）设计测试用例数据要包括正确的数据、错误的数据和异常的数据。
5）要严格执行测试计划，排除测试的随意性。

8.3.2　系统测试的方法

1. 静态测试方法

静态测试是指不在机器上实际执行程序，而是通过其他方式静态地检查程序或代码中的错误。静态测试的方法包括程序审查会、人工运行和静态检验。

（1）程序审查会　程序审查会是让一组人员通过阅读程序代码并进行一系列的讨论，对原程序进行分析，查找错误的方法。审查小组中的成员必须要在审查会之前充分阅读需要审查的程序文档和设计规范。在审查会上由程序设计人员讲解程序的逻辑结构。审查会期间，审查小组成员要通过激烈讨论找出错误。审查小组通常由下述四类人员组成：
1）调解人，他应该是一个能力很强的程序员，安排并主持会议。
2）程序编写者，他是被审查的程序的作者。
3）程序设计者。
4）程序的测试者。

（2）人工运行　人工运行也是小组阅读程序的一种测试方法。人工运行的第一步与程序审查一样，需要在会议之前向小组成员提交程序文档和设计规范，但在会议期间所采取的步骤与程序审查会不同。人工运行不是简单地阅读程序，而是要求与会者使用测试数据模拟"计算机"运行，就是由与会人员沿着程序的逻辑把测试的数据走一遍，得到一系列的输入情况和输出情况。

（3）静态检验　静态检验可以看作一个人参加的程序审查会或人工运行。该方法由一个人反复阅读程序，并依照错误清单检查程序的语法和逻辑错误，或者用测试数据把程序走一遍。

2. 动态测试方法

动态测试法是指在测试之前就设计好测试用例，然后在计算机上运行程序，通过测试用例去发现错误。动态测试方法可分为黑盒测试法、白盒测试法和逻辑覆盖测试法。

（1）黑盒测试法　黑盒测试法完全不考虑程序的内部结构和内部特征，而只是根据程序功能导出测试用例。常用的黑盒测试有等价分类法、边值分析法、因果图法和错误推测法。

1）等价分类法。黑盒测试的等价分类法主要是选取少量最有代表性的输入数据，以期用较小的代价暴露出较多的程序错误。等价分类法是把所有可能的输入数据（有效的和无效的）划分成若干等价类，使每一类中的一个典型数据在测试中的作用与这类中的所有其他数据的作用相同。因此，在实际进行测试时，可以从每个等价类中只取一组数据作为测试用例。由此可知，等价分类法可分成两步：①划分等价类，包括有效等价类和无效等价类。②从每个等价类中选取测试用例。

划分等价类的基本方法：根据程序的功能说明，找出所有的输入条件，然后为每一个输入条件划分等价类。另外，在划分等价类时，一般遵循如下标准：完备测试、避免冗余；划分等价类重要的是集合的划分，划分为互不相交的一组子集，而子集的并集是整个集合；子集的合并要保证初始集合的完备性；子集互不相交，保证一种形式的无冗余性；同一类中标识（选择）一个测试用例，同一等价类中，往往处理相同，相同处理映射到"相同的执行路径"。

2）边值分析法。经验表明，程序错误往往发生在边缘情况。因此，考虑边界条件的测试比没有考虑边界条件的测试效果要好得多。特别要指出的是，边值分析不是从等价类中随便选一个例子作为代表，而是着眼于使该等价类的边界情况成为测试的重要目标来选取测试用例，并且边值分析不仅考虑输入条件，还要考虑输出条件。

采用边值分析设计测试的原则如下：如果输入条件规定了值的范围，则要对这个范围的边界情况以及稍超出范围的无效情况进行测试。如果输入条件规定了值的个数，则要分别对值的最大个数、最小个数、稍多于最大个数及稍少于最小个数的情况进行测试。

3）因果图法。等价分类法与边值分析的缺点：只是独立地检查了各输入条件，而没有检查各输入条件的组合。因果图法是设计测试用例的一种系统方法，有助于测试人员系统地选择高效的测试用例。其基本思想是把输入条件视为"因"，输出条件视为"果"，把黑盒视为从因到果的逻辑网络图。通过因果图可以得到一张判定表，然后为判定表的每一列设计测试用例。

4）错误推测法。错误推测法也称猜错法，它无一定规则可循，在很大限度上是凭经验或直觉推测程序中可能存在的各种错误，从而有针对性地编写测试用例。

（2）白盒测试法　白盒测试根据对程序内部逻辑结构的分析来选取测试用例。由于测试用例对程序逻辑覆盖的程度决定了测试完全性的程度，因此白盒测试也称为逻辑覆盖测试。白盒测试用例的设计准则有语句覆盖、分支覆盖、条件覆盖和组合条件覆盖。

1)语句覆盖。语句覆盖准则是企图用足够多的测试用例,使程序中的每个语句都执行一遍,以尽可能多地发现程序中的错误。

例如,某程序段为

IF(a>5 and b=0)THEN x=x/a

IF(a=6 or x>1)THEN x=x+5

白盒测试法示例如图8-4所示,可以看出只要经过路径ACE就将所有语句都执行了一遍;取a=6,b=0,x为任何值便可完成测试任务;但是这个测试用例不能查出以下错误,第一个语句中的and误写为or,第二个语句中x>1误写为x=1,语句覆盖很脆弱,通常不宜采用。

2)分支覆盖。分支覆盖准则也称判定覆盖准则。它要求通过足够多的测试用例,使程序中的每个分支至少通过一次。如在图8-4中,需要通过ACE和ABD两条路径。为此,可以选用下列两个测试用例。

例1:a=6,b=0,x=2　　(测试路径ACE)

例2:a=5,b任意,x=1　　(测试路径ABD)

也就是说,通过两次测试,就可以使程序的每个分支都通过一次。

分支覆盖准则比语句覆盖准则严密了一些,但还是不够充分。这是因为在一个判定中往往包含多个条件,而用分支覆盖准则并没有考虑将每个条件都测试一次。例如,如果将第二个语句中的条件"a=6"误写为"a=7",则上述两个测试用例就发现不了程序中的这个错误。

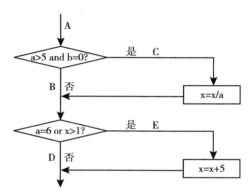

图8-4　白盒测试法示例

注:A、B、C、D和E为程序运行可能经过的路径。

3)条件覆盖。条件覆盖准则是通过执行足够多的测试用例,使每个判定中的每个条件都能取到两种不同的结果("真"与"假")。例如,上述例子中共有四个条件,用以下两个测试用例便可使每个条件都能取到"真"值和"假"值。

例1:a=6,b=1,x=1("a>5"为真,"b=0"为假,"a=6"为真,"x>1"为假)。

例2:a=5,b=0,x=3("a>5"为假,"b=0"为真,"a=6"为假,"x>1"为真)。

4)组合条件覆盖。通常,条件覆盖要比分支覆盖优越,但是条件覆盖并不能完全满足分支覆盖。例如,上述条件覆盖所使用的两个测试用例不能使第一个判定框为"真",也不能使第二个判定框为"假"。于是,人们便提出一种更强的准则:组合条件覆盖准则。

组合条件覆盖准则要求通过足够多的测试用例,使每个判定中各条件的各种可能组合至少出现一次。对上述例子来说,第一个判定框中的两个条件有以下四种组合:

条件组合1:a>5,b=0。

条件组合2:a>5,b不为0。

条件组合3:a≤5,b=0。

条件组合4:a≤5,b不为0。

而第二个判定框中的两个条件也有以下四种组合:

条件组合5:a=6,x>1。

条件组合6:a=6,x≤1。

条件组合 7：a 不为 6，x>1。
条件组合 8：a 不为 6，x≤1。
下面的四个测试用例就可以覆盖上述八种可能的条件组合：
① a=6，b=0，x=4（覆盖条件组合 1、5）。
② a=6，b=1，x=1（覆盖条件组合 2、6）。
③ a=5，b=0，x=2（覆盖条件组合 3、7）。
④ a=5，b=1，x=1（覆盖条件组合 4、8）。

组合条件覆盖既能满足分支覆盖也能满足条件覆盖，但它也不是完全测试，如果仔细检查上述四个测试用例，就会发现漏掉了路径 ACD。

（3）逻辑覆盖测试法　用白盒测试法测试软件模块时要对程序中的所有路径进行测试。但当程序中存在循环时，想要测试程序中的每一条独立路径是不可能的。例如，一段循环嵌套程序共有 5 条路径，若该程序循环执行 20 次，则共有 520 条可执行路径。显然，穷尽程序的独立路径数是非常庞大的，要想执行每一条通路是不可能的。而逻辑覆盖测试法则只要求至少将模块中的每一分支方向测试一次即可。对循环语句，只需测试循环语句是否执行即可，不必测试每次循环的情况。

8.3.3　系统测试的步骤

系统测试工作有以下 5 个步骤：单元测试、集成测试、确认测试、系统测试和验收测试。以上 5 个步骤的每一步都是在前一步的基础上进行的。系统测试步骤如图 8-5 所示。

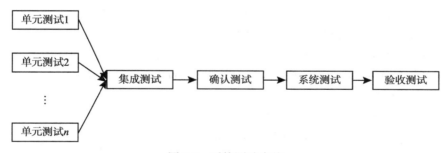

图 8-5　系统测试步骤

1. 单元测试

单元测试的对象是系统设计的最小单位——模块，又称为模块测试（Module Testing）。单元测试的依据是详细的设计描述，即模块说明书。单元测试的目的是对模块的功能与定义模块的规范进行比较，以便发现模块内部的错误，从而保证每个模块能够作为一个单元独立运行。

单元测试的内容主要包括模块接口测试、数据结构测试、边界条件测试、独立执行通路测试和出错处理通路测试。

（1）模块接口测试　模块接口测试用以确认数据能否正确地输入、输出。它是单元测试的基础，如果所测试模块的数据流不能正确地输入、输出，则无法进行其他的测试。

（2）数据结构测试　数据结构测试是确认内部数据的结构、形式及其相互关系是否正确。

（3）边界条件测试　边界条件测试是确认在边界上的数据能否得到正确的执行。模块最容易出现错误的地方就是边界，因此要重点测试数据流在刚好等于最大值或最小值的情况。

（4）独立执行通路测试　独立执行通路测试是指对模块中的每一条独立执行路径进行测试。对路径进行测试是最基本的任务，由于不能进行穷举测试，需要精心设计测试用例，发现因错误计算、不正确的比较和不适当的控制流所造成的错误。

（5）出错处理通路测试　一个好的设计应该能够预测到各种出错条件，并预设各种出错处理的通路，这些通路同样需要进行测试。出错处理通路测试用以确认出错处理措施是否有效，异常错误是否会造成整个系统的崩溃。

2. 集成测试

在单元测试的基础上，需要按照设计时做出的结构图，把这些模块组合起来进行测试，即集成测试。在单个模块没有问题的情况下，由各模块组装起来的整体可能存在问题。例如，数据经过模块接口时丢失，模块之间相互造成有害影响，全局数据结构出现问题等。集成测试的主要目的就是发现与模块接口有关的各种错误。

模块集成测试的方式有两种：非增式测试（Non-incremental Testing）方法和增式测试（Incremental Testing）方法。

非增式测试方法是先分别测试每个模块，然后把模块按设计要求一次全部组装起来，进行整体测试。由于测试可能发现大量错误，且在改正一个错误的同时有可能引起新的错误，新旧错误混杂，更难断定错误的根源。因此，非增式测试方法容易造成混乱，测试成本较高。

增式测试方法是将程序一段地扩展，把下一个要测试的模块同已经测试好的那些模块结合起来进行测试，完成后再增加一个模块，如此循环，直至所有模块都集成为一个整体。这种测试方法有利于对错误进行定位和纠正。增式测试方法有自顶向下测试和自底向上测试两种。

（1）自顶向下测试　自顶向下测试是从顶端模块开始测试，按照系统的控制层次结构向下移动，逐渐把各个模块集成起来。该方法通过使用深度优先或广度优先策略，将附属于主控模块的那些模块组装到软件结构中去。

深度优先的结合方法是将主控通路上的所有模块先集成在一起。至于选择哪一条路径作为主控通路，则要取决于应用的特点，这带有很大的任意性。模块集成简图如图 8-6 所示，如果选择了最左边的路径为主控通路，则首先将 A、B、E、H 集成起来，然后将 F 集成起来，最后构造中间和右边的路径。

广度优先的结合方法是沿着控制层次结构水平向下移动，把处于同一控制层次的所有模块集成起来。以图 8-6 为例，首先集成模块 A、B、C、D，然后集成下一控制层次中的 E、F 和其他模块。

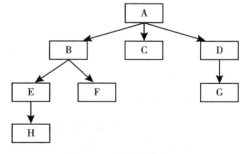

图 8-6　模块集成简图

自顶向下测试的具体步骤如下：

第一步，对主模块进行测试，测试时用桩模块代替所有直接附属于主模块的模块。

第二步，依据所选定的集成策略，每次用一个实际模块代替一个桩模块。

第三步，每结合进一个模块的同时进行测试。

第四步，为避免加入模块时引入新的错误，可能需要进行回归测试（即全部或部分地重复已做过的测试）。

从第二步开始循环上述步骤，直至软件结构构造完整。

自顶向下测试的优点在于可以在早期解决掉和子系统整体有关的接口问题。其缺点是在测试较高层模块时低层模块采用桩模块代替，而桩模块比想象中要复杂，不能反映真实情况，设计测试用例也比较困难。

（2）自底向上测试　自底向上测试是从程序的末端模块开始组装和测试。测试较高层模块时，该模块的所有下层模块必须都事先被测试过。因为是从底部向上集成模块，所以不需要桩模块。

自底向上测试的具体步骤如下：

第一步，把底层模块组成实现某个子功能的模块群。开发一个测试用的驱动模块，协调测试数据的输入和输出。

第二步，对每个模块群进行测试。

第三步，去掉测试用的驱动模块，沿软件结构自底向上移动，用较高层模块把子功能模块群结合起来形成更大功能的新模块群。

从第一步开始循环上述步骤，直至软件结构构造完整。

自底向上测试的优点在于不使用桩模块，测试用例设计较为简单，且容易观察测试结果。其缺点是必须给出驱动模块，在最后一个模块加入时才具有整体形象。

（3）确认测试　在集成测试通过之后，系统软件已经完全组装起来，已排除了接口方面存在的错误，确认测试即可开始。确认测试应检查系统是否按合同要求进行工作，即是否满足系统需求说明书中的确认标准。

事实上，软件开发人员不可能完全预测到用户实际使用程序的情况。例如，用户可能错误地理解命令，或提供一些奇怪的数据组合，也可能对设计者自认明了的输出信息感到迷惑等。由于一个物流管理信息系统软件产品可能拥有众多用户，不可能由每个用户来进行验收。此时，多采用称为 α、β 的测试过程，以期发现那些似乎只有最终用户才能发现的问题。

α 测试是指软件开发公司组织内部人员模拟各类用户行为对即将面世的软件产品进行测试。其关键在于尽可能逼真地模拟实际运行环境和用户对软件产品的操作，并尽最大努力涵盖所有可能的用户操作方式。经过 α 测试调整的软件产品称为 β 版本。

β 测试是指软件开发公司组织各方面的典型用户在日常工作中实际使用 β 版本，并要求用户报告异常情况、提出批评意见。然后软件开发公司再对 β 版本进行改错和完善。

（4）系统测试　在经过确认测试后，软件本身已经测试完毕。但软件还要与系统中的其他部分配套运行。系统测试就是将系统的所有组成部分装配成一个完整的系统，然后进行测试。

系统测试应该由若干个不同测试组成，目的是充分运行系统，验证系统各部件是否都能正常工作并完成所赋予的任务。下面简单介绍几类系统测试：

性能测试。性能测试是检验在一定工作负荷和格局分配条件下，系统内软件的响应时间及处理速度等特性。性能测试有时与强度测试相结合，经常需要其他软、硬件的配套支持。

强度测试。强度测试是指让程序在高负荷的情况下运行，以测试系统的极限能力。例如，当正常情况下每秒钟能承受一到两个中断时，运行每秒 10 个中断的测试用例；定量地增加数据输入率，检查输入子功能的反应能力；运行需要大存储空间的测试用例；运行可能导致虚存操作系统崩溃或磁盘数据剧烈抖动的测试用例等。

安全测试。安全测试是指想办法设计一些测试情况来破坏程序的保密检查，以检查系统是否有安全保密的漏洞。例如，想方设法截取或破译口令；故意导致系统失败，企图趁恢复之机非法进入；试图通过浏览非保密数据，推导所需的保密信息等。

恢复测试。恢复测试是使软件出错，测试其是否能在指定的时间内修正错误并重新启动系统。恢复测试主要是检查系统的容错能力。

（5）验收测试　验收测试是指在完成系统测试、系统转换，并且系统试运行一段时间后，对整个系统进行的测试。验收测试的目的是检测系统是否确实能够满足用户的需求，达到验收的标准。

验收测试主要以开发单位和用户单位的合同为准。验收错误发现的问题解决起来比较困难，需要开发单位和用户充分协商。

8.3.4　系统切换

系统切换是指从一种处理方法改变到另一种处理方法的过程，要协调好新旧系统之间的切换关系，通常系统切换完之后要进行文档的编写，说明系统的各部分如何工作、修改和维护；为了提高系统的运行效率还要有相关人员的培训，如事务管理人员、系统操作人员、系统维护人员等，在各部门的协调配合下共同实施。

1. 数据和文档准备

新系统运行前要进行数据准备。准备系统基础数据所需要的时间，很大限度上根据系统切换的类型来确定。对已有的计算机系统上的文件转换可通过合并和更新来增添和扩展文件。将手工处理的数据录入计算机系统的外存上是最费时间的转换。若是将一个普通的数据文件转换到数据库中，往往需要改组或重建文件，较为费时。

另外，系统调试完以后应有详细的说明文档供人阅读。该文档应使用通用的语言说明系统各部分如何工作、维护和修改。系统说明文件大致可分以下四类：

（1）系统一般性说明文件　系统一般性说明文件包括用户手册、系统规程和特殊说明。其中，用户手册是给用户介绍系统的全面情况，包括目标和有关人员情况。系统规程是为系统的操作和编程等人员提供的总的规程，包括计算机操作规程、监理规程、编程规程和技术标准。特殊说明是随着外部环境的变化而使系统做出相应调整等，是不断进行补充和发表的。

（2）系统开发报告　系统开发报告包括系统分析说明书、系统设计说明书、系统实施说明等。其中，系统分析说明书包括系统分析建议和系统分析执行报告。系统设计说明书包括输入/输出、数据库组织、处理程序、系统监控等方面的内容。系统实施说明主要涉及系统分调、总调过程中某些重要问题的回顾和说明，人员培训、系统转换的计划及执行情况。

（3）系统说明书　系统说明书具体包括整个系统程序包的说明、系统的计算机系统流程图和程序流程图、程序清单、操作人员指示书、修改程序的手续等内容。

（4）操作说明　操作说明是指具体系统的操作顺序、各种参数输入条件、数据的备份和恢复操作方法以及系统维护的有关注意事项。

2. 人员培训

为了使新系统能按预期目标正常运行，对用户人员进行必要的培训是在系统转换之前不可忽视的一项工作。管理信息系统是一个人机系统，它的正常运行需要很多人参与，将有许多人承担系统所需信息的输入的人工处理过程，以及计算机操作过程。这些人通常熟悉或精通原来的人工处理过程，但缺乏计算机处理的有关知识，为了保证新系统的顺利使用，必须提前培训有关用户人员。

一般来说，需要进行培训的用户人员主要有以下三类：

（1）事务管理人员　新系统能否顺利运行并获得预期目标，在很大限度上与这些第一线的事务管理人员（或主管人员）有关。因此，可以通过讲座、报告会的形式，向他们说明新系统的目标、功能、结构、运行过程，以及对企业组织机构、工作方式等产生的影响。对事务管理人员进行培训时，必须做到通俗、具体，尽量不采用与实际业务领域无关的计算机专业术语。例如，可以就他们最关心的问题展开对话，如：

1）计算机管理信息系统能为我们干些什么？

2）采用新系统后，我们的职工必须学会什么新技术？

3）采用新系统后，我们的机构和人员将发生什么变动？

4）今后如何衡量我们的任务完成情况？

大量事实说明，许多管理信息系统不能正常发挥预期作用，其原因之一就是没有注意对有关事务管理人员进行培训，因而没有得到他们的理解和支持。所以，日后在新系统开发时必须注意这一点。

（2）系统操作员　系统操作员是管理信息系统的直接使用者，统计资料表明，管理信息系统在运行期间发生的故障，大多数是由于使用方法错误而造成的。所以，系统操作员的培训应该是人员培训工作的重点。

对系统操作员的培训应该提供比较充分的时间，除了学习必要的计算机硬件、软件知识，以及进行键盘指法、汉字输入等训练以外，还必须向他们传授新系统的工作原理、使用方法、简单错误的处置操作等知识。一般来说，在系统开发阶段就可以让系统操作员一起参加。例如，录入程序和初始数据，在调试时进行试操作等，这对他们熟悉新系统的使用，是有好处的。

（3）系统维护人员　对系统维护人员来说，要求具有一定的计算机软件、硬件知识并对新系统的工作原理和维护知识有较深刻的理解，在较大的企业和部门中，系统维护人员一般由计算机中心和计算机室的计算机专业技术人员担任。有条件时，应该请系统维护人员和系统操作人员，或者其他今后与新系统有直接接触的人员，参加一个或者几个确定新系统开发仿真的讨论会，因为他们今后的工作与新系统有直接联系。参加这样的会议，有助于他们了解整个系统的全貌，并将为他们今后的工作打好基础。

对于大、中企业或部门用户，人员培训工作应该列入该企业或部门的教育计划中，在系统开发单位配合下共同实施。

3. 系统转换方式

（1）直接转换　直接转换（如图 8-7 所示）是在确定新的管理信息系统运行准确无误时，于某一时刻终止现行系统，启用新的管理信息系统。直接转换有费用低、易操作的优点，但同时具有高风险，此特点决定了直接转换适用于处理小型简单的系统。

图 8-7　直接转换

（2）并行转换　并行转换（如图 8-8 所示）是新的管理信息系统和现行系统并行工作一段时间。在新的管理信息系统运行准确无误时替代现行系统。并行转换的特点是有利于减轻管理人员心理压力、安全性较好，但费用高。两个系统的数据一般不具备可比性，适合于处理过程复杂、数据重要的系统。

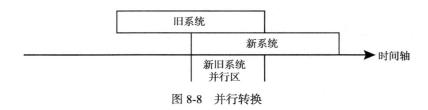

图 8-8　并行转换

（3）分段转换　分段转换（如图 8-9 所示）是直接转换和并行转换的结合，分阶段将新的管理信息系统的各个子系统替代现行系统。分段转换的特点是管理人员心理压力小、安全性较好，但费用高，适合处理过程复杂、数据重要的大型复杂系统。

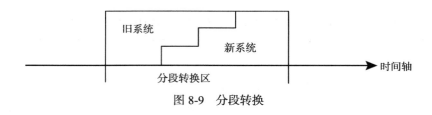

图 8-9　分段转换

8.4　系统维护

8.4.1　系统维护的目的

物流管理信息系统在完成系统实施，正常投入运行后，就进入了系统运行与维护阶段。一般来说，物流管理信息系统的使用寿命短则四五年，长则达十年以上。在系统的整个使用寿命中，都伴随着系统维护工作的进行。系统维护的目的是保证物流管理信息系统正常而可靠地运行，并能使其不断得到改善和提高，以充分发挥作用。系统维护的任务就是要有计划、有组织地对系统进行必要的改动，以保证不管环境如何变化，系统中的各个要素始终是最新的。

系统维护是系统管理的重要工作内容，其工作量是巨大的。随着物流管理信息系统应用的深入和使用寿命的延长，系统维护的工作量将越来越大。系统维护的费用往往占整个系统生命周期总费用的 60% 以上。系统维护工作属于"继承性"工作，不能只重视开发而轻视维护，只重视短期行为而忽视长远利益。

| 知识链接 |

系统的可维护性

从系统维护的特点可以看到，系统维护工作直接受系统可维护性的影响。可维护性是对系统进行维护难易程度的度量，影响系统可维护性的因素主要有以下三个：

（1）可理解性　表现为理解系统的结构、接口、功能和内部过程的难易程度。这种理解包括对功能、性能的分析与理解，对原设计的分析与理解和对源程序的分析与理解。该系统采用模块化方法，具有详细的设计文档，使原程序内部文档规范与完整，设计结构化和选择较好的高级程序设计语言等，都可以提高系统的可理解性。

（2）可测试性　表现为对系统进行测试和诊断的难易程度。系统中具有良好的系统文档、可用的测试工具和调试手段是十分重要的，特别是开发阶段的测试方案尤为重要，它是进行回归测试和证明修改正确性的基础。

（3）可修改性　表现为对系统各部分进行修改的难易程度。系统的模块化程度、模块之间的耦合、内聚、控制域与作用域的关系和数据结构的设计等都直接影响系统的可修改性。这些问题在系统分析、设计验收时应得到充分重视，否则系统将很难修改。

上述三个因素与可维护性密切相关，只有正确地理解，才能进行恰当的修改，只有通过完善的测试，才能保证修改的正确，防止引入新的问题。

从上面三个因素可以看出，系统的可维护性是很难量化的，但是可以通过能够量化的维护活动的特征，来间接地定量估算系统的可维护性。例如，1979年吉布提出把维护过程中各项活动所消耗的时间记录下来，用以间接衡量系统的可维护性，其内容包括：识别问题的时间；管理延迟的时间；维护工具的收集时间；分析、诊断问题的时间；修改设计说明书的时间；修改程序源代码的时间；局部测试的时间；系统测试和回归测试的时间；复查的时间；恢复的时间。

显然，这些数据是可以度量的，记录这些数据对于了解系统的可维护性是有益的。当然，可维护性的定量分析还有其他方法，如软件度量学就是专门研究这方面问题的。

8.4.2　系统维护的内容

系统刚建成时所编制的程序和数据很少能一字不改地沿用下去。系统人员应根据系统运行的外部环境的变更和业务量的改变，及时对系统进行维护。维护的内容一般包括程序的维护、数据库的维护和代码的维护。

（1）程序维护　程序维护是指对程序进行修改使其适应需求和硬件环境的改变。程序维护工作主要有：程序纠错、功能的改进和扩充、适应性维护。

（2）数据库维护　数据库维护包括数据库的转储和数据库的重组织。数据库的转储是为了在数据库遭到破坏时能够及时地对数据进行恢复。而数据库重组则是在系统长时间对数据库进行各种操作所带来的存储和存取效率下降时，应对数据库实施的再组织工作。

（3）代码维护　代码的维护（如订正、添加、删除及重新设计）应由代码管理小组（由业务人员和计算机技术人员组成）进行。代码维护应注意以下几点：

- 变更代码应经过详细讨论，确定之后应用书面写清、贯彻。
- 代码维护的难点常常是新代码的执行而非代码本身。

为此，除了成立专门的代码管理小组外，各业务部门要指定专人进行代码管理，通过他们贯彻使用新代码。这样做的目的是可以明确管理职责，有助于防止发生错漏和订正错误。

8.4.3 系统维护考虑的因素

系统的维护不仅范围广，而且影响因素多。通常，在进行某项维护修改工作之前，要考虑下列三个方面的因素：

1）维护的背景。如系统的当前情况、维护的对象及维护工作的复杂性与规模。

2）维护工作的影响。如对新系统目标的影响、对本系统其他部分当前工作进度的影响及对其他系统的影响。

3）资源要求。如对维护提出的时间要求、维护所需费用（并与不进行维护所造成的损失相比是否合算）及维护所需的工作人员。

┃延伸阅读┃

高昂的系统维护代价

系统维护的代价可分为有形的代价和无形的代价。有形的代价直接来自维护工作本身，维护工作可分为两部分。一部分为非生产性活动，主要包括理解源程序代码的功能，解释数据结构、接口特点和性质限度等。这部分工作量和费用与系统的复杂程度（非结构化设计和缺少文档都会增加系统的复杂程度）、维护人员的经验水平以及对系统的熟悉程度密切相关。另一部分为生产性活动，主要是分析评价、修改设计和编写程序代码等，其工作量与系统开发方式、方法、采用的开发环境有直接关系。因此，如果系统开发途径不好，且原来的开发人员不能参与维护工作，则维护工作量和费用将呈指数上升。

另外，很多无形的代价来自维护所产生的效果和影响，由于开发人员和其他开发资源越来越多地被束缚在系统维护工作中，开发的系统越多，维护的负担越重，这将导致开发人员完全没有时间和精力从事新系统的开发，从而耽误甚至丧失了开发良机。此外，合理的维护要求不能得到及时满足，将引起用户的不满，维护过程中引入新的错误，使系统可靠性下降等问题将带来很高的维护代价。

因此，系统维护工作并不仅仅是技术性工作，为了保证系统维护工作的质量，需要做大量的管理工作。系统投入运行后，事实上在一项具体的维护要求提出之前，系统维护工作就已经开始了。系统维护工作首先必须建立相应的组织，确定进行维护工作所应遵守的原则和规范化的过程，此外还应建立一套适用于具体系统维护过程的文档及管理措施，以及进行复审的标准。

资料来源：姜方桃，邱小平. 物流信息系统[M]. 西安：西安电子科技大学出版社，2019：224.

8.5 系统评价

系统投入运行后，要在日常运作管理工作的基础上，定期对其运行状况进行集中评价。系统评价的目的是通过对系统运行过程和绩效的审查，来检查系统是否达到了预期的目标，是否充分利用了系统内各种资源（包括计算机资源、信息资源），系统的管理工作是否完善，并提出今后系统改进和扩展的方向。

1. 系统评价的目的

系统评价的目的具体如下:
1) 检查系统目标、功能及各项指标是否达到了设计要求。
2) 检查系统的质量是否达到要求。
3) 检查系统中各种资源的利用程度。
4) 检查系统的实际使用效果。
5) 根据评价的结果,提出改进意见。

2. 系统评价的指标

系统评价的指标包括经济指标、性能指标和管理指标。

(1) 经济指标 经济指标主要反映了系统对于企业的经济效益。它包括以下几个方面:一是系统的费用,它包括系统开发和运行维护过程中的所有费用;二是系统的投入产出比,它是指系统的花费与系统所带来的经济价值间的比值;三是系统对各种物流资源(包括物质、资金、人员、设备等)利用率的提高程度;四是系统对整个企业或供应链的生产效率的提高程度。

(2) 性能指标 性能指标主要反映了系统对用户所表现出来的技术特性。它包括以下几个方面:一是系统的可靠性;二是系统的利用率,它是指系统中各种资源的利用效率;三是系统的实用性及适用性;四是系统的可维护性;五是系统的可扩充性;六是系统的吞吐量,它是指系统单位时间所能完成的工作量;七是系统的响应时间,它是指系统从接收用户的操作指令到返回处理结果为止的时间;八是系统的安全性。

(3) 管理指标 管理指标主要反映了用户对系统的评价意见。它包括以下几个方面:用户对系统操作、管理、运行状况的满意度;用户对系统实用性和有效性的评价;系统运行结果对企业快速、准确决策的支持程度。

8.6 系统安全保障机制

8.6.1 物流管理信息系统的安全性

物流管理信息系统中的数据是以电子化形式存储的,这种存储方式能够增强数据的共享性,加快数据的传输和处理速度,但同时也使得数据面临更大的被破坏、篡改或滥用的危险。因此,有必要对系统的安全进行有效的控制,以保证物流管理信息系统高效、安全地运行。

1. 信息系统所面临的安全性问题

(1) 自然现象(水灾、火灾、雷电等)或电力故障引起的软件、硬件损坏与数据损坏 这类灾害是不可避免的安全性问题。但是,这类灾害一旦发生,往往会造成无法恢复的系统损坏和数据丢失,给企业带来巨大的损失。因此,对于运用信息系统的企业,必须采取相应措施应对这类灾害,保障系统安全。

(2) 操作失误导致的数据破坏 在系统的使用过程中可能会出现用户的错误输入、删除或修改,也有可能出现管理人员的维护失误等。

(3) 病毒侵扰导致的软件、硬件与数据的破坏

（4）人为对系统软件、硬件及数据所做的破坏　这包括了非法用户对数据的窃取、篡改和删除，系统硬件遭到偷窃或毁坏等。

2. 信息安全的保护机制

信息安全的保护机制包括电磁辐射、环境保护、计算机技术等因素，也包括系统安全管理、安全服务管理和安全机制管理及其法律和心理因素等。按照国际信息系统安全认证联盟（International Information System Security Certification）的划分，信息安全由层层相叠的五层屏障组成。每层都有不同的保护手段和所针对的对象，完成不同的防卫任务。

（1）物理屏障层　主要是保证场地、设备、线路的物理实体安全，建立系统容灾和恢复技术。包括自然灾害防范、设施灾害防范、设备灾害防范、人员灾害防范。

（2）技术层屏障　主要研究网络系统、系统与内容等方面的安全技术。网络安全研究加密与认证、防火墙、入侵检测与预防、虚拟专用网（VPN）、系统隔离等技术，系统与内容安全则研究访问控制、审计、计算机病毒防范及其他基于内容的安全防护技术。

（3）管理屏障层　主要涉及操作安全和安全管理实践两大领域，包括安全政策、法规、大纲、步骤；人事管理，如人员聘用、分权控制、轮岗及其监察、监督、审计管理等；安全教育、训练、安全演练等。

（4）法律屏障层　主要从法律、取证和道德领域，讨论计算机犯罪和适用法律、条例以及计算机犯罪的调查、取证、证据保管等。

（5）心理屏障层　研究如何培养心理上的安全保护意识。

在各层的保护机制中，政策法规以及安全心理屏障层的建立不能单靠一个企业的努力，应该是整个社会共同努力的结果。

|延伸阅读|

2021年全球十大数据安全事件

2021年，数据隐私泄露事件频发，涉及面广，影响力大，企业因此陷入数据保护合规与社会舆情压力的双重危机。近日，有国外媒体梳理了2021年十大数据泄密事件，并对事件进行了点评分析，可供读者参考。据统计，共有近2.2亿人受到以下十大数据安全事件的影响，其中三起泄密事件发生在科技公司，四起涉及敏感记录的泄露。

1. OneMoreLead

vpnMentor的研究团队在8月发现，B2B营销公司OneMoreLead将至少6 300万美国人的私人数据存储在一个不安全数据库中，该公司任由此数据库完全敞开。该数据库包含列出的每个人的基本个人身份信息数据，以及有关其工作和雇主的类似数据和信息。这些信息很可能被提供给注册其B2B营销服务的客户或顾客。vpnMentor看到了数据库中大量的".gov"和纽约警察局电子邮件地址，这让黑客有可能渗透到原本安全的高级政府机构。vpnMentor表示，政府和警察部门成员的私人数据如同从事犯罪活动的黑客眼里的金矿，可能导致重大的国家安全事件，使公众严重丧失对政府的信任。据vpnMentor称，姓名、电子邮件地址和工作场所信息暴露在任何拥有网络浏览器的人面前。

2．T-Mobile

T-Mobile 于 2021 年 8 月 17 日证实，其系统在 3 月 18 日遭到了网络犯罪攻击，数百万客户、前客户和潜在客户的数据因此泄密。T-Mobile 表示，泄露的信息包括姓名、驾照、政府身份证号码、社会保障号码、出生日期、T-Mobile 充值卡 PIN、地址和电话号码。T-Mobile 表示，不法分子利用了解技术系统的专长以及专门工具和功能，访问了该公司的测试环境，随后采用蛮力攻击及其他方法，进入到了含有客户数据的其他 IT 服务器。T-Mobile 表示，它弄清楚了不法分子如何非法进入其服务器并关闭这些入口点。该公司表示，它将向所有可能受到影响的人提供为期两年的免费身份保护服务（迈克菲的身份窃取防护服务）。此外，T-Mobile 表示为后付费客户提供账户接管防护服务，这样一来，客户账户更难被人以欺诈手段外泄和窃取。

3．未知的营销数据库

Comparitech 研究人员在 2021 年 7 月 29 日报告，一个含有估计 3 500 万个人详细信息的神秘营销数据库泄露在网上，居然未设密码。该数据库包括姓名、联系信息、家庭住址、种族以及众多的人口统计信息（包括爱好、兴趣、购物习惯和媒体消费等）。相关样本显示，大多数记录与芝加哥、洛杉矶和圣迭戈这些大城市的居民有关。据 Comparitech 声称，凡是拥有网络浏览器和互联网连接的人都可以访问数据库全部内容，里面含有的信息可用于有针对性的垃圾邮件和诈骗活动以及网络"钓鱼"。Comparitech 网络安全研究团队在 6 月 26 日发现了该数据库，尽管使出了浑身解数，还是无法确定该数据库归谁所有。该公司联系了托管该数据库服务器的亚马逊网络服务（AWS），要求撤下数据库，不过，该数据在 7 月 27 日之前仍可以访问。

4．ParkMobile

ParkMobile 在 3 月发现一起与第三方软件漏洞有关的网络安全事件。调查发现，其基本的用户信息被人访问，包括车牌号、电子邮件地址、电话号码和车辆昵称。在少数情况下，邮寄地址也被访问。该公司还发现加密的密码被访问，但读取这些密码所需的加密密钥并未被访问。ParkMobile 表示，它使用先进的散列和加入随机字符串（Salting）技术对用户密码进行加密，以此保护用户密码。ParkMobile 表示，用户应考虑更改密码，作为另一道预防措施；信用卡或停车交易历史记录未被访问；它并不收集社会保障号码、驾照号码或出生日期。ParkMobile 称："作为美国较大的停车应用软件，用户的信任是我们的重中之重。请放心，我们认真对待保护用户信息安全的责任。"

5．ClearVoiceResearch.com

ClearVoice 在 2021 年 4 月获悉，一个未经授权的用户在网上发布了含有 2015 年 8 月和 9 月调查参与者的个人信息数据库，并向公众出售这些信息。可访问数据包括联系信息、密码以及针对用户健康状况、政治派别和种族等问题做出的答复。ClearVoice 表示，这批数据可能会被不法分子滥用，导致调查参与者被人（比如广告商）联系。此外，可访问的信息可能用于准备个人资料，而这些资料可用于商业或政治目的。在收到未经授权用户发来的电子邮件的一小时内，ClearVoice 表示它找到了备份文件，确保其安全，并消除了云服务端这个文件面临的泄漏风险。另外，ClearVoice 对可能泄露信息的所有会员强行重置了密码，还实施了安全措施，以防止此类事件再次发生，并保护会员数据的隐私。

6．Jefit

锻炼跟踪应用程序 Jefit 在 2021 年 3 月发现了因安全漏洞而导致的数据泄密，这起事件影响了 2020 年 9 月 20 日之前注册的客户账户。不法分子访问了以下信息：Jefit 账户用户名、与账户关联的电子邮件地址、加密的密码以及创建账户时的 IP 地址。Jefit 保存 IP 地址用于防止机器人程序，并将滥用账户登记在册。该公司查明了数据泄密的根本原因，并证实 Jefit 的其他系统未受影响。Jefit 表示，它已采取安全措施来加强网络，以防范将来出现类似的泄密事件，并正在其产品上采用更加强大的密码策略，以便将来进一步保护用户账户。此外，Jefit 表示，敏感的财务数据未受到牵涉，因为该公司从不存储客户的付款信息。客户在 Jefit 网站购买产品时，所有支付流程都由 Google Play Store、Apple App Store 直接处理，或者由支付网关公司直接处理。

7．Robinhood

电子交易平台 Robinhood 在 2021 年 11 月 8 日披露，未经授权的有关方在五天前通过电话冒充员工，访问了客户支持系统。Robinhood 表示，在此次事件中，黑客获得了大约 500 万人的电子邮件地址列表以及另外大约 200 万人的全名。Robinhood 表示，这 700 万条记录中的数千个条目包含电话号码，大约 310 人的姓名、出生日期和邮政编码已被公开，其中大约 10 个客户的更详细账户信息被公开。Robinhood 在遏制这起入侵后表示，黑客敲诈索要赎金。该公司及时通知了执法部门，将在 Mandiant 的帮助下继续调查这起事件。

8．Accellion

2021 年年初，黑客结合旧版 Accellion 文件传输设备（FTA）中多个零日漏洞工具，向外泄露数据，要求付款以确保归还和删除数据。据 HIPAA Guide 网站报道，Clop 勒索软件团伙的数据泄露网站被用来发布一些被盗数据，劝诱受害者支付赎金。截至 2021 年 4 月，已知至少九家医疗保健组织受到了 Accellion 数据泄密事件影响，其中包括 Kroger Pharmacy 的 147 万名客户、Health Net 的 124 万名会员、Trinity Health 的 58.7 万名患者、California Health&Wellness 的 8 万名会员、Trillium Health Plan 的 5 万名客户以及 Arizona Complete Health 的 2.9 万名会员。Stanford Medicine、University of Miami Health 和 Centene Corp 也受到了这次泄密事件的影响，不过这每家组织中受影响的人数尚未得到证实。泄露信息包括姓名、社会保障号码、出生日期、信用或银行账号、健康保险号码及/或与健康有关的信息。

9．Infinity 保险公司

Infinity 保险公司在 2021 年 3 月份披露，在 2020 年 12 月的两天内，有人未经授权短暂访问了 Infinity 网络中服务器上的文件。Infinity 全面审查保存在被访问服务器上的文件后发现，一些社会保障号码或驾照号码包含在文件中。这起事件还影响了 Infinity 现在和以前的员工，泄露信息包括员工姓名、社会保障号码及/或有限情况下与病假或员工赔偿索赔有关的医疗信息。受影响员工和客户将获得为期一年的免费信用监控服务会员资格。为了降低发生类似事件的风险，Infinity 继续审查其网络安全计划，并利用调查信息来确定另外的措施，以进一步增强网络安全性。该公司在致员工的一封信中写道："我们理解保护个人信息的重要性，对由此造成的不便深表歉意。"

10．尼曼集团（Neiman Marcus Group）

奢侈品百货连锁店尼曼在 2021 年 9 月披露，未经授权的有关方于 2020 年 5 月获取了与客户在线账户有关的个人信息。该公司表示，它已将该事件通知执法部门，并与 Mandiant 密切合作开展调查。泄露信息可能包括：姓名及联系资料、支付卡号及有效期、尼曼虚拟代金券号码、与在线账户有关的用户名、密码以及安全问题和答案。尼曼称，大约 310 万张支付卡和虚拟代金券受到了影响，其中超过 85% 为过期或无效。尼曼回应称，它要求自 2020 年 5 月以来未更改密码的受影响客户重置在线账户密码。此外该公司表示，如果受影响客户为其他任何在线账户使用的登录信息与用于其尼曼账户的登录信息相同或相似，应更改登录信息。

资料来源：2021年全球十大数据安全事件［EB/OL］.［2023-06-21］. https://www.51cto.com/article/697844.html.

8.6.2 物流管理信息系统安全管理的措施

为了应对信息系统的各种安全威胁，有必要采取一系列的措施来保障系统安全，维护企业利益。重点应该采取如下措施：

1. 人员及制度的安全控制

人员及制度的安全控制措施如下：

1）企业应当依照国际、国家和行业法规，制定严密的信息系统安全制度，并对信息系统相关人员进行深入的教育，提高相关人员的安全意识。

2）企业应对使用信息系统的全部人员进行明确的权力区分和制定规章制度，以提高企业资产的安全性。例如，负责信息系统运行的人员不应该具有通过该系统使资产发生变化的交易权力。也就是说，企业要把负责系统数据和程序文件的IT技术部门的人员和具有执行交易权力的用户在职能上严格区分开。

3）企业应当建立严格的责任机制，以确保在发生安全事故时能够查定责任人，避免责任不清的情况。

4）制定信息系统损害恢复规程，明确在系统遇到自然的或人为的破坏而遭受损害时应采取的各种恢复方案与具体步骤。

2. 硬件设备的安全控制

硬件设备的安全控制措施如下：

1）加强机房的安全管理。机房的安全管理包括对机房访问人员的控制，如进入机房时的身份验证，为计算机设置开机密码等；机房的灾害防范工作，如防水、防火、防湿和防鼠等措施。

2）保管好系统的存储介质。系统存储介质中往往存放有大量敏感数据，容易遭到篡改、破坏和窃取。因此，需要采取一系列安全措施对系统的存储介质进行妥善保管。一些保密数据也要由专人保管。

3. 软件的安全控制

软件的安全控制措施如下：

1）保证软件来源的安全性。在为系统选用软件时应保证软件的安全性，选择来源可靠的软件，避免使用盗版软件，进行严格的病毒和漏洞检测。

2）建立日志文件，做好数据备份。日志文件能对系统操作进行详细的记录，它不仅能够帮助追踪系统故障，还有助于系统数据的恢复。数据备份能够防止重要数据的丢失，在系统出现故障时及时帮助系统恢复最近的数据状态。

3）设置切实可靠的系统访问控制机制，包括系统功能的选用与数据读写的权限、用户身份的确认等。

4. 数据的安全控制

数据的安全控制措施如下：

1）严格的访问控制，保证数据安全。访问控制可以保证主体只能在一定范围和权限内对数据进行访问，防止越权访问。

2）数据加密。数据加密技术可以很好地防范非法用户对数据信息的窃取，即使黑客窃取了关键数据，也无法解密出明文信息。依赖加密技术依然可以保障信息的安全性。

3）数据备份与恢复。对任何系统而言故障是无法杜绝的，导致系统故障的原因有多种，包括硬盘损坏、软件故障、人为破坏和自然灾害等。这些故障一旦发生就必然会损坏数据库。备份恢复机制通常是通过所记录的日志信息将数据库恢复到遭受损坏以前的正常状态。

> **知识链接**
>
> 访问控制就是当主体（用户、进程等）访问客体（表、视图、记录、字段等）时，准许主体在一定范围和权限内对客体进行访问的方法。访问控制能够有效地防止越权访问，保障数据不被非法操作或误操作。
>
> 数据加密的基本思想就是根据加密算法将明文转换为一种难以直接辨认的密文存储在数据库中，查询时将密文取出解密后得到明文，从而达到信息隐藏的目的，即使黑客窃取了关键数据，也难以得到所需的信息。
>
> 数据库备份恢复就是为了防止数据因非法破坏或误操作以及其他硬盘故障、自然灾害等原因被损坏而定期或不定期地对数据库进行复制，以确保发生故障时能恢复数据库。

本章小结

本章主要讲解了物流管理信息系统的系统实施和维护阶段的相关知识，包括系统开发、测试、切换、维护、评价和安全保障阶段的内容。物流管理信息系统实施是在系统设计的基础上进行的，是将系统设计的结果付诸实现的实践阶段；物流管理信息系统维护工作涉及程序维护、数据库维护、代码维护、数据备份恢复等；物流管理信息系统的评价指标包括经济指标、性能指标和管理指标，系统的评价要客观实事求是，目前系统的运维情况概述，还存在哪些不足等；另外，必须在人员、硬件设备、软件和数据等方面制定相应安全控制措施以保证系统处于良好的运行状态。

关键术语

系统测试　　系统维护　　系统切换　　系统评价　　系统的可维护性　　生命周期法
快速原型法　黑盒测试　　白盒测试　　数据备份　　代码维护

习题

1．选择题

（1）以下关于程序设计要求的描述，错误的是（　　）。
　　A. 不要为了节省空间，而把多个语句写在同一行
　　B. 数据说明的次序应标准化
　　C. 编程前要优化算法
　　D. 尽量多使用嵌套语句

（2）系统测试的步骤是（　　）。
　　A. 单元测试→集成测试→系统测试→确认测试→验收测试
　　B. 单元测试→集成测试→确认测试→系统测试→验收测试
　　C. 单元测试→确认测试→集成测试→系统测试→验收测试
　　D. 单元测试→系统测试→集成测试→确认测试→验收测试

（3）物流管理信息系统维护不包括哪种？（　　）
　　A. 数据库维护　　B. 程序维护
　　C. 代码维护　　　D. 文档维护

（4）系统的转换方式不包括以下哪个选项？（　　）
　　A. 直接转换　　B. 并行转换
　　C. 分段转换　　D. 间接转换

（5）系统转换的基本条件包括以下哪几项？（　　）
　　A. 系统设备　　B. 系统人员
　　C. 系统数据　　D. 以上全部

（6）常见的黑盒测试方法不包括以下哪个选项？（　　）
　　A. 等价分类法　　B. 边值分析法
　　C. 因果图法　　　D. 代码检查法

（7）影响系统的可维护性因素中下列哪个选项不正确？（　　）
　　A. 可理解性　　B. 可测试性
　　C. 可扩充性　　D. 可转型性

（8）下列哪项不属于信息安全的保护机制？（　　）
　　A. 物理层屏障　　B. 技术层屏障
　　C. 心理层屏障　　D. 以上都不对

（9）常见的数据安全控制不包括以下哪个选项？（　　）
　　A. 严格的数据访问控制
　　B. 数据加密
　　C. 数据筛选
　　D. 数据备份与恢复

2．判断题

（1）在编程实现时建议尽量避免使用已有的程序和各种开发工具。（　　）
（2）在编程时应注意适当地添加程序的注释，规范书写格式，变量名可以根据自己喜好来写。（　　）
（3）白盒测试完全不考虑程序的内部结构和内部特征，只是测试程序的功能是否完全实现。（　　）
（4）代码维护的难点常常是新代码的执行而非代码本身。（　　）
（5）程序维护是指对程序进行全部修改使其适应需求和硬件环境的改变。（　　）
（6）直接转换有费用低、易操作的优点，但同时具有高风险，此特点决定了直接转换适用于处理小型简单的系统。（　　）
（7）信息系统所面临的安全问题包括自然灾害、操作失误、病毒侵扰等。（　　）
（8）为了保证硬件设备的安全，应保管好系统的存储介质，做好数据备份与恢复工作。（　　）

（9）企业应对使用信息系统的全部人员进行明确的权力区分和制定规章制度，以提高企业资产的安全性。（　　）

3．简答题

（1）用结构化程序设计方法设计开发程序时，程序由哪几种基本逻辑结构构成？
（2）程序调试主要是对程序进行几种调试？有哪些具体方法？
（3）新旧系统的切换有几种方法？各有哪些优缺点？
（4）物流管理信息系统的维护包括哪些内容？
（5）按照在设计测试用例时是否涉及程序的内部结构，测试可分为哪两种？
（6）程序开发阶段的主要依据是系统设计阶段的哪些内容？
（7）系统的可维护性主要是指哪些方面？
（8）系统维护的内容有哪些？
（9）信息系统所面临的安全性问题都有哪些？
（10）物流管理信息系统评价都应包括哪些内容？

4．思考题

（1）在系统开发的方法中，结构化的生命周法和快速原型法有什么区别？各自在哪种情况下适用？
（2）对比黑盒测试法和白盒测试法的异同。
（3）物流管理信息系统在运行过程中存在哪些不安全因素？安全控制措施又有哪些？

■ 案例分析

宝武打造工业品数智物流系统

中国宝武钢铁集团（以下简称"宝武"）是全球最大的钢铁企业，2020年的经营规模和盈利水平位居全球行业第一。欧冶工业品是宝武旗下面向产业生态圈的第三方工业品供应链服务平台。在全国12个城市和地区拥有219个各类仓储库区，涵盖了备件库、设备库、露天库、铁合金库、危化品库、油脂库等70余万平方米的工业品全品类仓储网络。这个复杂的供应链体系配置了快速运输干线150余条，常态运输作业车辆近800台，可调度作业整车总计1万多台，快速配送线路超过13万条。历时一年多，菜鸟智能物流控股有限公司（简称菜鸟）协助宝武旗下欧冶工业品，成功打造了工业品供应链的数智物流系统（欧贝物流4SP 1.1），使全品类的工业品在仓储、运输过程中更高效、更智慧、更安全。

4SP数智物流系统由OMS（订单管理系统）、TMS（运输管理系统）、WMS（仓储管理系统）、BMS（结算管理系统）以及OMP（运营工作台）构成，能够满足物流作业的全场景、全流程业务需求，让商流、物流、资金流、信息流的"四流合一"得到更高水平的实现和深化。

工业品供应链的安全标准非常高，尤其是危化品、油料、大型设备等特殊物品对仓储、运输提出了更加严格的要求。在仓储方面，该物流系统实现了工业品"出、入、盘、转、移"等重要环节的全程可视化，尤其在一些特殊的工业品强受控仓库，每一件货物做到实时跟踪、信息实时回传、状态实时可见。在工业品运输方面，则实现了运输前的路径规划和运输中的轨迹跟踪，保证全程可控。截至2022年5月，该数智物流系统覆盖的库区数量已超过150个，覆盖司机700余人。

欧冶工业品股份有限公司董事长、总裁王静表示，智慧制造正成为新一轮工业革命的核心驱动力，该物流系统是欧冶工业品从传统物流升级为现代数字物流的一个里程碑，对于欧冶工业品打造线上线下供应链物流能力，形成工业品物流领域数字化变革标杆示范效应，以数字化赋能上下游生态伙伴有着重要意义。

菜鸟网络科技有限公司副总裁丁宏伟表示，数智化是未来传统制造企业转型的一个重要方向，菜鸟正在加大数智技术的供给，与制造业转型需求实现高效适配，服务实体经济高质量发展。

资料来源：工业品供应链如何更高效？宝武欧冶牵手菜鸟打造数智系统［EB/OL］.［2023-06-21］. https://export.shobserver.com/baijiahao/html/484704.html.

讨论题：

1. 延伸阅读，总结一下工业品数智物流系统为宝武带来哪些益处？
2. 上网查找菜鸟物流科技服务其他行业或地区的案例。

参考文献

[1] 傅莉萍. 物流信息系统管理[M]. 北京：清华大学出版社，2017.
[2] 姜方桃，邱小平. 物流信息系统[M]. 西安：西安电子科技大学出版社，2019.
[3] 王洪伟. 物流管理信息系统[M]. 北京：北京大学出版社，2020.
[4] 刘健. 物流管理信息系统[M]. 2版. 北京：清华大学出版社，2015.
[5] 朱耀勤，孙艳艳，郭昕. 物流信息系统[M]. 北京：北京理工大学出版社，2017.
[6] 杜彦华，吴秀丽. 物流管理信息系统[M]. 北京：北京大学出版社，2010.
[7] 夏火松. 物流管理信息系统[M]. 3版. 北京：科学出版社，2022.
[8] 王道平，关忠兴. 物流信息系统[M]. 北京：北京大学出版社，2012.
[9] 姜方桃，李洋. 物流信息系统[M]. 北京：清华大学出版社，2011.
[10] 柳健. 新编物流管理案例及解析[M]. 北京：北京大学出版社，2013.
[11] 周婷，史林. 物流概念的演变分析[J]. 网络财富，2009（21）：146-147.
[12] 何明珂. 物流概念研究：概念、术语与定义[C]// 中国物流学会首届中国物流学会年会论文集. 南海：中国物流学会，2002：15-40.
[13] 董秀科. 物流信息系统[M]. 北京：冶金工业出版社，2008.
[14] 霍佳震. 物流信息系统[M]. 北京：清华大学出版社，2011.
[15] 邵雷，顾忠伟，李春颖. 物流信息系统[M]. 杭州：浙江大学出版社，2010.
[16] 路军，王立颖. 物流信息系统[M]. 北京：国防工业出版社，2010.
[17] 白丽君，彭扬. 物流信息系统分析与设计[M]. 北京：中国物资出版社，2009.
[18] 章雪岩，冯春，邱小平，等. 物流信息管理规划、设计与建设[M]. 北京：中国人民大学出版社，2010.
[19] 周继雄，张洪. 管理信息系统[M]. 2版. 上海：上海财经大学出版社，2012.
[20] 高明波. 物流管理信息系统[M]. 北京：对外经济贸易大学出版社，2008.

推荐阅读

中文书名	作者	书号	定价
创业管理（第5版）（"十二五"普通高等教育本科国家级规划教材）	张玉利 等	978-7-111-65769-9	49.00
创业八讲	朱恒源	978-7-111-53665-9	35.00
创业画布	刘志阳	978-7-111-58892-4	59.00
创新管理：获得竞争优势的三维空间	李宇	978-7-111-59742-1	50.00
商业计划书：原理、演示与案例（第2版）	邓立治	978-7-111-60456-3	39.00
生产运作管理（第6版）	陈荣秋 等	978-7-111-70357-0	59.00
生产与运作管理（第5版）	陈志祥	978-7-111-74293-7	59.00
运营管理（第6版）（"十二五"普通高等教育本科国家级规划教材）	马风才	978-7-111-68568-5	55.00
战略管理（第2版）	魏江 等	978-7-111-67011-7	59.00
战略管理：思维与要径（第4版）（"十二五"普通高等教育本科国家级规划教材）	黄旭	978-7-111-66628-8	49.00
管理学原理（第2版）	陈传明 等	978-7-111-37505-0	36.00
管理学（第2版）	郝云宏	978-7-111-60890-5	49.00
管理学高级教程	高良谋	978-7-111-49041-8	65.00
组织行为学（第4版）	陈春花 等	978-7-111-64169-8	49.00
组织理论与设计	武立东	978-7-111-48263-5	39.00
人力资源管理（第2版）	刘善仕 等	978-7-111-68654-5	55.00
战略人力资源管理	唐贵瑶 等	978-7-111-60595-9	39.00
市场营销管理：需求的创造与传递（第5版）（"十二五"普通高等教育本科国家级规划教材）	钱旭潮 等	978-7-111-67018-6	49.00
管理经济学：理论与案例（"十二五"普通高等教育本科国家级规划教材）	毛蕴诗 等	978-7-111-39608-6	45.00
基础会计学（第2版）	潘爱玲	978-7-111-57991-5	39.00
公司财务管理（第2版）	马忠	978-7-111-48670-1	65.00
财务管理	刘淑莲	978-7-111-50691-1	40.00
企业财务分析（第4版）	袁天荣 等	978-7-111-71604-4	59.00
数据、模型与决策：管理科学的数学基础（第2版）	梁樑 等	978-7-111-69462-5	55.00
管理伦理学	苏勇	978-7-111-56437-9	35.00
商业伦理学	刘爱军	978-7-111-53556-0	39.00
领导学	仵凤清 等	978-7-111-66480-2	49.00
管理沟通：成功管理的基石（第4版）	魏江 等	978-7-111-61922-2	45.00
管理沟通：理念、方法与技能	张振刚 等	978-7-111-48351-9	39.00
国际企业管理	乐国林	978-7-111-56562-8	45.00
国际商务（第4版）	王炜瀚 等	978-7-111-68794-8	69.00
项目管理（第2版）（"十二五"普通高等教育本科国家级规划教材）	孙新波	978-7-111-52554-7	45.00
供应链管理（第6版）	马士华 等	978-7-111-65749-1	45.00
企业文化（第4版）（"十二五"普通高等教育本科国家级规划教材）	陈春花 等	978-7-111-70548-2	55.00
管理哲学	孙新波	978-7-111-61009-0	59.00
论语的管理精义	张钢	978-7-111-48449-3	59.00
大学·中庸的管理释义	张钢	978-7-111-56248-1	40.00

推荐阅读

中文书名	作者	书号	定价
供应链管理（第6版）	马士华 等	978-7-111-65749-1	45.00
供应链管理（第2版修订版）	王叶峰	978-7-111-66934-0	45.00
供应链物流管理（原书第5版）	唐纳德·J. 鲍尔索克斯 等	978-7-111-69028-3	79.00
供应链物流管理（英文版·原书第5版）	唐纳德·J. 鲍尔索克斯 等	978-7-111-69934-7	79.00
物流学（第2版）	舒辉	978-7-111-72602-9	49.00
物流管理概论（第2版）	王勇	978-7-111-72711-8	49.00
现代物流管理概论	胡海清	978-7-111-58576-3	39.00
物流经济学（第3版）	舒辉	978-7-111-63152-1	49.00
采购与供应链管理（原书第9版）	肯尼斯·莱桑斯 等	978-7-111-59951-7	89.00
采购与供应管理（原书第15版）	P.弗雷泽·约翰逊 等	978-7-111-63694-6	99.00
物流系统规划与设计（第2版）	陈德良	978-7-111-73667-7	49.00
物流系统规划与设计：理论与方法（第2版）	王术峰	978-7-111-71265-7	49.00
运输管理（第2版）	王术峰	978-7-111-73188-7	45.00
电子商务物流	刘常宝	978-7-111-60671-0	40.00
电子商务物流管理（第2版）	杨路明	978-7-111-44294-3	39.00
社交商务：营销、技术与管理	埃弗雷姆·特班 等	978-7-111-59548-9	89.00
电子商务安全与电子支付（第4版）	杨立钒 等	978-7-111-64655-6	49.00
网上支付与电子银行（第2版）	帅青红 等	978-7-111-50024-7	35.00
区块链技术与应用	朱建明	978-7-111-58429-2	49.00
企业资源计划（ERP）原理与实践（第3版）	张涛 等	978-7-111-64718-8	45.00
ERP原理与实训：基于金蝶K/3 WISE平台的应用	王平	978-7-111-59114-6	49.00
SAP ERP原理与实训教程	李沁芳	978-7-111-51488-6	39.00
企业资源计划（ERP）原理与沙盘模拟：基于中小企业与ITMC软件	刘常宝	978-7-111-52423-6	35.00
商业数据分析（原书第3版）	杰弗里·D. 坎姆 等	978-7-111-71179-7	129.00
新媒体营销：网络营销新视角	戴鑫	978-7-111-58304-2	55.00
网络营销（第2版）	杨路明	978-7-111-55575-9	45.00
网络营销	乔辉	978-7-111-50453-5	35.00
网络营销：战略、实施与实践（原书第5版）	戴夫·查菲 等	978-7-111-51732-0	80.00
生产运作管理（第6版）	陈荣秋 等	978-7-111-70357-0	59.00
生产与运作管理（第3版）	陈志祥	978-7-111-74293-7	59.00
运营管理（第6版）（"十二五"普通高等教育本科国家级规划教材）	马风才	978-7-111-68568-5	55.00
运营管理（原书第13版）	威廉·J. 史蒂文森 等	978-7-111-62316-8	79.00
运营管理（英文版·原书第13版）	威廉·J. 史蒂文森 等	978-7-111-63594-9	109.00
运营管理（原书第15版）	F.罗伯特·雅各布斯 等	978-7-111-63049-4	99.00
运营管理基础（原书第5版）	马克·M. 戴维 等	978-7-111-46650-5	59.00